오지라퍼 선생님의
초등 학부모 수업

오지라퍼 선생님의
초등 학부모 수업

김현경 지음

| 프롤로그 |

14년차 초등교사,
아이 입학 앞두고 학부모를 공부한 까닭

우리 집 쌍둥이가 곧 초등학교에 입학한다. 아이가 20일일 때는 50일 아이를 가진 엄마가 대단했고, 돌쟁이 엄마들은 경외감마저 생기며 부러웠다. 하지만 초등 입학은 어쩐지 담담하다. 14년차 초등교사로 근무하며 입학이 시시해 보인다는 건 아니다. 다만 '다 키웠다'의 벅참보다는 시간이 얼마 안 남았다는 생각에 기합이 먼저 들어간다. 초등 6학년만 되어도 어른들 말에 귀 기울이기보다는 자신만의 필터로 걸러내니, 자기 맘대로 해도 살길을 찾아갈 수 있는 아이로 키우기 위해서는 초등 6년이 그 토대를 키우는 마지노선이라는 생각이 들어서다.

아이를 키우는 일은 시행착오의 연속이었다. 발도르프 교육철학에 따라 내 아이는 플라스틱 장난감 대신 자연과 함께 키울 거라고 다짐했는데, 현실에서는 국민 장난감 검색과 주문을 반복한다. 봉지 하나만 쥐어줘도 재미있게 놀긴 하지만, 장난감이 있으면 엄마만의 시간이 더 주어지는 걸 안 거다. 천편일률적인 전집은 들이지 않겠다고 자신만만하게 선언했지만, 지금까지 구매한 전집만 열 질이 넘는다. 시중 책들을 일일이 비교해보고 사주지 않는 이상, 오히려 전집으로 장만하는 게 아이의 독서 편식을 피할 수 있음을 경험했으니까. 교육 전문가로서 책과 칼럼에서 배운 교육 철학을 현실 속 육아 세계에 그대로 녹여내는 건 생각보다 어려웠다.

다수의 엄마들이 한 선택들이 모두 정답이라 할 순 없겠지만, 대부분은 나름의 합리적인 이유가 있었다. '국민'이 붙은 대중적인 물건은 때론 내가 고심해서 고른 권위 있는 기관의 인증 제품보다 안정적인 만족감을 주었다. 키즈카페에 갈 바에는 맛있는 걸 먹고 공원에서 노는 게 낫지 않나 생각했지만, 아이가 어디로 튈지 모른다면 키즈카페와 같은 닫힌 공간도 요긴했다. 영어유치원의 좋고 나쁨을 따지기 전에, 어떤 집 아이에게는 영어유치원이 필요한 상황이었고, 또 다른 집 아이에게는 숲유치원이 더 잘 맞았다. 즉, 고기 등급 매기듯 1등급, 2등급짜리 자녀교육 왕도가 따로 있는 게 아니었다. 모든 엄마들은 아이가 커감에 따라 자기 아이의 서사를 함께 쓰고, 그 과정에서 치열하게 고민하고 있었다.

그러다 보니, 어느 순간 교육 전문가가 쓴 책보다 엄마들이 치열하게 공부하고 쓴 자녀교육서에 마음이 갔다. 그 집 아이 이야기를 읽으며 우리 집과는 상황이 다르다며 비판적으로 읽기도 하고,

비슷한 부분을 찾아 기억하고 싶은 문장을 들여다보고 필사해보기도 했다. 아이의 생활 습관을 단정하게 잡은 엄마의 이야기, 공부를 성공적으로 시킨 이야기, 어찌 됐든 아이를 잘 키워낸 세상 엄마들의 이야기를 보고 들었다. 책으로, SNS로, 인터넷 기사로 엄마들의 이야기를 접하며 학교에서 내가 만난 학부모들과 아이들을 함께 떠올렸다.

높았던 교사로서의 자기효능감만큼이나, 학교 교육이 아이들에게 미치는 영향이 지대하다고 생각했다. 하지만 돌이켜 생각하니, 교사의 안내대로 잘 따라오는 아이들의 경우 부모님이 남달랐다. 현명한 이 부모님들은 자기 아이에게 맞는 나름의 의도와 양육 행동을 가지고 있었다.

학교 교육에 신뢰를 보내며 든든하게 지원해주는 엄마도 있고, 동일한 이유로 아이에 대한 대부분의 선택과 돌봄을 학교에 맡기는 엄마도 있었다. 학교에 남아 공부하는 일을 반기는 엄마도 있고, 사교육이 더 효율적이라고 생각하는 엄마도 있었으며, 자신이 직접 공부해가며 붙들고 가르쳐야 만족하는 엄마도 있었다. 늦둥이라 더 엄하게 키웠다는 엄마, 하나라 친구들과 어울리는 법을 알려주기 위해 되도록 더 많이 양보하게 만드는 엄마를 보며 마음 깊은 곳에 있던 '외동아이의 부모'라며 은연중에 갖고 있던 편견을 깨기도 했다. 고백하건대, 교사로서 아이에 대해 상담하는 시간은 내가 엄마들의 경험을 집중적으로 배우는 시간이기도 했다.

학부모들은 초보 엄마인 내게 살아 있는 자녀교육서였다. 갈등이 생겼을 때 봉합하는 방식, 엄마가 선생님에게 상담하는 방식, 아이의 일에 개입하는 방식까지. 엄마들의 이야기는 전공 서적의 교육 철학과 이론을 떠올리게 했고, 때론 상충되는 이론의 반례가 되기도 했다. 같은 양육 행동을 투입해도 아이의 반응은 전혀 다르게 나타나기도 했으며, 상반된 양육 행동이 아이 각각의 기질과 맞아떨어져 좋은 결과를 내기도 했다. 육아는 정답이 아닌 해답을 찾는 행위였으며, 그 주체는 언제나 부모님이었다.

투입한 대로 정확하게 떨어지지 않는 것이 교육이기에 사람마다 다르고, 상황마다 다르다고 자조하기도 한다. 그럼에도 성공적인 결과를 보인 양육 행동 속에는 함의된 의도가 비슷할 때가 많았다. 엄마들의 이야기를 들을 때마다 내 아이를 어떻게 키워야 할지 고민했고, 이것만큼은 해야 아이가 바로 크겠구나 싶은 기준을 갖게 되었다.

아이의 교육은 가족 분위기, 유전자, 친구, 사는 환경, 사회경제적 수준 등 아이가 만나는 사람과 아이를 둘러싼 모든 환경의 영향을 받는다. 따라서 해야 하는 말이나 행동처럼 세부적인 양육 행동은 모두 다를 수 있고, 또 달라야 할 수밖에 없다. 아주 고심한 결정이 최악의 결과를 불러일으키기도 하고, 대충 한 결정이 더 좋은 결과를 가져오기도 했다. 아무리 완벽한 솔루션이 있어도 답을 찾는 건 결국 부모였고, 그것을 아이와 함께 감당해야 하는 사람도 부모였다.

나는 선생님 엄마지만 아이의 공부 계획을 완벽하게 짜놓는 열성 엄마는 아니다. 나부터도 오랫동안 준비하던 진로를 크게 바꿨던 경험 덕에 지금부터 아이를 위한 레일을 깔아두기보다는, 아이가 마음먹었을 때 따라잡을 수 있도록 기반을 단단하게 쌓는 데에 집중하고 있다.

초등학교 졸업을 앞둔 반 아이들의 1학년 때 사진을 꺼내보며 입학을 앞둔 내 아이의 초등 졸업을 상상했다. 아이를 어떻게 관찰하고 지원해야 잘 키울 수 있을까? '내 아이도 이렇게 컸으면 좋겠다.'라는 생각이 드는 소위 '잘 큰 아이들'을 보며 초등학생의 엄마가 될 나를 돌아보았다. 제 몫을 하는 아이, 어려운 문제를 포기하지 않고 도전하는 아이, 배울 줄 아는 아이, 감정을 제대로 표현하는 아이, 스스로의 마음을 지킬 줄 아는 아이, 주변과 함께 웃을 줄 아는 아이로 키우기 위해 엄마로서 나는 무엇을 해야 할까? 아이의 홀로서기를 응원하며 어디에 힘을 주고 어떻게 힘을 뺄지, 다른 엄마를 배우고 선배 엄마를 공부했다. 그렇게 나는 초등학교라는 세계에 내보내기 전에 내 아이를 위한 엄마 공부를 다시 시작했다. 그중 유용할 것 같다고 생각되는 부분들을 다른 학부모들과 공유하고자 이 책에 담았다.

1장 '선생님 엄마도 어려운 자녀교육 고민들'에서는 초보 엄마로서 고민했던 지점을 담았다. 선생님, 엄마 각각의 입장에서 아이의 교육을 바라보는 시선은 다를 수밖에 없다. 두 시각으로 함께 보며 초등생활을 이해할 수 있도록 했다.

2장 '육아 만렙 학부모 벤치마킹하기'에서는 내 아이도 저렇게 키우고 싶다 생각했던 훌륭한 아이들의 학부모를 본격적으로 떠올렸다. 교육 전문가의 답보다 와 닿았던, 기억에 남는 육아 선배들의 이야기들을 모았다.

3장 '엄마, 기준을 세우다'에서는 여러 자녀교육의 쟁점들 중 시행착오를 겪으며 내렸던 나름의 답을 담았다. 정답은 없지만 해답은 있을 터, 여러 시각의 이야기를 듣고 자신만의 기준을 세워보길 바란다.

4장 '선생님 엄마가 추려본 초등생활의 정석'에서는 초등 시기에 이것만큼은 확실하게 익혔으면 하는 것들, 특히 '학습, 태도, 관계' 측면에서 추려보았다. 입학을 앞둔 아이와 초등 6학년 졸업을 앞둔 아이를 연속선상에 두고 언제든 따라잡을 수 있는 저력을 기르기 위해 곁가지를 쳐내고 핵심에 집중했다.

5장 '오지라퍼 선생님의 친절한 기밀 누설'은 막역한 사이의 선생님에게서가 아니라면 좀처럼 듣기 어려운 초등학교 생활의 뒷얘기다. 반장 선거, 급식, 선생님 배정, 통지표, 반 배정, 효과적인 민원 넣기 등 학교 현장의 숨은 이야기를 나눠본다.

| 차례 |

프롤로그
14년차 초등교사,
아이 입학 앞두고 학부모를 공부한 까닭 • **004**

〈1장〉 **선생님 엄마도 어려운 자녀교육 고민들**

아이에게 주고픈 꽃길? • **016**
선생님 엄마는 아이를 잘 키울까? • **023**
선 넘지 않는 괜찮은 학부모 되기 • **027**
스물다섯 아이를 가진 학교 엄마의 딜레마 • **032**
아이를 키워봐야 진짜 선생님이 된다? • **038**
나로서의 세계 vs. 엄마로서의 세계 • **043**

〈2장〉 육아 만렙 학부모 벤치마킹하기

자기 아이 이야기를 꺼내는 엄마들의 방식 · 050

그 엄마는 왜 6년째 학부모 임원을 할까? · 056

각자에게 맞는 엄마표 교육 · 063

시작은 오지랖, 뜻밖의 사회 참여 교육 · 071

아이가 엄마 욕심대로 안 될 때 · 077

아이와 친구가 되는 엄마 · 083

〈3장〉 엄마, 기준을 세우다

아이가 주인공인 삶, 때로 훈수도 필요하다 · 090

네 행동을 어디까지 받아줘야 할까? · 098

어른의 진정한 권위, 어디에서 나올까? · 106

자기 주도 학습에도 단계가 있다 · 115

교육열과 사교육의 양, 그 상관관계 · 123

가성비의 핵심, 적기 교육에 있다 · 129

뭐든지 잘하는 팔방미인의 함정 · 136

스마트폰, 전 연령층 사용가? · 142

〈4장〉 선생님 엄마가 추려본 초등생활의 정석

[학습]

1. 초등학생은 놀아야 한다는 말의 진짜 의미 • **150**
2. 글쓰기의 왕도, 일기는 클래식 • **157**
3. 수학, 당장의 답보다 설명이 중요하다 • **164**
4. 평생 독서 습관, 시작은 재미에서 • **171**
5. 디지털 리터러시, 컴퓨터 학원 말고! • **177**

[태도]

1. 심심해야 몰입한다 • **183**
2. '빨리'보다 '제대로' 하는 습관 • **189**
3. 몰입의 경험, 재지 말고 간 보지 말고 • **195**
4. '하고 싶은 일'을 위해 '해야 할 일'을 한다 • **202**
5. 긍정 근육 기르기 • **210**

[관계]

1. 같은 반 친구 만들어주기 노하우 • **218**
2. 사이좋게 지내지 않아도 괜찮아 • **223**
3. 진짜 '잘' 싸우는 아이들의 싸움의 기술 • **230**
4. 대등함이 깨진 아이들의 세계에서 • **238**

5. 아이들 싸움에 어른이 현명하게 끼는 요령 • 244

6. '쟤랑 안 놀았으면 좋겠다.' 고민될 때 • 253

7. 우리 애한테 이성친구가? • 259

〈5장〉 오지라퍼 선생님의 친절한 기밀 누설

초등 반장은 엄마가 만들어준다고? • 264

급식 때문에 힘들다는 아이 • 270

선생님, 선생님, 우리 선생님 • 276

좋은 말 대잔치, 통지표 속 행간 읽기 • 283

프로 민원러는 어떻게 원하는 것을 얻는가? • 288

초등학교 반 배정은 어떻게? • 294

에필로그

무한 시행착오의 세계에서 만난 것들 • 302

〈1장〉

선생님 엄마도 어려운 자녀교육 고민들

 "상위 1%는커녕 무난하게 키우기도 어렵더라."

아이에게 주고픈 꽃길?

부모는 자식을 위해 뭐든 할 수 있다는데, 나는 대체 뭘 해줄 수 있을까? 부모가 자기 인맥을 동원해 아이의 입시 스펙을 만들어 문제가 되었다는 뉴스를 보며 나랑은 다른 세상 얘기라 여기는 한편, 아이를 어떻게 키울지 저 사람들은 자기만의 답을 갖고 있는 것 같아 신기했다.

놀이터에서 천진난만하게 웃는 아이를 보며 아이가 의사가 될지, 검사가 될지 혹은 방랑자가 될지 어찌 알고 벌써부터 스펙 만들기에 열을 쏟는 걸까? 아이의 적성을 찾으라지만 내가 정한 답을 아이가 따라오는 건지, 아이가 정한 답을 내가 받쳐줘야 하는 건지 선후 관계에 대한 의문이 생긴다. 해마다 높아지는 의대 입시 경쟁률은 의사를 자신의 소명이라 믿는 아이가 많아졌기 때문인 걸까, 아니면 내 아이가 의사가 되길 바라는 부모가 많아졌기 때문인 걸까?

물론 요즘은 "사교육보다 주식"이라며 반농담조로 말하는 사람이 많아졌다. 그러나 막상 아이가 또래보다 성적이 뒤처진다면 마음을 다스리는 게 쉽지 않다. 맘 카페에는 "○○개월 아이, 아직 걷지 못해요.", "'엄마'란 말을 언제 하나요?"와 같은 질문이 흔히 올라온다. 이런 문답을 꾸준히 접하다 보니 육아서 속 발달을 따라가는 일이 숙제처럼 느껴진다. 내가 혹시 방만한 자녀교육으로 골든타임을 놓치는 건 아닌지, 아이의 영재성을 미처 발견하지 못한 건 아닌지 지레 겁이 난다. 뭐든 알려주는 대로 흡수하는 시기에 놀이터에서 단순한 흙 놀이나 시키며 놔둬도 되는 걸까?

　수많은 랜선 동지 엄마들의 질문을 들여다보면서, 문득 나는 우리 아이가 어떤 모습으로 자라기를 원하는지 본질적 의문이 들었다. 그래서 주변 엄마들에게 물었다.

　"아이가 어떻게 크기를 바라세요?"

　그렇잖아도 고민이라며 쓴웃음을 짓던 주변 엄마들 중 십중팔구는 "자기가 하고 싶은 거 하면서 행복하게 살면 되죠."라고 말했다. "의사가 되었으면 좋겠다.", "돈을 많이 벌었으면 좋겠다."처럼 사회적 성공과는 거리가 먼 답변이다. 하지만 막상 아이가 하고 싶은 거 하면서 행복하게 살도록 하기란 참 어렵다. 나한테 "하고 싶은 거 하면서 행복하게 살고 계세요?"라고 물어도 긍정의 답이 시원하게 나오지 않기 때문이리라. '그렇다'는 대답이 가능하려면 적어도 두 가지 요건 중 하나는 만족되어야 한다. 첫째, 내가 뭘 하고 싶은지 확실히 알고 있거나 둘째, 스스로의 마음을 다스릴 줄 아는 삶을 살거나.

단지 마음만의 문제도 아니다. 매슬로는 '욕구단계설'을 통해 자아실현의 욕구가 생리적 욕구, 안전 욕구, 사랑과 소속 욕구를 모두 채운 다음 단계에 등장한다고 주장한다. 당장 먹고사는 문제가 해결되지 않은 상황에서는 하고 싶은 게 무엇인지 생각할 겨를조차 없다. 내가 무얼 하고 싶은지 고민한다는 것 자체가 기본적인 욕구 충족이 어느 정도 되었다는 증거일 테다. 따라서 아이가 하고 싶은 거 하면서 행복하게 사는 삶이란, 적어도 남들만큼은 산다는 걸 기본적인 전제로 깔고서 정서적 만족감까지 갖춘 삶이다. 그러니 당연히 어렵다.

내가 아이에게 하는 교육이 '자기가 하고 싶은 거 하면서 행복하게 사는 것'을 위한 교육인지 잠시 멈춰 생각해본다. 우리 집 아이가 지금 하고 싶어 하는 일은 좋아하는 책을 읽는 거다. 하지만 아이가 원하는 시간에 책을 읽지 못하는 이유는 피아노 레슨 때문이다. 어릴 적 음감을 기르고 악보 읽기에 익숙해져야 다른 악기도 취미로 누릴 수 있다는 이유로 아이의 오후 시간을 피아노로 채웠다.

생각해보니 이상하다. '하고 싶은 것'이 되려면 일단 접해야 한다 생각했는데, 본의 아니게 아직 아이가 하고 싶은 건지도 모르는 것을 우선하느라 아이의 확실한 현재 욕구를 충족시키지 못하게 되었다. 그럼 아이가 음악을 즐기려면 어떻게 해야 한단 말인가? 애초에 아이가 접하도록 부모가 계기를 만들어주지 않으면 그게 아이의 관심사가 될지 안 될지 기회조차 가질 수 없지 않은가? 아이는 자신이 경험하는 범위 안에서 하고 싶은 일을 고르게 될 텐데, 결국 그 범위를 정하는 건 부모의 영향이니 말이다. 갑자기 아이의 삶에 대한 부모로서의 책임을 통감한다.

　부모의 무게감을 느낄수록 아이의 모든 상황에 걱정이 생겼다. 책을 너무 많이 읽으면 사회적 관계가 나빠질까 걱정이고, 책을 너무 안 읽으면 애가 커서 뭐가 되려고 그러나 걱정이다. 친구들과 사이가 좋으면 자신이 해야 할 일을 못할까 걱정이고, 고립된 생활을 너무 즐기면 성격에 문제가 있나 싶다. 자기 몸 하나 지킬 강단은 있으면 좋겠는데, 그렇다고 여기저기 싸우고 다니면 곤란하다. 운동이나 그림에 뛰어나면 예체능계는 고생길이 훤한 것 아니냐며 우려한다. 튀는 것도 싫지만 너무 약해서 기죽는 것도 싫다.

　더 멀리 보자. 대학에 안전하게 붙으면 실력에 비해 손해 본 것이 아닌지 후회될 테고, 도전했다 떨어지면 안전하게 지원할 걸 후회할 거다. 아이가 좋아하는 사람이라면 누구와 결혼해도 괜찮다고 말하면서도, 굳이 저 아이를 만나야 할까 마뜩찮아 하지 않을 자신이 있을까? 끊임없이 이어지는 상상 속에서 하나를 선택하면 놓치게 되는 기회비용을 고민하며 잘한 선택인지 돌이킨다.

　아이의 삶에 대한 고민은 '나 스스로 무엇을 추구하며 살아야 할까?'의 고민으로 되돌아왔다. 진정으로 하고 싶은 일이 무엇인지 답을 찾기 위해, 만약에 경제적으로 자유를 이뤘다면 무얼 할지 남편과 상상해본 적이 있다. 어느 날 현재의 생각을 모두 가진 채 과거로 돌아간다. 판교에 땅을 사고, 테슬라 주식을 사며 100원짜리 비트코인을 잔뜩 사 모으는 것 말고 무엇을 하며 살지, 되도 않는 생각을 해보는 거다. 성공의 증표로 돈을 떠올리지만, 하고 싶은 일을 소비로 국한해서는 지속성이 떨어진다. 갑작스레 백억 부자가 된 사람들이 삶의 목표를 잃었다는 말을 하는 것은 자아실현이야말로 돈 주고도 살 수 없는 가치이기 때문일 테다.

하고 싶은 일을 하며 사는 삶, 다시 말해 자아실현이란 사전적 의미로는 인간의 잠재력과 가능성을 그 목적에 맞게 최대한으로 발휘하는 것을 뜻한다. 빌 게이츠는 돈을 왕창 벌고 나서도 새로운 기술을 고민하며 끊임없는 발전을 추구했으니 자아실현을 이룬 것으로 보인다. 덕분에 PC 사용의 문턱이 낮아졌고, 나도 컴퓨터를 편하게 다룬다. 이 예를 힌트로 삼자면, 결국 자아실현의 삶이란 내가 잘할 수 있는 일을 찾아 다른 사람에게 보탬이 되는 것을 지속적으로 이루는 삶이 아닐까 싶다.

내 학창 시절 진로교육은 자신이 잘하는 일과 좋아하는 일을 찾아 현실 직업과 연관 짓고, 그 직업을 갖기 위한 단계를 밟아가는 작업이었다. 하지만 최근의 진로교육 트렌드는 좀 다르다. 나를 들여다보되, 내가 좋아하는 일 중 다른 사람에게 도움이 될 법한 일을 찾아 직업으로 '만들어'보라고 제안한다. 그도 그럴 것이, 본격적인 N잡러 시대에 현존하는 직업으로 장래희망을 갖고 단계를 밟아 나가는 것은 도리어 아이의 진로를 한정지을 수 있으니까. 부모 입장에서는 더 어려워졌다. 미지의 세계에서 개척자가 되기를 권해야 한다니 차라리 의사, 판검사를 키우는 것이 편해 보인다.

좋아하고 잘하는 일을 찾으라는데, 말이 쉽지 자신을 들여다

보는 작업은 보통 일이 아니다. 어색하게 웃으며 "선생님, 저는 무엇을 잘하나요?"라고 묻던 아이가 떠오른다. 열심히 생활하고 스스로를 돌아봤지만 특기랄 것이 뚜렷하지 않아 내심 고민했던 모양이다. 팔방미인이라고 뭐가 다를까. 공부도 잘하고 끼가 넘치던 또 다른 아이는 고등학교를 졸업하고 뜬금없이 보컬 전공을 지망해 낙방하더니 군대를 다녀와 호주로 워킹홀리데이를 떠나겠다고 선언했다. "선생님은 무엇을 위해 사시나요? 저는 무엇을 위해 살아야 할지 고민해보려 합니다."라는 편지와 함께.

　무엇을 위해 사는지 한참 고민하던 중 일흔에 가까운 시부모님이 "어떻게 살아야 할까?"라며 미래를 고민하시는 걸 듣고 결론 내렸다. 허무하게도 '지금은 모르겠다.'였다. 무엇을 위해 살았는지 아는 시점은 죽기 직전일 것이다. 답을 찾았다 느낀 순간도 있었지만, 삶의 단계를 밟아나가며 '이게 진짜 답일까, 틀린 것은 아닐까?' 하며 기웃대고 있으니 말이다. 하지만 이는 방황과는 다르다. 목표를 먼저 정하기보다 지금 할 수 있는 일을 하는 것일 뿐.

　아이의 삶도 마찬가지다. 목표 지점을 먼저 정해서 그렇게 되도록 꽃길을 깔아줄 것이 아니라, 어떤 상황에도 뿌리 뽑히지 않을 단단함과, 자신을 흔드는 것들을 흘려보낼 여유를 알려주어 스스로 꽃길을 만들어가도록 하기로 했다. 명리학에 한창 빠져 있던 남편이 이렇게 말한다.

　"평생 운이 좋은 사람은 없어. 좋은 운이 오기 전에는 아주 나쁜 운이 온대. 나쁜 운일 때 재기 불능으로 고꾸라질 수도 있기 때문에 몸가짐을 조심해야 하지. 시간이 흘러가기만 바라서도 안 돼. 나쁜 운에서 고생을 경험하면서 성공의 발판을 쌓는 거니까. 눈앞에 있는 걸 열심히 해야 좋은 운이 왔을 때 기회를 잡을 테니 그냥 언젠가는 그때가 오리라 생각하고 지금 노력하는 거야. 아무것도 안 하면? 아무 일도 안 일어난대. 운명도 결국 뭘 해야 바뀌는 거야."

　내 아이 가는 길에는 꽃길만 깔아주고 싶다. 하지만 정작 꽃길이 뭔지 모르겠다. 최악의 선택이 좋은 운이 되기도 하고, 최선의 선택이 악수가 되기도 한다. 성공해서 높은 자리에 올랐기 때문에 패망하는 경우도 많이 본다. 내 삶에도 확신이 없으면서 아이의 삶을 어떻게 해보려고 하는 것 자체가 어불성설 아닌가? 그러니 매 순간 최선을 다해 아이의 성장을 지지하지만, 다른 사람들과 비교하면서 내가 못해주는 걸 아쉬워하지 않기로 했다. 그저 엄마로서 아이가 자신의 꽃길을 만들어갈 때 열심히 응원할 뿐이다. 내 눈에 가시밭길로 보이더라도 긴 호흡 안에서는 최선의 선택이거나, 최소한 밑거름이 되어줄 과정일 테니 말이다. 다만, 아이가 중간에 지치지 않도록 푹신한 모래사장이 되어주고 싶다. 몇 번 넘어져도 나를 딛고 다시 일어설 수 있도록.

선생님 엄마는 아이를 잘 키울까?

"원이, 환이 너무 잘 컸어. 어떻게 애들이 떼를 안 써?"

놀이터에서 엄마들 사이에 종종 나오는 아이들 칭찬에 나도 농담으로 화답한다.

"저랑 남편이 둘 다 무서워서 그런가 봐요."

"하하, 그렇잖아도 애들을 얼마나 잡는 건지 궁금하긴 했어!"

우리 집 아이들을 보면 만나는 사람들마다 애들이 떼를 안 쓰는 편이라고 말한다. "어쩜 남자애들이 이렇게 순해? 안 된다고 하면 두 번은 안 조르네."와 같은 얘길 들을 때마다 우리 부부의 양육 방식에 대한 칭찬이라 여겼다. 아이에게 단호한 엄마, 일관성 있는 아빠의 행동은 자녀교육서마다 꼭 나오는 단골 모범행동이 아니던가.

어느 날, 놀이터에서 놀던 원이가 갑자기 동네 할머니와 슈퍼를 다녀온단다. 음료수를 사 먹으러 따라간다는 거다. 깜짝 놀라 "음료수가 먹고 싶으면 엄마한테 말하지 그랬어?" 하며 얼른 따라 일어나는데, 주변 엄마들이 모두 원이가 넉살 좋다며 웃는다.

"엄마한테 사달라고 하면 안 된다고 할 걸 알았구나?"

놀이터에서 놀다 간식 사 먹는 게 습관이 되면 안 된다고 늘 단호히 거절했던 일이 떠오른다. 음료수에 들어 있는 당분의 해로움을 읊던 남편의 모습도 지나간다. 아이에겐 엄마, 아빠에게 떼쓰지 못할 이유가 많았다.

놀이터에서 다 놀고 집에 갈 때에도 비슷한 일이 벌어졌다. 잠시 아이를 봐줬던 친구 엄마에게 고맙다 눈짓하고 아이에게 손을 흔드는데, 아이가 날 보자마자 친구 엄마에게 돌아 뛰어간다. 무슨 일인가 싶어 얼른 따라가니 "저희 엄마 왔으니까 아까 이야기했던 대로 저희를 집에 초대해주세요."란다. 이놈들, 내가 안 된다고 할 게 뻔하니까 친구 엄마의 초대로 나를 설득하려는 시도다. 미안하기도 하고 쓸쓸하기도 하다.

다른 집 아이들은 자기 엄마한테 떼를 쓰는데, 우리 집 아이들은 내게 조르지 않는다. 그럴 땐 마음이 짠하다. 떼를 안 쓰는 이유가 떼써봐야 소용없기 때문이라면 아이에게 엄마는 벽이었겠다. 친구 엄마로부터 농담처럼 듣는 "원이, 환이 정말 순해. 엄마가 애들을 얼마나 잡는 거야?"라는 말이 농담 섞인 진심임을 그제야 깨달았다. 이 이야기를 들은 옆 반 선배 선생님이 아이에게 무조건 잘해주라고 두 번, 세 번 강조한다.

"선생님은 훈육해야 한다는 생각이 기본이라 선생님 자녀들은 많이 혼나. 내가 애를 잡고 있는 줄 몰랐는데, 지나고 보니 엄청 잡고 있던 거였어. 선생님 아이는 아주 엇나가거나 모범생이 된다는 이야기 들어봤지? 틀 안에 들어가거나, 틀 밖으로 튕겨져 나가야 산다는 거지. 그건 엄마가 이미 틀을 만들고 있다는 이야기야. 자기도 모르게 아이를 잡고 있을 테니까, 의식할 때라도 무조건 해달라는 거 해줘. 그래도 다른 집 아이들 반밖에는 안 해주는 걸 테니까."

초보 부모인 우리는 뭐가 아이를 잡는 행동인 줄도 몰랐다. 보통은 엄마가 아이를 잡으면 아빠가 친구처럼 풀어준단다. 하지만 나는 남편을 보면서 진짜 단호하다고 생각해왔으니, 의도치 않게 우리 집은 둘 다 아이를 잡고 있던 셈이다. 나는 남편보다 지원형의 부모에 가깝다고, 아빠가 잡고 내가 풀어주니 역할 분담도 잘되어 있는 줄 알았는데, 무서운 호랑이와 부드러운 호랑이였다는 걸 깨달았다.

나는 유난히 고학년 담임을 많이 맡았다. 때로는 친구처럼, 때로는 무서운 어른처럼 스스로 완급 조절을 해왔다고 생각했고, 교사로서 이 정도면 잘하고 있단 자부심도 있었다. 아이 친구 할머니가 만날 때마다 "선생님이니까 아이를 이렇게나 잘 키우나 봐요." 하는 칭찬에 내심 긍정했다. 우리 아이들이 양보도 잘하고 떼 부리지 않아 친구들에게 인기가 많다기에 으쓱하기도 했다.

하지만 내 아이들이 또래와 다른 경험을 하고 있음을 깨닫고는 당황스러웠다. 내가 아이에게 엄마로서의 역할을 한 것이 아니라 선생님으로서의 역할을 했다면, 아이가 집에서도 아이다운 땡깡 한 번 부릴 수 없는 게 당연하다. 학교 내 단체생활을 지도하는 선생님처럼, 우리 아이들에게 집에서마저 일정 기준 이상의 행동을 요구했을 테니까.

친정엄마에게 내가 아이들에게 너무 엄했다고 반성 같은 고백을 했다. 엄마는 나를 키우며 한 번도 내 의견을 꺾은 적이 없던 완벽한 지원형 엄마였다. 내 얘기를 듣고 난 친정엄마는 웃으며 조언한다.

"너희가 아이를 잡긴 잡더라. 그런데 아이들이 정서적으로 안정되어 있어서 괜찮다고 생각했어. 마음에 걸리면 생각날 때마다 잘해주려는 쪽으로 생각해봐."

그 후 놀이터에 온 엄마들의 행동을 열심히 배웠다. 아이의 이야기를 듣고 옳다, 그르다를 먼저 판단하기보다 아이에게 공감해주었다. 놀이터에서 싸움이 일어나면 아이의 이야기를 잘 들을 수 있는 조용한 곳으로 데리고 가 마음을 도닥인다. 아이가 기구에 부딪혔을 때 "미끄럼틀 때찌!" 하며 무조건 편들어주는 것까지는 못 따라 하겠다. 대신 "밴드 붙이면 괜찮아져."라면서 너무 쿨하다 못해 차가울 지경이던 엄마에서, "너무 아프겠다, 호오." 하고 꼭 안아주는 엄마가 되어보려고 노력했다. 아이의 감정을 받아준다고 해서 아이의 잘못된 행동이 늘지 않았다. 다만, 떼쓸 일이 있을 때 아빠보다 엄마한테 와서 말하는 정도쯤이랄까? 세상 살면서 뭐든 이해해 줄 만만한 사람 하나쯤은 필요하지 않나. 아이에게 엄마가 자신을 다 받아줄 것 같은 만만한 존재가 되는 것도 좋겠다. 단호함과 만만함 그 사이에서 상황에 따라 줄다리기는 필요하겠지만 말이다.

선 넘지 않는 괜찮은 학부모 되기

아이를 처음 기관에 보내던 날, '원이 엄마', '환이 아빠'라고 쓰여 있는 명찰을 보고서야 우리가 학부모가 되었음을 실감했다. 학부모총회를 진행만 해봤는데 객으로서 다른 학부모들과 함께 앉아 있는 기분이란! 선생님도 이전의 나처럼 긴장하고 계실 거라고 생각하면서 자세를 바로잡기도 하고, 뭐 도울 거 없을까 알짱거린다. 학부모 직업란에 '교사'라고 써냈기 때문에, 누가 말 안 해도 뭐라도 해야 하지 않을지 책임감이 들기도 했다.

나의 입장에서도 선생님인 학부모가 우리 반에 있다면 마냥 맘 편하지는 않다. 공개 수업에서 다른 엄마들이 자기 아이만 볼 때, 교사를 같이 볼 거라 생각하니 나도 모르게 각이 잡힌다. '수업 진행 모습을 보고서 내가 부족한 부분을 집어내면 어떡하지?' 하며 긴장하고, '아이들에게 멋진 선생님이고 싶어서 부풀려 말했던 걸 알아차리시겠구나.' 하며 쑥스럽다.

물론 가끔 학부모 상담 때 "선생님, 정말 좋은 아이디어예요. 저도 저희 반 아이들에게 그렇게 하려고요."라고 해주시면 학부모로부터 칭찬 받은 것뿐만 아니라, 동료 교사로부터 인정받은 기분이 들어 어깨가 봉긋 솟기도 한다. 그런 만큼 교사 학부모에게 항의를 받으면 두 배로 마음이 무너진다.

"저도 교사라서 아는데요."란 말은 '이만큼 할 수 있는데, 왜 당신은 더 노력을 안 하느냐.' 하는 불만이자 채근이었다. "저라면 이렇게 했을 텐데요."란 말은 동료 교사의 시선으로 보았을 때 내가 한참 부족하다는 말로 들렸다. 다른 학부모의 항의라면 자세히 사정을 설명하고 오해를 풀겠다는 의욕이라도 생기지만, 상대가 교사 학부모라면 '내가 미숙했던가.' 자책함과 동시에 누구보다 속사정을 알아줄 만한 사람이 마음을 몰라주는 게 야속할 때도 있다. 그러니 학부모가 된 후, 나도 혹시나 그럴까 봐 조심스러워졌다. 아예 모르면 차라리 말할 것도 없겠는데, 적당히 알 때는 의문도 의견도 생기니 혹시나 선을 넘어 "제가 잘 아는데요."라는 말로 선생님께 상처 줄까 봐 그렇다. 내 딴에는 말을 고르고 고르겠지만, 상대 입장에서는 저 한 마디 말이 위협으로 느껴질 수도 있다.

고백하자면, 나는 괜찮은 학부모가 되고 싶었다. '저 아이처럼 컸으면 좋겠다.' 생각이 드는 아이의 학부모들은 대개 참 괜찮고 존경할 만한 분들이었기 때문에, 괜찮은 학부모가 되면 내 아이도 잘 자랄 거라는 믿음이 있다. 인상 깊던 몇몇 학부모를 떠올리며 '그 엄마처럼 잘해야지.' 하며 괜히 기합이 들어갔다. 아이 축제의 작품을 보고 "예쁘다. 잘했네."로 그치지 않고 "이거 게시하느라 선생님 힘드셨겠다."라며 먼저 나서서 "선생님, 제가 게시물 떼는 거라도 도울까요?" 하며 거든다. 아이 소풍에 따라갔다가 선생님 양손에 들린 무거운 가방을 먼저 받아 들고, 아이들이 안전하게 활동하는지 유심히 본다. 선생님이 불편하지 않게 조심조심 잘하고 싶었다.

    물놀이를 하던 어느 날, 도우미로 참여하는데 어느 순간 선생님이 보이지 않는다. 교실에 들어가니 물놀이를 끝낸 아이들이 뭘 해야 할지 몰라 돌아다니는 듯해 아이들을 앉히고 책을 꺼내 읽어주고 있었다. 한참 후 주변을 둘러보니 이런 나의 행동을 저지할까 말까 고민하고 계시는 선생님과 눈이 마주쳤다. 그제야 나는 '아이고, 나 실수했나?' 생각이 들어 일어나 밖에 나가보았다. 다른 도우미 엄마들은 밖에서 물놀이 기구를 정리하고 있었다. 처음부터 도우미 엄마들은 교실에 들어가지 않았었는데, 나 혼자 교실에서 동화 구연을 하느라, 선생님이 계획했던 활동과 다르게 운영된 거다. 처음 학부모가 된 것이라 의욕은 앞서는데, 학부모로서의 행동 요령은 없어서 서툰 줄도 모르고 실수한 것이다.

    어느 해에 이전 선생님으로부터 한 학부모를 주의하라는 이야기를 들었다.

    "그 엄마, 아이 1학년 때 매일 학교에 와서 온 창문을 다 열고 갔어. 아이 기관지가 안 좋은데 교실 공기가 걱정된다고 아침마다 와서 교실 환기를 시키고 간 거야. 학교를 못 믿는 거지."

    하지만 직접 그 엄마를 겪어보니 담임교사를 꾸준히 지지하고, 이전 선생님들에 대해서도 항상 긍정적으로 얘기하신다. '학교를 못 믿는 엄마'란 오해를 받았지만, 사실은 매일 학교에 와서 교실 환기를 함으로써 선생님을 도우려는 그 엄마 나름의 선의가 아니었을까? 다만, 그 표현이 서툴러 다르게 해석된 것일 테다. 아무 생각 없이 교실을 침입했던 물놀이 날의 나처럼 말이다.

괜찮은 학부모가 되기 위해서는 선을 지키는 일이 중요하다. 자녀교육을 위해 선생님과 합을 잘 맞추겠다는 의미로 괜찮은 학부모가 되기로 했다면 선생님은 선생님 입장에서, 학부모는 학부모 입장에서 행동해야 한다. 이는 간섭하지 않는 것과는 다르다. 개인의 다양한 생각이 존중되는 시대에 한 주체의 말이 무조건 옳다고 따른다면 도리어 편협한 분위기를 형성할 수 있다. 각자 입장에서 말하되, 그 생각을 전하는 방식이나 행동에 서로의 입장을 존중하는 배려가 필요하다. 즉, 가정교육 혹은 선생님의 자질에 대해 논하는 게 아니라, 각자의 시각에서 우리 아이를 잘 키워보고자 하는 공동 목표에 도달하기 위해 말하고 행동해야 한다.

놀이터에서 만난 한 엄마가 고민을 털어놓는다.

"교실 손소독제 펌프를 누를 때 애가 눈에 튄다고 해서 걱정돼. 선생님한테 말해도 될까? 진상 학부모라 그럴까 봐."

단언컨대, 이런 것을 말한다고 진상 학부모라고 하지 않는다며 걱정되는 부분이 있다면 꼭 말하라고 옆구리를 찌른다. 담임교사가 미처 생각하지 못한 부분을 학부모가 챙겨주면 너무 고맙다. 특히, 자기 아이에게 "너는 그냥 소독제 바르지 마."라고 이야기하는 소극적 대처 대신, 적극적으로 교사에게 의견을 말해준다면 서로가 다른 아이까지 챙기는 공동의 교실이 된다. 물론, 한 학부모의 의견이 그대로 반영될 수도, 그렇지 않을 수도 있다. 사안에 따라서 다른 시각에서도 생각해야 할 지점들이 있으니 말이다. 그래서 수시로 대화가 필요하다.

초보 학부모 시절, 유치원 하원 시 선생님과 이야기 나누는 그 찰나의 시간이 참 좋았다. 즐겁게 얼굴을 보면서 인사하고, 할 말이 생기면 자연스레 건넬 수 있으니 학부모 상담보다 가볍고 편했다. 학교도 마찬가지다. 저학년은 교문 앞까지 담임교사가 하교 배웅을 하는 경우도 많다. 그때 눈을 맞추며 선생님께 슬쩍 대화를 건네볼 수도 있고, 혹은 간단한 문자로 의견을 말할 수도 있다. 선생님이든 학부모든 아이를 위해 미처 고려하지 못한 부분을 서로 챙기기 위함이라고 생각하면 뭐가 문제가 되겠는가?

괜찮은 학부모가 되기 위한 비법으로 '선을 넘지 않는다.'고 말했지만, 사실 선을 넘지 않는다는 행위는 명확한 해답과 기준을 가지고 있지 않아 어렵다. 그러니 모르면 물어보는 게 상책이다. "어떻게 생각하세요?" 하고 말이다.

스물다섯 아이를 가진 학교 엄마의 딜레마

"아들, 프린트 뒤로 넘기자."

"딸, 머리 한번 다시 묶고 온나."

교실에서 아이들을 부를 때 '아들, 딸' 호칭으로 일부러 정을 담아 뒷말을 늘려 부른다. 이름을 못 외우는 학기 초에 "어이, 거기 파란 옷!", "저기 빨간 머리띠!" 하는 게 싫어서 시작했는데, "내가 왜 선생님 아들이에요?" 하며 따지는 아이들도 입꼬리가 올라가는 걸 보고는 계속 그렇게 부른다. "넌 선생님 아들이야. 선생님은 네가 좋은데, 너는 내가 싫으니?" 하며 천연덕스레 웃으면 아이는 전투력을 상실하고 나는 아이가 하나 더 생긴다.

언제 반 아이들이 가장 내 새끼처럼 여겨지는가 하면, 다른 반 선생님에게 우리 반 아이가 혼날 때다. 우리 반과 다른 반은 내 새끼와 네 새끼만큼의 거리가 있어 웬만하면 옆 반 아이를 서로 꾸중하지는 않는데, 그래도 종종 사건은 벌어진다.

"얘가 복도에서 이런 행동을 하고 있지 뭐예요?"

차라리 내 눈앞에서 잘못했으면 "이놈!" 하고 야단치고 말았을 텐데, 옆 반 선생님에게 붙들려온 아이를 보면 내가 잘못 가르친 탓이라며 꾸벅 사과부터 하게 된다. 내 새끼 밖에서 혼나고 온 것인 양 속상하지만, 무작정 야단치기에는 내가 직접 목격한 일이 아니기에 아이에게 먼저 자초지종부터 물어야 한다. 하지만 아이가 "오해예요, 억울합니다!"라고 하는 순간 이야기는 더 신중해진다. 자칫하면 아이와 옆 반 선생님 중 누구를 믿을 것인가의 문제로 초점이 흐려지게 되니 말이다. 중요한 건, 다른 반 아이를 제어해야 할 만큼 긴급한 상황이 발생했고, 그에 대한 생활 지도가 필요할 수 있다는 사실이다. 따라서 이 목표가 흐려지지 않도록 각각의 주관적인 시각을 인정하고 분리한다. "저는 요 정도 잘못을 했는데, 이만큼 혼났어요."라고 얘기하는 아이에게, "선생님이 보시기엔 그 행동이 위험해 보일 수 있어. 네가 그런 아이가 아니라는 걸 친한 사람들은 알지만, 충분히 오해 받을 수 있다는 거야."라고 말해준다.

선생님이라고 무조건 옳은 말만 하겠는가? 아니, 사람이 하는 판단에서 '절대 옳은 것'이 존재하기나 할까? 내 눈으로 보면 '문'이지만, 물구나무 선 사람의 시각에서는 '곰'일 수도 있다. 그러니 자기 입장에서는 큰 잘못이 아닐지라도, 타인의 시각에서는 오해할 수도 있음을 배워야 한다. 의도와 다른 결과를 낳았지만, 이번 일을 통해 앞으로 비슷한 상황에서 더 행동을 조심해야겠다는 교훈을 얻는 것이 가장 현명하고 좋은 결말이 아닌가? 선생님으로서 나는 학교 엄마처럼 아이에게 끊임없이 지지의 말을 해주되, 그럼에도 다른 사람은 오해할 수 있음을 짚어주면 대다수의 아이들이 납득한다. '아이고 내 새끼, 이렇게 크는구나.'라고 속으로 토닥인다.

담임교사도 우리 애가 다른 선생님께 혼나는 게 마음이 불편한데, 집에 있는 진짜 엄마는 오죽할까? 특히 아이가 "선생님한테 혼났어."라고 툭 한마디라도 던지면, 상상이 더해져 오만 생각이 다 든다. "선생님, 우리 애가 혼났다던데 무슨 일인가요?"라고 걸려오는 전화에, '좀 더 믿어주시지.' 내심 서운하면서도 차분하게 설명하게 되는 이유다. 또한 감정이 앞선 아이의 말에 새로운 오해가 생겼을 수 있으니, 상황에 대해 차분히 설명할 기회가 있는 편이 차라리 낫기도 하다. 다른 사람에게 혼났다는 말을 들었을 때의 엄마 반응은 옆 반 선생님에게 혼난 우리 반 아이를 보는 나보다 몇 배는 격할 수 있을 테니까.

때로 선생님의 차분한 목소리와 감정을 덜어낸 대응을 보며 '선생님도 결국 선생님이지.' 하며 실망한 기색을 보이는 학부모들도 있다. 하지만 교사가 엄마와 같은 대응을 할 수는 없다. 한 반의 아이가 스물다섯이라면 선생님은 동시에 스물다섯 명의 아이가 있는 셈이니 말이다. 손이 많이 가는 아이도 있고, 덜 가는 아이도 있다. 한 교실에서 생활하기에 크고 작은 갈등도 매일 생긴다. 아이를 꾸중하는 이유의 7할이 아이들 간의 갈등이니, 이를 중재할 때 한쪽으로 기울지 않는 것이 가장 중요하다. 우리 집 형제가 싸웠을 때 한 녀석 편을 들면 다른 녀석은 싸운 이유도 잊을 정도로 서운해한다.

반 아이들끼리 갈등이 생겼을 때 엄마처럼 편들 수 없는 이유는 나는 스물다섯 명의 엄마이기 때문이다.

아이들을 모두 보듬고 가기 위해서는 '규칙'이 필요하다. 한 사람이 한 마디씩만 동시에 해도 어떤 목소리도 제대로 전달되지 않는다. 목소리 큰 아이 혹은 재빠른 아이의 얘기를 우선하지 않기 위해 함께 규칙을 정하고, 규칙이 잘 유지되도록 하는 데에 방점을 찍는다. 과제 안 해온 아이, 지각한 아이에 대해 이유를 묻고 '그럴 수 있겠구나.' 공감은 할지언정, 결과에 대한 규칙은 동일하게 적용한다. '아침에 밥을 다 먹느라 늦을 수도 있겠구나.', '학원이 바빠서 숙제를 못했겠구나.' 엄마의 시선으로 보면 모든 개별 사안들은 모두 이해가 되지만, 교사가 공감 정도에 따라 규칙을 주관적으로 적용하는 순간 아이들은 선생님이 공정하지 않다고 여긴다. 여러 아이를 맡아야 하는 선생님의 위치에서 규칙을 융통성 있게 적용하지 못하는 핑계이자, 현실적 이유다. 교사와 엄마의 시각 차이도 바로 여기에서 시작된다.

선생님과 엄마의 입장 차이를 보여주는 예를 하나 들어보자.

"선생님, 우리 아이 11시에 약 먹여주세요."

아이는 아직 혼자 약을 챙겨 먹을 만큼 크지 않았고, 약은 꼭 먹여야 하기 때문에 학부모 입장에서는 아이 가방에 약을 챙겨 넣은 후 교사에게 약 복용을 도와달라고 연락한다. 사실, 가방주머니에 있는 약을 먹이기만 하는 사소한 일인데, 담임 입장에서는 날이 선다. "어머니, 약 먹는 시간은 아이가 스스로 챙겨야 합니다."라는 답장이 왜 이리 야속한지. 유치원 선생님은 투약동의서만 제출하면 다 먹여주셨던 것과 비교되어 학교 선생님은 냉정하단 생각이 들며 더 서운하다.

여러 명을 동시에 챙겨야 하는 교사 개인의 수고로움은 덮어 놓고서라도 수업 시간에 대한 존중의 측면에서 살펴보자. 이 부분에서 학교는 유치원과 다르다. 어린이집이나 유치원은 놀면서 배우는 생활, 즉 '보육'이 목표이자 전제이기에 수업 시간의 경계가 덜 선명하지만, 이와는 달리 학교는 '교육'을 목표로 하는 기관이다. 책상에서 학습하고 정해진 시간표에 따라 움직이게 된다. 수업을 방해하지 않기 위해 수업 시간에는 서로의 교실에 전화를 하거나 업무쪽지를 보내는 것도 조심한다. 수업을 진행하던 선생님이 수업을 중간에 멈추고 약을 챙겨줘야 하는 사소한 일이, 반 전체의 입장에서는 사소한 일이 아니라서 교사에겐 부담스럽다.

물론 초등학생이면 약 먹기 정도는 혼자서 할 수 있다고 보는 여러 선생님들의 경험도 이 시각에 반영되어 있을 것이다. 학교는 시간 운영이 명확해서 "3교시 끝나고 약 먹으면 돼." 혹은 "점심 먹고 약 먹으면 돼."라고 아이에게 알려주면 스스로 챙길 수 있으니 말이다. 흔히들 초등학교 1학년은 보육에서 교육으로 전환되는 시점이라고 한다. '약 먹여주기' 또한 그 전환의 과정으로 보면 어떨까? 사정이 이렇다 보니, '선생님은 엄마랑 다르다.'는 말은 마음의 모자람이 아니라 역할의 다름이라고 설명하면서도 그 미묘한 차이를 표현해내기는 언제나 조심스럽다.

초등학교 교사로서 업무 중에 상담이 차지하는 비율이 높은 편이라고 생각해왔는데, 아이가 유치원에 가고 보니 선생님으로부터 정말 작은 일로도 전화가 온다. '아, 이래서 학부모들 입장에서는 학교가 불친절하다고 생각하셨겠구나.' 깨닫는다.

그렇다고 '유치원 선생님만큼 전화를 할 수 있는가?' 하고 묻는다면 시원하게 답할 수가 없다. 미취학 아이는 자기 의사를 표현하기 어렵지만, 초등학생 정도면 부모님에게 학교에서 있던 일을 충분히 전달할 수 있다. 이는 학교와 유치원에서 아이를 바라보는 시각 차이일 수도 있다. 유치원에서는 학부모와 직접 소통해서 대화하는 편이 오해를 줄인다고 생각하지만, 학교에서는 '이쯤은 아이가 스스로 할 수 있고, 또 해야 한다.'라고 보는 것이다. 그러니 혹시라도 '학교에서 이 일에 대해 왜 연락이 안 오지?' 하며 마음이 불편하게 기다리기보다는, 필요한 경우에는 부모님이 먼저 상담을 요청하는 것이 좋다. 특히 상담을 관심의 척도로 생각하는 대신, 우리 아이의 관점뿐 아니라 다른 사람의 관점이 필요하다 판단되는 상황에 상담을 요청한다면 효과적이다.

선생님과 엄마 모두 아이를 기른다. 각각의 역할이 다르다는 것을 인정하면 마음의 깊이를 비교할 필요가 있을까? 아이도 엄마와 교사는 역할이 다름을 본능적으로 인지하여 다른 태도를 보이니, 각자의 역할에 충실한 편이 아이를 키우는 데에 더 좋은 방향일 것이다.

아이를 키워봐야
진짜 선생님이 된다?

초임 시절, "아이를 키워봐야 진짜 선생님이 된다."라는 말에 발끈했지만 아이를 낳은 이후로 전과 달라진 건 분명히 있다. 이전엔 1학년 아이들을 보면 너무 어려서 '이 녀석들 언제 다 크나.' 했는데, 집에 어린아이들이 생기니 1학년만 되어도 다 키웠다 싶다. 종이접기도 혼자 하고, 화장실도 혼자 가며, 책상 앞에 수십 분간 앉아 있을 수 있다는 건 매 순간 감탄하게 만든다.

동네 1학년 학부모를 보는 눈도 마찬가지다. 학교를 처음 경험하는 초보 학부모가 아니라, 누워서 대소변 못 가리던 시기의 꼬맹이를 다 졸업시킨 왕언니들이다. 학부모가 되면 노는 물도 달라진다. '오늘 뭐 먹일까?'보다 '무슨 공부 시킬까?'를 고민한다. 먹는 문제는 이미 졸업했고, 한두 끼 대충 먹여도 상관없다는 걸 깨달은 선배 엄마들이다.

작은 잘못일 때 단단히 혼쭐을 내야 반복되지 않는다며 눈물

쏙 빠지게 야단쳤던 김 선생도 사라졌다. 내 아이를 키워보니 아이가 아무 의도 없이도 오해를 살 만한 행동을 할 수 있음을 알게 되었다. 지나가던 어른에게 인사를 안 하는 건 예의 없어서가 아니라, 인사하는 법을 못 배웠기 때문이다. 어른이 얘기하는데 냅다 뛰어가 버리는 건 쑥스러움을 어떻게 표현해야 할지 모르기 때문이기도 했다. 숟가락과 젓가락도 못 쓰는 아이에게 밥 먹는 법을 가르치다 보니, '아이는 세상의 규칙을 아무것도 모른다.'라는 대전제에서 시작하게 되었다. 그래서 "초등학교 5학년씩이나 돼서 이런 행동을 하니?" 야단부터 치기 전에, 모를 수도 있다고 생각하고 한 번 더 일러주는 인내가 생겼다.

야단칠 때 독기가 빠진 다른 이유는, 아이가 집에서도 충분히 혼난다는 것도 깨달았기 때문이다. 뮤지컬 〈알사탕〉의 '아빠의 잔소리'란 노래를 듣고 웃음이 난 이유는, 실제 집에서 많이 하는 잔소리여서다. 선생님이 아이들을 훈육할 때 꺼내드는 비장의 무기, "엄마랑 이 일에 대해 상담해도 되겠니?" 했을 때 아이로부터 가장 즉각적인 반응이 오던 것도 다 그럴 만한 이유가 있었다. 귀담아 듣든 안 듣든, 엄마에게 싫은 소리를 한 번 더 듣는 건 아이들 입장에서 곤욕이다. 게다가 보통 아이들이 밖에서 혼나고 들어오면 집에서는 더 크게 혼난다. 밖에서 보이는 내 자식의 허물에 대해 무감하기란 부모로서 힘들기 때문이다. 물론 아이를 낳고 교사로서 물러졌다는 건 아니다. 마음은 너그러워졌지만 학생들에게 교사로서 보이는 나의 행동은 동일하다.

내 아이를 보니, 절대 안 먹는 토마토를 제외하면 엄마와 있을 땐 먹지 않던 음식들도 기관에서는 잘 먹는다. 손톱을 매일 물어서 물어뜯기 방지 매니큐어도 발라보고 스티커도 붙여봤는데, 그럼에도 고쳐지지 않던 아이 행동이 선생님께 말씀드렸더니 놀랍게도 하루 만에 고쳐졌다! 이 허탈감이란.

엄마의 회유와 설득보다 선생님에게 잘 보이고 싶은 마음이 아이의 행동을 바꾸기도 한다. 그래서 우리 반 학부모들도 이런 아이들의 마음을 꼭 이용하길 바랐다. 학기 초 학부모총회에서 동일한 이야기로 서두를 꺼낸다.

"부모님께서 자녀가 고쳤으면 하는 행동이 있다면 저를 이용하세요. 사실 일기 하루 안 쓴다고 아이가 잘못되거나 큰 문제가 생기지 않습니다. 하지만 제가 단호해야 아이의 습관을 잘 잡을 수 있습니다. 아이 마음에 공감하는 역할은 부모님이 맡으세요. 저는 대신 명확한 기준이 되겠습니다!"

선생님은 단호한 기준이, 부모님은 공감의 대상이 되기로 역할을 나눴다고 생각되면 아이가 학교 선생님께 꾸중 들었다고 해도 부모님 자신이 혼난 것처럼 불편하지 않다. 때로 부모로서 아이의 마음에 공감해주니 아이에게 든든한 한편이 되어준 듯 느끼기도 한다. 특히 사춘기가 시작된 아이의 부모님은 훈육보다 공감하고 지지하는 사람으로서 곁에 있어야 아이가 건강하게 부모로부터 독립한다. 대신 부족해진 훈육의 역할은 학교와 사회로 자연스레 이동한다. 사실, 사회는 학교보다 더 매운맛이란 걸 떠올리면 학부모 입장에선 학교에서의 꾸중쯤은 거리를 두고 지켜보기만 해도 될 것 같다.

4학년이 넘어가면 학교에서의 일에 대해 부모님께 잘 말하지 않는 아이가 생긴다. 과묵한 성격이라 그럴 수도 있고, 사춘기가 시작되어 그럴 수도 있다. 부모님께 말했을 때 지나가는 말이라도 옳다, 그르다 평가받는 일을 버거워하는 아이일 수도 있다. 하지만 부모님과 한 번 거리를 두기 시작하면 이를 좁히기가 쉽지 않다. 아이가 크면서 만드는 자신의 세상에 부모님의 자리를 마련해두지 않으면 부모님을 귀찮아하거나 벅차게 느낀다.

반면 부모님의 자리가 있는 아이들은 덜 흔들린다. 친구 문제가 생겼을 때, 아이가 믿던 세상이 흔들릴 때, 믿음과 의지가 되는 구석이 필요한데 그 역할은 아이의 성장을 처음부터 지켜보는 부모님밖에 할 수 없다. 따라서 아주 사소할지라도 아이의 학교생활에 관한 이야기를 나누고, 아이의 마음에 공감해주면 좋겠다. 미주알고주알 이야기하는 아이라면 더없이 좋고!

단호한 교사의 행동이 아이의 습관에 도움이 된다면, 호랑이 엄마도 마찬가지 아닐까? 하지만 엄마가 선생님의 역할을 하려고 하면 아이의 마음이 힘들어진다. 아이를 매일 보는 엄마는 아이의 잘못된 행동에 대해서도 잘 알고 있는 경우가 많다. 어린아이야 생활 습관을 잡아준다는 이유로 손을 함께 붙들고 글씨를 다시 쓰게 하거나, 문장을 고치게 할 수도 있다. 아이에게 모델링할 기회가 되고, 선생님이 미처 닿지 못하는 구체적인 도움이 된다. 하지만 중학년을 지나 고학년이 된 아이는 부모님이 붙어서 써주는 것을 결코 좋아하지 않는다. 혼자 해보고 싶은 아이의 뒤통수에 대고 부모가 지적을 한다면 아이 입장에서 어떨까? 학교에서도 혼나고 집에서도 혼난다면서 부모님을 피하게 되지 않겠는가?

 자기 행동에 대해 다른 사람이 어떻게 생각할지 떠올릴 줄 아는 아이라면 스스로를 혼내기도 한다. 자신의 잘못을 인식하는 순간, 선생님과 부모님이 할 말을 상상하며 과하게 심각해지는 거다. 나는 자신의 부족한 점에 대해 생각보다 부정적으로 인식하는 아이를 보면 꾸중 대신 잘하는 요령과 대처 방안을 일러주는 편인데, 마음이 가벼워진 아이가 기쁘게 부모님께 이 일에 대해 이야기했다가 오히려 야단맞는다면? 당연히 아이는 집에서 입을 닫을 것이다.

 여전히 제 아이를 키워봐야 진짜 선생님이 된다는 말을 좋아하지는 않는다. 교사와 부모님 각각에게 기대되는 역할이 다르기 때문에 교사는 자신의 아이를 기르는 일과 관계없이 충분히 제 역할을 해낼 수 있다. 젊은 선생님이라는 이유로, 혹은 아이를 낳아보지 않았다는 이유로 교사의 역할을 제대로 못할 거라는 편견이 있을까 염려된다. 하기는 교사가 아이만 챙기느라 교실은 뒷전이라는 편견도 더러 있으니, 제 아이가 있는 선생님에 대한 호불호는 결국 샘샘이려나? 그러니 동요하지 않고 내 역할에 충실해야겠다.

나로서의 세계 vs. 엄마로서의 세계

　엄마가 된다는 건 단지 식구가 하나 더 늘어난다는 것 이상이었다. 뭔가 선택할 때 그 기준은 더 이상 나 자신이 아니라 아이가 되었고, 이전의 삶을 그리워하면 오히려 불행한 기분이 들었다. 아이 출산 이후 원할 때 잘 수 없고, 먹을 수 없던 기본적인 욕구 충족의 어려움은 엄마가 되기 위해 나 자신의 본능을 내려놔야 한다는 일종의 경고성 시련이 아니었을까? 뭣 모르고 낳았으니까 키웠지, 알았으면 도전할 엄두보다 도망갈 각오부터 다졌을 거다.

　엄마가 되는 게 이렇게 힘들 줄 몰랐다는 탄식은 아이가 울지 않아도 의사 표현을 할 수 있을 때가 되어서야 잦아들었다. 두 돌 무렵 "아이를 낳으니까 뭐가 좋으냐?"는 질문을 받으면 뭐라 말하기는 어려운데 그냥 좋더라고 답을 했었다. 아이를 낳아서 좋은 이유를 문장으로 표현하고자 애를 썼으나, 아이를 낳고 7년이 지난 지금에서야 흐릿하게나마 말할 수 있을 것 같다. 육아로 나의 세계가 확장

되고, 엄마라는 세계에 들어오면서 세상을 보는 관점이 달라졌다고 말이다.

　　엄마가 되기 전에는 '어떻게 살아야 할까?'란 질문의 고민 속에 나 외의 다른 사람은 없었다. 스스로의 자아실현, 그러니까 저 높이 올라가거나, 유명해지거나, 돈을 많이 벌거나 하는 등의 아직 가보지 못한 길에 대해 고민할 때 오로지 나만의 취향과 특성만 기준이 되었다. 그렇다고 스스로를 잘 알았던 것도 아니다. 하다 보면 하나 얻어걸리겠지 싶어 안 가본 여행지를 간다거나, 처음 배워보는 악기를 연주한다거나, 남들이 좋다는 걸 하나씩 따라가다 보면 어딘가에 도착하겠거니 바랐다. 하지만 나에 대해 말하기는 더 어려웠다. 왜 하고자 하는지, 왜 가고자 하는지, 왜 되고자 하는지……. 자기계발은 해야 할 것 같은데, 나 자신으로부터 비롯된 욕구가 아니다 보니 '어떻게'와 '무엇'에 대해서라는 항목이 비어 있었다. 이유가 명확하지 않아서인지 성취를 이루지도 못했는데, 못한다고 해서 특별히 아쉽지도 않았다. 새해의 할 일 목록에 추가하면 될 일이니 말이다.

　　엄마가 된 후에는 내 욕망들 중 진짜 나로부터 비롯된 것과 간절한 것만 남았다. 화장실 갈 때 아무도 부르지 않았으면 좋겠다는 소박한 바람이 생겼고, 혼자만의 시간을 갖고 싶어 무거운 눈꺼풀을 붙들고 모두가 잠든 밤에 혼자 깨 사소한 작은 일들을 누릴 수 있음에 감사했다. '이제 좀 뭐 해볼까?' 맘먹으면 "엄마!" 하고 부르니 찰나의 시간에 집중해야 했고, 미루려고 하면 내일 또 어떤 일이 생길지 모르기에 할 수 있을 때 최선을 다해야 했다. 최선을 다해 공부하고, 놀고, 내적 만족에 집중했다.

아이가 한순간에 큰다는 것도 알았다. 아이의 매끈한 잇몸 웃음은 아무리 간절해도 다시 볼 수 없고, 치대는 게 귀찮다가도 금세 커서 데면데면하게 굴 거라 생각하니 저절로 지금에 충실하게 되었다. 세상이 내 마음 같지 않다고 머리로는 알아도 미련이 남았는데, 아이의 마음과 내 마음을 구분하고 내 문제와 네 문제를 구분하고 나서야 평안이 찾아왔다. 아이를 키우는 과정은 다시 말해, 내 마음을 수련하는 시간이었다.

'아이 친구 부모님'이라는 새로운 인간관계는 엄마로서의 세계를 한층 더 넓혔다. 아이가 집에서 친구에 관한 이야기를 부쩍 하기 시작할 때쯤, 놀이터에서 다른 엄마들과 아이들이 노는 모습을 바라보며 많은 얘기를 나누게 되었다. 호칭부터가 '원이, 환이 엄마'로 시작하니 아이 이야기가 주였다. 하지만 시간이 흐르며 서로의 가정사를 넘나드는 넓은 스펙트럼의 이야기가 오르내린다. 일하며 느꼈던 괴로움을 얘기하기도 하고, 재미있는 취미를 찾았다며 자랑하기도 한다.

아이를 벗어난 개인적인 주제가 낯설면서도 반가웠다. 나이를 트고 나면 '언니, 동생', 아이를 봐주는 할머니는 '어머니'라고 부르는 등 놀이터에만 나가면 가족이 많아졌다. 결혼 이후 뿔뿔이 흩어진 친구들보다 이젠 더 가까워진 아이 친구 엄마와 나눈 이야기들이 쌓였고, 때론 이들이 나의 친구가 되었다.

어느 날은 아빠 모임이 생겼다. 특별히 모임을 만들려던 건 아니지만, 아이들을 데리고 나가 운동을 시키다 보니 공원에서 자주 만나는 아빠가 생겼단다. 아이들은 뛰놀게 하고, 벤치에 앉아 맥주 한 캔과 더불어 도란도란 이야기를 나누다 보니 어느새 아이 없이도 모이는 아빠 모임이 되었다며 웃는다. 직업도 천차만별이라 개인으로 만났다면 접점이 있을까 싶은데, 아이 덕에 다른 색깔을 가진 인연을 만들어간다.

그러고 보니 나도 어릴 적 이와 비슷한 소꿉친구가 있다. 가족 구성원이 비슷했던 이웃 가족과 온 가족이 가깝게 지내게 되고, 30년이 지난 지금도 서로의 집안 대소사에 참여한다. 자주 연락하는 것도 아닌데 가족이 모두 연결된 인연은 쉬이 끊어지지 않는다.

유독 성공한 여성들의 이야기에 감탄하고, 주체적인 삶을 중시하는 프랑스 여성에 꽂혔었다. 다행히 결혼과 출산을 한 여성도 일에서 자신을 가꾸는 일이 중요하다고 생각하는 사람들이 월등히 많아졌고, 복직하니까 어떠냐는 질문에 "훨씬 좋아요. 나를 위한 삶이 생긴 것 같네요."라고 말하는 엄마들이 더 이상 모성애가 없다는 식의 부당한 비난을 받을까 눈치 보지 않아도 되는 세상이 됐다. 무대 뒤 희생의 아이콘은 촌스런 옛이야기가 되었고, 결혼해도 나다움을 잃지 않는 것이 모두가 행복해지는 것이란 목소리가 당연해졌다. 육아휴직을 '할 수 있다, 없다' 차원이 아닌, '하고 싶다, 안 하고 싶다'로 고민하며 문제의 중심이 당위성과 상황이 아니라, 엄마인

'나'가 되어가는 긍정적인 추세다.

하지만 '엄마'라는 자리를 극복해내는 슈퍼맘들의 이야기들은, 그 이면에 엄마가 아닌 쪽이 더 수월한 게 아닌가 하는 의심과 피해의식을 불쑥 찾아오게 했다. 엄마의 상황이란 한계를 극복하려고 할 때마다 아이와 남편에게 미안해서 나만의 세계에서 나아가지 못했고, 또 그에 머무를 만큼 마음을 내려놓지도 못했으니 말이다. 그러던 중 육아를 진정으로 즐기는 엄마를 발견했다. "아이랑 주말에 뭐하고 놀까?" 고민하는 나의 귀에 "숨바꼭질을 하다 무전기를 사용했더니 너무 재미있어!"라는 한 엄마의 목소리가 콕 박혀 들어왔다.

"아이가 재미있어하는 게 아니라 엄마가 재미있다고?"

"응, 나는 아이랑 노는 게 재미있어. 육아가 천직인가 봐!"

그러고 보니 이 엄마는 항상 그랬다. "내가 애들 봐줄게."란 말 대신 "애들이랑 놀게."라고 말했고, 아이들의 놀이 과정을 관리하려던 나와는 달리 어떻게 하면 놀이를 재미있게 만들까 궁리했다. 직업도 멋있어서 언제 직장으로 돌아가나 관찰했는데, 나의 관심과는 관계없이 계속 엄마로서의 삶을 즐길 계획인 듯하다.

이후 아이와 노는 순간이면 이 엄마를 떠올린다. 이전에는 아이 없이 나 혼자 시간을 보내야만 노는 거라고 생각했다면, 이젠 아이와 함께 놀 방법을 찾는다. 아이와 신나게 얼음땡을 하다 보면 따로 시간을 내 다이어트를 할 필요가 없다. 아이의 공부를 보며 한 자릿수의 덧셈을 이렇게 전개하는구나 싶어 그 원리를 새삼 익히고, 단어의 뜻을 설명해주면서 간단한 퀴즈를 만들기도 한다. 아이와 스무고개를 하며 기상천외한 아이의 발상에 "어떻게 그걸 생각했어?"라며 까르르 웃으며 논다.

    더 이상 '엄마'를 극복하고 싶지 않다. 엄마라서 못하는 일을 떠올리는 대신, 엄마라서 할 수 있는 일에 더 집중하기 시작했다. 나의 세계는 엄마의 세계로 이동한 것이 아니라, 엄마의 세계로까지 확장되었다.

〈2장〉

육아 만렙 학부모 벤치마킹하기

 "우리 애도 저 엄마 아이처럼 컸으면 좋겠다!"

자기 아이 이야기를 꺼내는 엄마들의 방식

　　엄마가 된 이후, 처음 본 사람에게 쉽게 말을 건네는 내가 스스로도 신기하다. 연령대와 관계없이 아이를 키워봤다는 경험 덕분인지 비슷한 푸념과 농담으로 대화의 물꼬가 트인다. 한 번도 어울리지 않았던 엄마들과도 아이의 나이가 비슷하면 고민거리를 공유하고 아이의 기상천외한 행동을 나누며 웃는다. 아이에 대한 이야기는 뒷담화의 불편함도 없다. 진짜 자기 아이가 싫어서 뒷얘기를 하는 엄마가 어디 있겠는가? 사랑을 바탕으로 한 이야기라는 것을 알기에 아이 뒷담화는 아이에 대한 상담이 된다. 잘하면 엄마들에게 자녀교육에 대한 정보도 얻을 수 있으니 우리는 그 조각 담화들을 정보 공유의 장이라 한다.
　　학교에서 담임교사와의 대화는 철저하게 아이에 대한 이야기를 하자고 모이는 자리다. '학부모 상담'이라는 거창한 이름의 만남 덕에, 교사로서 참여할 때 뭔가 도움이 되는 이야기를 하고 싶어 마음을 가다듬는다. 이 학부모 상담의 내용은 시기별로 차이가 있는데, 3월의 학부모 상담에선 "학부모님께서 아이에 대한 이야기를 해주세요."라고 미리 요청한다. 이때 아이의 이야기를 어떻게 꺼내야 할지 도통 어색해하는 부모님들을 종종 보기 때문에 미리 아이에 대한 교실 안 에피소드를 준비해 둔다. "어머님, 오늘 동윤이가 사회 시간에 발표를 하는데, 온갖 상식이 다 나오더라고요. 평소에 책을 많이 읽나 봐요."라고 운을 띄우면 "아니에요, 집에서는 책 하나도 안 읽어요. 만화책만 봐요."라며 웃고 시작하기도 하고, 책 좋아하는 이 아이에 관한 본격적인 대화로 이어질 수도 있다. 나는 꼭 "아이가 요즘 학교 어떻다고 말하나요?"라고 물어보는데, 부모님과 아이의 대화 정도를 가늠할 수도 있고, 아이가 학교를 어떻게 생각하는지 들을 수 있는 절호의 질문이기 때문이다.

엄마들과의 대화를 떠올리다 보니, 아이에 대해 이야기를 꺼내는 엄마들의 두 가지 화법이 있었다. 먼저 아이의 부족한 점으로 이야기를 시작하는 엄마들이다. "요즘 우리 아이가 책을 안 읽어요.", "주변 정리를 너무 못해서 고민이에요. 아이 방이 난장판이에요." 등으로 시작한다. 첫 번째 유형과의 본격적인 대화는 이후부터 시작이다. "에이, 그래도 지연이는 책을 참 많이 읽는 편이에요.", "상현이 정도면 서랍과 책 정리를 잘하는 편이랍니다. 아이들 다 아직은 잘하지 못해요."라고 받아치면 "우리 애가 학교에선 그런가요? 집에서는 안 그러는데." 하며 좋은 분위기로 대화를 시작할 수 있다. 설사 대화 중간에 엄마가 고민해야 할 아이의 행동에 대해 말하더라도, 부족한 내 아이를 긍정적으로 본다는 신뢰가 생겼기 때문에 대화가 이상한 방향으로 튀지 않는다.

하지만 첫 번째 유형은 대화 상대자의 역할이 중요하다. 엄마가 본인 아이를 겸손하게 낮추는 말을 문장 그대로 이해했다면 대화가 잘 지속될까? 문득 친정엄마가 상견례를 한 번 더 하자던 때가 떠오른다. 상견례에 가기 전 본인 자녀에 대해 겸손하고 상대방 자녀를 띄워주라는 대화 수칙을 온라인에서 읽고는 상견례에서 나의 부족함만 이야기하다 왔기 때문이다. 시부모님은 곧이곧대로 "아, 그렇군요." 하시는 분이라, 긴장이 풀리고 나니 좋은 점을 하나도 얘기 못했다면서 상견례 두 번을 주장하는 엄마가 어찌나 재미있던지. 이 경우처럼 학부모 상담에서 아이의 장점을 홍보해야겠다고 마음먹었다면 상대방의 마땅한 반응을 기다리지 말고, 하고 싶은 말부터 시작하는 것도 좋은 방법이다.

아이가 잘하는 것을 먼저 이야기하는 엄마들은 아이에 대한 이야깃거리가 많은 편이다. 대화 상대방은 특별한 기술도 필요 없다. 열심히 듣고 맞장구를 잘 치면 된다. '아이가 집에서 칭찬과 사랑을 많이 받으며 크겠구나.' 짐작도 해본다. 다만, 이런 경우 학부모 상담에서 꼭 해야 할 말이 있는 담임으로서는 어렵기도 하다. 교실에서 관찰한 특이 행동에 대해 전달하고 가정의 협조를 구해야 하는 상황이라면 더더욱 노련한 의사소통 기술이 필요하다.

교사로서 학부모를 상담할 때에는 아이에 대해 엄마가 말하는 긍정적인 이야기를 충분히 다 듣는다. 그 내용에 대해서 사실 판단을 하려는 자세는 그 부모의 얘기를 경청하는 데에 도움이 되지 않는다. 천천히 다 듣고 나면 아이에 대해 갖고 있던 편견이 걷히기도 하고, 교실 속 갈등이나 문제 상황에서 아이의 행동을 이전보다 긍정적으로 해석하게 되기도 한다. 어쩌면 이 아이는 칭찬이 필요했지만, 행동이 서툴러 충분히 칭찬 받지 못하기 때문에 엄마가 나서서 아이의 좋은 점을 홍보했을 수도 있지 않은가? '사람들이 우리 아이에 대해 오해하는 경우가 종종 있지만, 사실은 이렇게나 좋은 면이 많다는 것도 알아주세요.'라는 의도로 말이다. 그러면 아이의 행동과 원인에 대해 더 긍정적으로 재조합하게 되기도 한다.

3월 학부모 상담에서 부모님이 아이 이야기를 먼저 해줘야 하는 이유가 여기에 있다. 학교와 집 각각에서 아이를 기르는 사람이 만나 시각을 공유하는 거다. 그럼 설사 한쪽에 치우친 시각을 갖고 있더라도 이야기를 나누며 더 중도적 입장에서 아이를 바라볼 수 있게 된다.

아이의 문제 행동에 대해 이야기할 때는 그 아이에 대한 나의 판단을 먼저 전달하는 대신, 에피소드 중심으로 이야기한다. 예를 들어, "아이가 산만해요."라는 표현 대신 "수업 시간에 자주 일어나서 교실을 돌아다녀요."라고 사례를 들어 말한다. 교실을 돌아다니는 이유를 부모님은 알 수도 있으니 섣불리 어떤 특성을 가지고 있다 단정 지어 말하지 않는 거다.

이때 부모님이 아이에 대한 비난이라고 생각하지 않았으면 좋겠다. 아이를 보호한다는 생각으로 "집에서는 안 그러는데, 선생님이 오해하신 거 아니에요?"라고 방어하는 경우도 있다. 그럼 그 상담 시간의 의미는 퇴색된다. 상담은 양쪽의 옳고 그름을 증명하는 자리가 아니라, 가정과 학교에서 갖고 있는 다른 정보를 맞춰보는 시간이 아닌가? 아이의 문제 행동은 나이가 어릴수록 더 빠르게 개선되기 때문에 누구든 발견해서 이야기해줄 수 있다면 이를 귀한 기회로 여겨주면 좋겠다.

학부모 상담에 가면 좋은 얘기밖에 안 한다며, 별 실효성 없는 거 아니냐고 하는 엄마들도 있다. 하지만 그 칭찬을 나누려고 학부모 상담을 하는 것 아니겠는가? 일상에 치여 부족한 면만 보다가 아이의 빛나는 점을 다른 사람 입에서 들으면 내 아이의 예쁜 점이 다시 보이게 된다. "선생님이 너 학교에서 잘한다더라?" 하면 집에서 전해 듣는 아이도 "우리 선생님이 나 좋아하지?"라며 긍정적인 해당 행동을 반복한다. 문제 행동을 면밀히 살피기 위해 이야기를 나누는 일도 필요하지만, 무엇이 올바른 행동인가를 명백히 일러주는 것은 결국 칭찬이다. 그러니 학부모 상담에서의 긍정적인 피드백은 결국 아이를 성장시킨다.

그럼 학부모 상담 중 담임교사의 최고 찬사는 뭘까? 우리 집 아이가 어려서 그런지, 학부모 상담에서 만나는 엄마들을 선배 엄마라고 생각하고 대화를 시작한다. 가끔 교실에서 그림처럼 자란 아이의 엄마에게는 이 말이 절로 튀어나온다.

"어머님, ○○를 대체 어떻게 키우셨나요? 비결이 뭔지 궁금해요."

아이를 잘 키워낸 선배 엄마가 부러워서 절로 나오는 말이다.

나는 아이에 대해 어떻게 말하는 엄마일지를 돌이켜본다. 아이의 부족한 면부터 이야기해야 겸손하다고 생각하는 엄마일까, 아이의 훌륭한 점에 대해 먼저 설명하고 싶어 하는 엄마일까? 그러고 보니, 나는 자랑 보따리를 쌓아두고 일단 부족한 면부터 이야기를 시작해 대화가 반전되면 아이 자랑을 한껏 풀어놓길 원하는 엉큼한 엄마다. 동시에 대화의 완급을 조절하지 못해 부족한 면만 이야기하다 긍정적인 면을 말할 기회를 못 얻는 어설픈 엄마이기도 하다. 그럼 집에 돌아가 상견례 번복을 주장했던 친정엄마의 심정을 떠올리며, 괜히 내가 흉만 봐서 아이가 혹시 밉게 비쳐질까 후회가 되기도 한다.

능숙한 엄마들은 부족한 면으로 시작하되 마냥 기다리지 않고, 칭찬의 공을 사방에 돌렸다.

"선생님이 예쁘게 봐주셔서 아이가 잘 자랍니다.", "원이 친구 이연이가 잘 지내줘서 원이가 잘 자라요."

칭찬은 순환한다. 상대방을 높여주는 대화법에 아이에 대한 또 다른 칭찬을 찾게 되고, 아이를 대하는 행동이 더 부드러워진다. 엄마와 선생님이 합이 맞아 대화가 잘 풀리면 그해 아이와의 관계도 더할 나위 없이 좋다. 엄마에게도, 교사에게도 대화의 기술이 필요하다.

그 엄마는 왜
6년째 학부모 임원을 할까?

"학부모총회에 갔다가 녹색어머니회, 학부모회, 자료지원 어머니회, 도서봉사회 등 각종 위원회에 이름을 올리고 왔어. 아이한테 좋은 건 다 해보겠다고 휴직까지 했지만, 막상 기분이 썩 개운하진 않아. 공개 수업엔 엄청 많은 학부모들이 있더니, 학부모 위원 뽑을 때가 되니까 다들 자리를 떠나더라고."

친구의 하소연에 상황이 그려진다. 매년 우리 반도 그랬다. 그래서 가끔 나는 담임교사로서 공개 수업 이후 "학부모님들 가시면 안 돼요." 반농담조로 얘기하고서 문을 잠그는 척하기도 했다.

언젠가 유명 연예인의 녹색어머니회 목격담이 온라인 게시판에 올라와 화제가 된 적이 있다. 초록 모자에 노란 조끼를 착용한 소박한 모습으로 아이들의 안전을 위해 등교 안내를 하는 그녀를 보고 나 역시 친근감이 훅 올라갔다. 수십, 수백억대 부자이자 톱스타인 그녀라면 대리인을 구해 지정된 할당 일정을 채울 것도 같았는데 직접 나선 거다. 그러니 혹시라도 "내가 이걸 왜 하고 있는 거지?" 하는 자괴감이나 한탄은 안 해도 덜 억울하지 않을까? 온 국민이 다 아는 그녀도 하는데, 뭐.

실제로 온라인 맘 카페에는 종종 일명 녹색어머니회의 활동으로 알려진 아침 등교 안전 지도 봉사를 대신해줄 구인 글이 자주 올라온다. 1만~1만 5천 원의 시세도 형성되어 있다. 처음에는 이런 구인 글이 의아했다. 말 그대로 '봉사'라서 학부모의 자발성에 기대고 있기 때문에 출근 때문에 못하는 상황이라면 충분히 이해받을 수 있지 않나 싶어서다.

그래서 주변에 물어보니, 여러 학부모 단체 중 녹색어머니회 봉사를 엄마들이 가장 기피하기 때문에 벌어진 일이란다. 길에서 20여 분가량 교통 지도를 하려니 찬 겨울에는 손이 시리다 못해 틀 지경에 발끝은 꽁꽁 얼어붙는다. 또 뜨거운 여름엔 어떤가? 온몸 구석구석 땀이 차 흠뻑 젖은 채 어머니회 조끼를 입고 서 있는 게 여간 힘든 게 아니다. 구실이 생기면 반갑게 빠지는 고된 일인 탓에, 빠질 이유를 찾지 못한 일부 마음 약한 엄마들에게 일이 몰리게 되면서 학부모들 간 갈등이 생겨났다는 것이다. 이후 우리 아이들 모두를 위한 것이라면 모든 학부모의 의무로 공평하게 돌아가야 한다면서 전교생 엄마들에게 1일씩 의무 봉사일이 지정되었고, 출근해야 하는 사람들도 어떻게든 사람을 구해내 할당량을 채우는 분위기가 조성되었단다.

일견 이해도 가고 공정하기도 한데, 봉사라는 원래 취지와 맞는지 생각해보면 왠지 씁쓸해진다. 엄마들의 소중한 노동력을 공짜로 쓰려고 해서 생긴 문제 아니냐며 도끼눈을 뜨게 되기도 한다.

하지만 가만 들여다보면 모든 학부모회의 목적이 무료 노동력을 제공받는 데에만 있다고 말하기엔 충분치 못한 구석이 있다. 학교에서는 학부모에게 녹색어머니회뿐만 아니라 운영위원회, 학업성적관리위원회, 도서관운영위원회 등 각종 위원회부터 학부모 동아리 운영도 제안한다. 덕분에 학교 참여에 적극적인 엄마들은 일주일에 서너 번씩 학교에서 마주치기도 한다. 이분들은 각종 주제로 학교에 와서 회의에 참여하고 학부모 입장에서의 의견을 낸다. 처음 회의를 준비할 때는 어느 정도 안을 추리며 학부모 참여를 요식 행위처럼 생각하기도 했는데, 막상 이들의 이야기를 들어보면 생각지 못한 부분을 짚어주셔서 결과가 훨씬 풍성하고 수준이 높아지는 경우가 많다.

하루는 도서관에 비치할 도서 선정 문제로 회의가 열렸다. 교사 입장에서 전집은 아이들의 대여 횟수에 비해 공간을 많이 차지해서 아예 리스트에서 제외했다. 그러나 부모님은 동일한 이유로 집에서 보기 어렵기 때문에 학교 도서관만이라도 전집을 비치했으면 좋겠다고 의견을 내서서 이를 실제로 반영한 적이 있다. 다각도에서 살펴보아 더 좋은 결과를 도출해낸 좋은 예라 할 수 있겠다.

이처럼 이유는 같아도 학교와 학부모 사이에 입장과 시각 차이가 있기 때문에 논의 내용이 다채로워지고, 처음과 다른 결론을 내기도 한다. 요즘은 자율 휴업일 하나도 교사, 학부모, 학생 설문을 통해 각 주체의 의견을 듣고 정하니 각종 학부모 단체에 소속되어 회의에 참여한다면 의견을 더 적극적으로 낼 기회가 열리는 셈이다.

흥미로운 점은 보통 적극적으로 회의에 참여하는 엄마일수록 학교에 대한 높은 신뢰를 표현한다는 사실이다. 학교가 왜 그렇게 결정하는지 그 과정을 상세하게 알게 되어 이들의 민원이 적은 걸까? 어쨌든 그래서 부모님이 번거로워하지만 않는다면, 이분들이 학교에 와 회의에 참여하는 일은 학교 입장에선 언제나 환영이다.

학부모 동아리의 경우는 어떤가? 예상보다 훨씬 뜨거운 열의가 학부모 동아리에서 목격되어 깜짝 놀라곤 한다. 가령, 도서관 봉사자 몇 분으로 시작한 그림책 읽어주기 동아리가 교내 정식 프로그램이 되어 저학년 아이들이 손가락을 꼽아 기다리는 시간이 되기도 했고, 학부모 뜨개질 동아리는 축제 때 작품 출품도 하고 고학년 아이들의 뜨개질 수업 보조교사로 뒷바라지를 하기도 했다. 엄마 도우미는 협력 강사보다 서툴지 몰라도 성의가 넘치고, 무엇보다 아이들에게 따뜻했다. 교육청에서는 이런 자발적 학부모 동아리 활동에 예산을 지원하면서, 활동이 더욱 풍성해지는 선순환이 이뤄진다. 물론 이 모든 것들은 학부모가 하고 싶지 않거나, 여의치 않는 상황이 생기면 언제나 바로 멈출 수 있다. 학부모의 자율성을 전제로 하지 않는다면 활동의 성과도, 활력도 자연스레 떨어지니 말이다.

학부모 참여를 많이 한다고 해서 내 아이에게 특혜가 생기는 것은 아니다. 아이에 대한 교사들의 태도가 부모님의 활동으로 인해 달라진다면 오히려 문제가 될 수 있다. 다만, 학부모 입장에서는 활동을 하면서 아이의 학교생활에 대해 직간접적으로 알아갈 기회가 자연스레 많아진다.

한번은 자료 제작 도움방에 들렀다가 우연히 우리 반 엄마를 만났다. 어찌나 반가워하시던지! 내가 만든 샘플보다 더 공들여 만들어주신 교구에서 아이를 보는 엄마의 시선과 정성이 느껴진다. 그 후로는 가능한 한, 우리 반 엄마들 봉사 일정에 맞춰 들르곤 한다. "지원이 어머니, 오늘 지원이가 쉬는 시간에……." 하면서 오다가다 얼굴을 보고 교실에서 있던 일도 알려드리고, 더불어 감사 인사도 전하고 싶어서다. 아침 출근길에 봉사하는 엄마를 보면 시간을 내주시는 마음이 고마워서 교사로서 더 열심히 해야겠다는 기합도 들어간다. 시간을 내 참여하는 게 학부모 입장에서 쉽지 않음을 알기 때문이다.

실제 학부모의 학교활동 참여가 초등학생의 학업 성취에 긍정적인 영향을 미친다는 학술지 논문 결과(「학부모의 학교활동 참여가 초등학생의 학업 성취에 미치는 영향」, 주동범 외 3인)는 학교 참여를 좀 더 적극적으로 권할 수 있게 했다. 부모님의 교육 수준이 높아지고 사회경제적으로 안정되면서 학교 참여 수준도 함께 높아졌고, 그에 따라 아이들의 학업 성취도에도 긍정적인 영향을 보인 것이다.

흔히들 학군지에 근무하면 학부모의 높은 관심도를 느낄 수 있다고 말한다. 학군지는 교사가 순환하는 공립학교의 특성상 교육열 높은 학부모가 꾸준히 유입되어 만든 면학 분위기인 경우가 많았다. 학군지의 학부모들은 적극적으로 학교에 참여하는 한편, 함께 자녀교육법을 공부하고자 스스로 듣고 싶은 강좌를 학교에 요청하기도 했다. 학부모의 교육활동 참여 자체가 자녀교육에 대한 관심에서 출발하니 말이다.

학부모라는 정체성은 참 묘하다. 아이의 초등학교 입학부터 고등학교 졸업까지 12년, 혹은 대학 졸업까지 16년가량의 기간 동안 내 아이의 성장에 따라 생기는 정체성이다. 집에서 직접 돌보던 아이가 기관에 들어가면서 학부모라는 이름표를 달게 되었을 때의 뭉클함은 엄마가 되었을 때의 낯섦과는 또 달랐다. 학부모가 된 나는 많든 적든 아이가 소속된 기관의 행사에 참여하게 된다. 소풍에 참여하기도 하고, 학부모 강좌를 듣기도 했다. 학부모가 되며 내 친구들보다 아이 친구들의 엄마를 자주 만나게 되었고, 내 아이 당신 아이 구분하지 않고 같이 돌보기도 했다. 학부모회의 기본 전제는 바로 이 지점에서 출발한다. 우리 아이들을 잘 키우기 위해 같이 애써보자는 거다.

아이의 입학부터 졸업까지 6년 내내 학부모 봉사를 적극적으로 해주신 한 엄마가 기억난다. 입학할 때야 한 번쯤 경험 삼아 많이들 자원하지만, 졸업할 때까지 6년 내내 맡는 경우는 적어서 내심 놀랐다. 투입되는 노력과 시간이 많아 고학년이 되면 할 만큼 했다며 종료를 선언하는 엄마가 훨씬 많기 때문이다. "힘들지 않으세요?" 여쭤보니 "중학교 입학 전에 할 수 있는 것은 다 해주고 싶은 걸요!"라며 웃으셨다. 첫째를 중학교에 보내보니 학부모 역할이 또 달라진다는 말을 덧붙이며.

또 다른 엄마는 학부모 참여를 권유하며 이렇게 말했다.

"학부모 참여라는 거 솔직히 귀찮고 힘들어. 그런데 학부모로서 산다면 꼭 필요한 경험이야. 학교 일을 하다 보니까 아이가 여기에서 어떻게 수업 받고 있는지, 어떤 경험을 쌓고 있는지 구체적으로 알 수 있어서 좋더라고."

이 얼마나 프로 의식 넘치는 학부모의 마음인지. 덕분에 나도 학부모로서의 버킷리스트가 생겼다. 할 수 있는 한, 학부모 봉사에 적극 참여할 것! 학교 일에 대해 잘 안다고 생각하지만, 학부모로서 보는 학교는 학년이 올라갈 때마다 어떻게 다를지 궁금해진다.

혹시라도 교사에게 지명당해 학부모 봉사 등을 하게 되었다고 해서 괜히 자신이 뒤집어쓴 거 아닌지 억울해하거나 언짢아하지 않았으면 좋겠다. 세상일은 원래 공평하지 않다는 체념이 아니라, 오히려 학부모로서의 새로운 세계를 여는 계기가 될 수도 있기 때문이다. 다 큰 아이에게 "너 어렸을 때 엄마가 녹색어머니회 회장도 했어!" 하며 한번 큰소리도 치고, 최선을 다했다는 자부심도 느끼게 될지 어찌 알겠는가? 이왕이면 그때 봉사해보길 잘했다고 스스로 칭찬하는 경험으로 만들어가면 좋겠다.

내 아이를 위한 일이라고 생각하니 힘이 불끈 솟는다. 톱스타도 한다. 나도 한다!

각자에게 맞는 엄마표 교육

선생님이라는 직업은 자기 아이를 가르치는 데에 유리할 것 같지만, 한편으론 딱 그렇지만도 않다. 요리사 남편이 집에서 요리를 안 한다는 이야기를 흔히 듣지 않던가? 오히려 직접 가르치기보다는 좋은 학원을 고르는 데에 직업적 경험이 더 활용되는 것 같다.

절대음감을 가진 음악교육과 출신 형님은 나처럼 초등교사다. 형님 댁에 어느 날 피아노가 들어왔다.

"어머, 피아노 사셨어요? 딸내미 집에서 직접 가르칠 수 있어 좋으시겠어요."

이야기를 듣자마자 형님이 손사래 치며 말한다.

"아이고, 안 돼. 몇 번 시도해봤는데 화나서 도통 안 되겠더라고. 대신 학원에 보냈는데 잘 배워오더라. 난 그걸로 만족해."

형님은 아이에게 항상 따뜻하고 정감 있게 대하는 엄마다. 피아노 실력도 있고, 음악 교수법도 아는 데에다 평소에 관련 일을 하고 있음에도 불구하고 엄마표 수업은 안 되겠다고 하는 거다. 소위 '친자 인증'이라고, 직접 가르쳤을 때 화가 나서 참을 수 없다면 친자식이 맞다는 우스갯소리가 생각났다. 엄마표 수업을 잘못하다가는 아이가 주눅 들고 엄마와 관계가 틀어지니, 차라리 선생님을 붙이는 게 낫다는 푸념은 주변에서 심심치 않게 들린다. 물론 엄마표로 아이를 성공적으로 가르치는 경우도 분명 있다. 엄마표 교육을 소개한 유명 저자들은 모두 제 아이를 키우면서 가정 학습법을 개발하지 않았던가?

내 사촌 동생은 5학년쯤에 엄마, 그러니까 우리 이모와 함께 공부하며 영재교육원에 붙은 바 있다. 학년이 올라갈수록 내용은 어려워지고 아이는 사춘기가 되니 함께 하기가 쉽지 않았을 텐데, 그 비법이 궁금해 이모에게 물었더니 돌아오는 답이 이렇다.

"EBS를 같이 봤어. 내가 이 나이에 EBS 초등 수업을 들을 줄은 몰랐지 뭐야."

오호라, 강사진이 좋은 EBS 강의를 활용한다는 꿀팁이다. 온라인 강의에 몰입하기 쉽지 않은 아이를 위해 엄마와 아이가 함께 보면서 공부하고, 엄마가 초등의 수준과 내용, 논리를 소화해 보충 지도를 했다는 것이다. 일관성이 있으니 학원이나 과외보다 효과가 좋을 수밖에.

그런데 내 아이를 키우다 보니, 우리 이모도 보통 엄마는 아니구나 생각이 들었다. 물론, 내 아이를 키워보기 전에는 나도 이모의 선례를 생각하며 역시 엄마가 직접 가르치는 것이 최고라고 생각해왔다. 그래서 학부모 상담을 할 때마다 부모님들께 엄마표 교육을 시도해보라고 권하기도 했다. 하지만 그때마다 엄마들의 표정이 묘했다. '이렇게 효과적이고 좋은 걸 왜 안 하지?' 여겼는데, 엄마가 되고 나니 알겠다. 다이어트가 절실한 사람에게 덜 먹고 많이 움직이면 살이 빠진다는 당연한 소리만 늘어놓은 것임을.

엄마표 교육, 물론 잘되면 그만큼 좋은 게 또 있겠는가? 친밀함을 느끼는 상대에게서 배우는 공부는 그 자체만으로도 감정을 교류하는 경험이다. 심리적 안정감뿐만이 아니다. 정해둔 수업 시간 이외에도 일상에서 복습할 수 있다. 부모님이 같이 학습을 했으니 외출을 하다가도 "지난번 책에서 본 한옥집이네."라고 짚어주거나, 간식을 먹다가도 1 + 1 = 2 따위의 공부를 일상 속에서 할 수 있다.

다만 그 좋은 엄마표를 감당하기엔 엄마의 어깨가 너무 무겁다. 살림과 육아에 온 집안 대소사를 다 챙기는 것도 버거운데, 아이의 선생님 역할까지 담당해야 한다면? 거기에 자기 일을 하고 있는 엄마라면 너무 가혹하다. 헤르미온느의 마법시계가 있다면 모를까, 이미 이전보다 몇 배의 역할을 해내며 살고 있는 엄마에게 엄마표 교육이 좋다고 늘어놓으면 한숨부터 나오는 게 당연하다.

나 역시 아이가 어릴 때 잠자리 독서가 좋다기에 전면 책장도 구입하고 침대 근처에 책도 가져다 놨지만, 책 두어 권을 읽어주면 눈꺼풀이 내려오는 통에 오늘도 실패했다며 잠들곤 했다. 엄마표 교육에 대한 간증을 들으며 다시 시도해보겠다 다짐하고는, 퇴근 후 아이 저녁을 챙겨 먹이고 씻기고 주변 정리까지 하고 나서 책상에 앉았다. 하지만 아이도 나도 지친 시간에 내 마음보다 의욕이 없는 아이를 달래며 공부하기에는 인내심이 모자랐다. "이럴 거면 하지 마!" 한껏 소리치고는 책을 덮었지만 다음 날도 차마 다시 시도하지 못했다. 좋은 건 알지만 모두가 다 성공하는 것은 아닌 다이어트와 같았다.

좋은 교육은 아이의 속도에 맞춰서 기다려주는 것이라지만, 기다림의 한도가 정해져 있는 것이 아니기에 이게 잘하고 있는 건가 끊임없이 조바심이 생긴다. 바쁜 시간을 쪼개 시도하는 엄마표 교육은 더하다. 엄마의 투입에 비해서 성과가 눈에 보이지 않으니 답답하고, 빠른 결과를 얻고 싶어 채근하게 된다. 그러니 정서적 안정감은커녕 아이와의 관계가 악화되기도 한다. 차라리 좋은 학원을 찾는 데에 힘을 쓰는 게 나아 보인다. 적어도 관계는 지킬 수 있으니 말이다.

교육과 육아를 분리해서 교육은 아웃소싱하고, 부모는 아이와의 관계를 더 튼실하게 쌓기로 했다는 결정을 들으면 이젠 진심으로 응원한다. 특히 아이의 사춘기가 시작될수록 부모와 아이의 관계 하나를 잘 지켜내는 것도 버겁다. 아이와 부딪힐 일을 줄이고, 즐거운 시간을 같이 보내는 것도 현명한 선택 아닐까? 아이가 부모와 대화를 충분히 하며, 어른의 선택을 배우고 어른의 시야를 공유하는 것도 엄마표 교육의 일부라고 보면 말이다. 정서적이고 사회적인 면에서의 엄마표 교육인 셈이다.

엄마표 교육의 범위를 조금 더 넓혀보자. 아이의 행동은 부모와 놀랄 만큼 닮아 있다. 아이를 키우다 보니 내가 인지하지 못한 작은 습관까지도 닮아서 스스로를 되돌아보는 계기가 되기도 했다. 책을 붙들고 하는 엄마표 교육은 못해도, 몸으로 보여주는 엄마표 교육은 매일 하고 있던 게 아닐까?

한동안 서재형 거실을 통해 아이들의 학습에서 비약적 발전을 경험한 엄마들의 이야기가 많았다. 눈에 보이는 곳에 책을 꺼내 놓는 것만으로도 독서 습관 형성에 도움이 된다는 논리였다. 재미있게도 집에 책을 아무리 많이 들여다놔도 아이가 한 권도 제대로 읽지 않는다는 푸념 또한 많았다. 그런데 서재형 거실의 효과를 성공적으로 경험한 사람들의 공통점은 온 가족이 거실 중앙 탁자에 모여서 책을 읽었다는 데에 있었다. 서재를 어디에 만드느냐의 문제라기보다는 가족 전체의 독서 분위기가 아이의 독서 습관 형성을 긍정적으로 이끈 것이 아닐까? 학습할 때 집중하는 모습과 자세 그리고 책 속에 푹 빠져 독서를 즐기는 모습 등 이런 시간을 공유하며 가족들끼리 만들어가는 그 집의 분위기 말이다. 직접 수학과 국어를 가르치지 않아도 내가 책읽기를 즐기는 것만으로도 엄마표 배움이 일어난다.

요즘 우리 집은 저녁마다 아이들과 보드게임을 한다. 사다리게임으로 100까지 수 세기를 익히고, 개구리 구슬 먹기, 루핑루이 등 눈과 손의 협응이 필요한 보드게임을 즐긴다. 문자를 익히기 좋은 고피시, 징고 등의 단어 게임도 재미있다. 어르고 달래가며 해야 하는 엄마표 수업 대신 아이가 먼저 규칙을 궁금해하는 게임의 형태라, 퇴근 후 30분 정도 하는데 부담이 없다. 최근에 빠진 게임은 네 명이서 하는 블로커스다. 처음에는 블록을 어디에 놓아야 할지 규칙도 모르던 아이들이 게임 횟수를 거듭할수록 전략이 영민해진다. 아이들은 엄마의 전략에서 지는 법을 배우고 승리감을 느끼며, 아빠의 전략에서 이기는 법을 배우고 투지를 불태웠다. 문제집 한 장 함께 풀지 않았지만 아이들을 의자에 앉히기 위해 애쓰지 않아도 되니, 이만큼 자발적인 엄마표 교육이 또 있을까? 나 역시 분량과 성과라는 의무감에서 벗어나서 그냥 게임을 즐기니 일종의 가족 여가 프로그램이 되었다.

학년이 올라가 책상에 앉는 것이 능숙해져 책과 연필로 하는 엄마표 학습 여력이 된다면? 고학년 엄마들을 붙들고 "이거 하나만 같이 해주세요."라고 강조하는 엄마표 학습이 있다면 바로 연산학습이다. 다만 문제집을 그냥 푸는 게 아니라 꼭 시간을 재며 풀도록 제안한다. 같은 학습지라도 시간을 재며 푼다는 것 자체에 아이는 게임처럼 흥미를 느낀다. 교실에서 기초 학습이 부족한 아이들을 데리고 가장 먼저 하는 것도 이 연산 연습인데, 매일 15분 정도 점심시간, 쉬는 시간의 짬을 활용하기에 좋다.

한동안 반복적인 기초 연산 학습지가 창의력을 방해한다며 비판도 받았지만, 탁월한 문제 해결 능력은 기본기와 기초 학습 능력이 탄탄히 쌓여 있을 때 비로소 제대로 꽃피울 수 있다. 반복적이고 단순한 훈련 방식의 학습이라 학원에서 가르치기엔 아깝고, 학교에서 배우는 것만으로는 연습 시간이 부족하다. 대신 답이 명확하여 이견이 없고, 부모님이 붙들고 가르쳐주기에도 어렵지 않다. 하루 한 페이지 15분의 시간을 투자하면 되니 엄마표 학습으로 부담이 크지도 않다. 나아가 아이가 능숙해진 후에는 엄마가 분량과 진도만 확인해주면 스스로 학습할 수 있기에 더욱 시도해보길 추천한다. 추후 자기 주도 학습의 발판이 되기에도 훌륭한 과제다.

예체능의 경우는 어떨까? 가령, 특별한 미술 놀이가 부담스럽다면 그림책 따라 그리기를 추천한다. 아이의 그림일기 속 그림이 모두 졸라맨이라 기법을 알려줘야 하는지 회의감이 들어 고민했더니, 옆 반 그림책 연구회 선생님이 이를 권해주었다. 시험 삼아 퇴근 후 몇 번 아이에게 좋아하는 그림책 하나를 골라 오라고 해 마음에 드는 페이지를 따라 그리도록 했다. 그리기 위해 그림책도 한 권 읽게 되니 연계 독후 활동까지 되는 셈이었는데, 몇 번 지나지 않아 아이의 작품 수준이 훅 올라갔다. 미술적 표현력은 어릴 때 가르치지 않는 것이 좋다는 견해도 있지만, 미술 시간에 따라가기 어려울 정도로 기본적인 스킬이 부족한 친구들의 경우에 이런 방법도 좋다는 의미이니 아이에 따라 융통성 있게 적용하면 좋겠다.

식사 준비를 하는 동안 아이는 열심히 그림을 그리고, 가능하다면 그림책 제목도 따라 쓴다. 학년이 올라가면 느낀 점을 한 문장으로 쓰도록 변형할 수도 있을 것이다. 이런 방식은 학년을 막론하고 모두 시도해볼 수 있는 엄마표 학습이다. 피곤한 엄마라도 입만 가지고 해볼 수 있다며 주변 엄마들에게도 권해본 적이 있는데, 호응도가 좋으니 나도 맘이 편하다. 아이의 작품에 대해 틀렸다, 맞다 판단할 필요 없이 칭찬만 열심히 하면 되니 아이와의 관계 유지에도 좋다.

요컨대, 각자의 상황에 맞는 지속 가능한 엄마표가 있으면 좋겠다. 엄마도 아이도 부담 없이 즐기며 참여하는 방법을 찾아야 한다. 선생님처럼 제 시간에 앉아서 수업하는 것만이 교육이 아니다. '하면 좋은 것' 대신 '할 수 있는 것'을 용기 있게 선택한다면 아이들을 채근하지 않고 꾸준히 지속할 수 있다. 엄마표 교육의 범위는 무궁무진하니 함께 시간을 보내는 방법 중 하나를 찾는 것이라고 생각해 보자. 전달하고자 하는 메시지에 집중하고, 그것이 아이에게 제대로 전달되기만 하면 무슨 방법이든 좋다. 지속성이 핵심이다.

시작은 오지랖,
뜻밖의 사회 참여 교육

유아차 탄 아이의 맨발만 보면 안쓰러워하는 동네 할머니에게 '오지랖 사양합니다.'라고 일기를 쓰던 때가 엊그제 같은데 요즘엔 내 오지랖을 막을 수가 없다. 산을 타고 내려가며 마주치는 사람들에게 "10분만 더 올라가시면 돼요."라는 등산인 특유의 착한 거짓말을 건네는 건 기본이다. 단골 식당에 처음 방문한 옆 테이블 손님들에게 메뉴를 추천한다. 좀처럼 눈을 맞출 기회가 안 생기면 그쪽이 들릴 만한 큰소리로 "역시 이 집은 매운 쌀국수지!"라고 힌트를 준다. 공원에서 아이들이 위험하게 놀고 있는 걸 보면 "그러다 크게 다쳐. 조심해야 돼." 한마디를 꼭 던지고, 놀이터의 아이들이 싸움이 시작되려던 찰나에 굳이 끼어들어서 감정이 격앙된 아이들의 주의를 돌린다. 누가 시키지도 않는데 시간을 쪼개 동네 도서관 봉사활동에 참여하기도 하고, 맛있는 걸 발견하면 묘한 사명감 같은 게 생겨서 같이 먹자며 동네 맘 카페에 추천 글을 올리기도 한다. 한과

100박스를 사서 한집 한집 배달해본 이후로 먹거리 공구는 더 이상 엄두를 못 내겠다. 공원을 주행하는 오토바이 운전자에게 "여기 다 니시면 안 돼요!"라고 호통칠 정도의 배짱은 없으니 꽤나 줏대 없는 오지랖이긴 하다.

이 오지랖이 어디에서 왔을까 곰곰이 되짚어보니, 그 뿌리는 우리 엄마다. 내가 재수하던 시절, 지방에서 올라온 친구와 함께 밥을 먹는다고 하니 엄마는 매일 도시락을 두 개씩 싸주셨다. 싸는 김에 하나 더 싸는 건 하나도 어렵지 않다면서. 친구네 집이 김장을 더 이상 안 한다는 말에 새로 담근 김장김치를 가져다주라며 한 통씩 챙겨주기도 했다. 제삿날 계란 한 판을 다 쓸 정도로 전을 부치는 이유는 전이 맛있게 잘됐다며 양가 친척들, 직장 친구들이랑 나눠 먹게 하려는 거다.

피는 못 속인다고, 그러고 보니 할머니도 그렇다. 쌀쌀한 날 살이 조금이라도 나오면 멋스럽게 접어둔 소매를 내려 가리게 하시고, 동생의 빈티지 감성 넘치는 가죽 운동화를 더럽다고 표백제로 박박 세탁하신 에피소드에 가족들은 한바탕 웃는다. 친구들 중에 누구는 결혼했느냐, 만날 집에 놀러 오던 그 친구는 아이가 몇이냐, 동네 총각 찾아볼까 소매를 걷어붙이기도 하신다. 그땐 "오지랖 좀!" 외쳤지만, 요즘 들어 나도 이분들과 크게 다를 바가 없는 것이다.

일단 이 오지라퍼의 세계가 너무 재미있다. 산에서 만난 아이에게 방울토마토를 손에 쥐어주는 아줌마들, 새침하게 앉아 있다가도 아이 이야기로 순식간에 친해지는 엄마들의 세계는 마음이 몽글

거리게 했다. 별처럼 삐죽삐죽 모가 나게 태어난 사람도, 엄마가 된 후에는 이 뾰족한 부분들이 매끈해져 끝이 둥근 꽃잎 모양이라도 되는 건가 싶다. 새침데기인 줄 알았던 친구 엄마도 늦게 하원하는 우리 아이가 안됐다며 대신 하원시켜서 놀이터에서 제 아이와 함께 놀게 한다. 더러워진 아이의 양손을 닦아줄 물티슈가 모여 있는 엄마들 중 누군가의 주머니에선 꼭 나온다. 급할 때 처음 보는 사이라도 스윽 건네지는 물티슈가 어찌나 귀하던지! 코로나로 동네 상점 운영이 어려워지니 포장 맛집 공유 운동도 한다. 동네에 일이 생기면 직접 나서 상황을 알아보고 민원을 넣는다. 가령, 보도블록의 훼손된 부분이 보이면 동네 아이들이 넘어질까 싶어서 볼 때마다 사진을 찍어 민원을 넣는 거다. 내 스마트폰에 국민신문고와 생활불편신고 어플이 깔리게 될 줄은 꿈에도 몰랐다.

 어느 날은 동네 길고양이의 출산 소식이 온라인 맘 카페에 올라왔다. 아주 추운 날이라 얼어 죽을까 봐 그냥 두고 올 수 없었다고, 일단 집으로 데리고 왔으니 혹시 누군가 임시 보육이 가능한지 묻는 글이다. 그 글을 쓴 엄마는 주말 부부로, 갓난쟁이까지 삼형제를 데리고 있어 도저히 키울 수가 없는 상황이었는데도 오들오들 떨고 있는 아기 고양이가 눈에 밟혔던 거다. 그리고 보니 아이 젖먹이 시절, 신생아 보호소의 캠페인 사진을 보고 엉엉 울고 기부처를 찾던 때가 떠올랐다. 엄마들에게는 안됐다는 감정을 넘어서 이것저것 재지 않고 행동하게 만드는 무언가가 있었다. 갖고 있는 줄도 몰랐던 오지랖을 부리게 만드는, 제 아이를 연상하게 되는 무언가가.

언젠가 교실에서 세 명의 아이가 신나게 뛰어놀다가 복도의 유리문을 제대로 부순 적이 있었다. 다행히 다치진 않았지만, 아이들의 장난이 명백했고, 행동에 대한 책임을 져야 한다는 교육적 의미도 있기에 학교 행정실에서는 파손에 대한 배상을 요청해왔다. 그런데 이게 꽤 고가의 유리문이었다. 아이 중 한 명의 경제 상황이 그리 좋지 않아 이를 학부모님에게 어떻게 전달해야 하나 망설이던 상황이었다. 다른 엄마에게 상황을 설명하던 말미에 "부모님들께 파손 배상 요청을 드리는 게 마음이 불편하고 송구스럽네요. 가정마다 상황이 달라 쉽지 않아요."라고 지나가듯 말했다. 그런데 도리어 안타까운 상황이라고 공감하시며, 나머지 두 친구 집에서 알아서 한다고 먼저 말씀을 해주셨다. 생각지도 못한 부모님의 호의에 깜짝 놀랐다. 누구 탓이 크고 적고, 옳고 그르고 하는 자로 잰 듯한 상황 정리 대신 다른 아이를 내 아이처럼 여기는 따뜻한 마음이었다. 부정적이게만 여겨지던 오지랖이라는 게 이런 선 넘는 호의들을 가능하게 한다.

이쯤 되면 엄마들의 오지랖에 대한 재평가가 필요하지 않을까? 쓸데없이 지나치게 아무 일에나 참견하는 사람이라고 비난 받기엔 너무 억울하다. 오지랖은 다른 사람에 대한 관심의 표현이자 정겨운 마음을 행동으로 옮기게 한다. 또한 도와줄 만한 명분이 있는 관계의 사람인지를 재지 않는다. 나의 아이와 다른 이의 아이를 함께 품는다. 원치 않는 조언에 언짢을 때도 있지만, 말없이 배려 받을 때도 분명 있다. 외출 시 기저귀가 똑 떨어진 엄마에게 난감한 표정만으로 상황을 알아차리고서 제 기저귀를 건네주는 낯선 이의 다정함처럼 말이다. 선한 오지랖은 내가 살고 있는 동네를 정답게 만들었다. 웬만한 사회 참여 캠페인보다 낫지 않은가? "주변에 관심을 가져주세요!"라는 외침보다 급할 때 건네받은 기저귀 한 개에 주변을 돌아보게 되는 법이다.

오지랖도 보고 배우는 법이라 엄마들의 따뜻한 오지랖은 아이들에게도 본보기가 된다. 요즘은 대부분의 준비물을 학교에서 제공하는데, 가끔 폐품을 활용할 때는 미리 챙겨 가야 한다. 빈 주스병이 준비물이던 어느 미술 시간, 미처 못 가져온 아이들이 절절매고 곤란해하고 있을 때 한 아이가 소리쳤다.

"선생님! 저 병 여러 개 있어요. 저희 엄마가 못 챙겨온 친구랑 나누랬어요."

그러면서 여분의 공병을 내밀며 씩 웃는다. 그 마음 씀씀이가 어찌나 고맙던지! 값비싼 준비물이 아니어서 더 즐거웠다. 누구나 구할 수 있지만 미처 생각지 못한 마음이었기 때문이다. 그날 나눠준 아이는 친구와 선생님으로부터 고맙단 인사를 담뿍 받았고, 이후로도 종종 주변을 살피며 친구를 챙긴다. 주변을 잘 챙기는 부모님께 배운 행동 덕에 아이는 누군가에게 고마운 존재가 되었다. 대가 없이 남을 도울 때의 뿌듯함, 자신에 대한 벅찬 마음은 다음에도 아이가 주변을 살피게 만들었다. 비슷한 경험이 쌓이면 시키지 않아도 스스로 주변을 살필 수 있게 된다. 또 선의를 받은 아이는? 그렇게 고맙다는 인사를 받는 장면을 본 다른 아이는? 이렇게 오지랖의 긍정적 영향이 확대되며 선순환이 시작된다. 서로를 돕는 것이 당연한 분위기는 또 다른 배려를 만들고, 이후 나도 이 일을 떠올리면서 내 아이들의 준비물을 챙겨 보낼 때 좀 더 넉넉하게 챙긴다. 한 엄마의 따뜻한 오지랖이 제대로 먹혔다.

'공동체 의식을 가지고 세계와 소통하는 민주시민으로서 배려와 나눔을 실천하는 더불어 사는 사람'.

이는 2015 개정 교육 과정에서 추구하는 인간상 중 하나다. 오지랖에서 시작해 민주시민이라니 비약이 좀 심할지도 모르겠다. 하지만 배려와 나눔의 실천은 다른 사람에게 관심을 가지는 것부터 시작이 아닌가? 선을 넘지 않으려고 타인과 섞이지 않는 삭막함보다, 선 좀 넘더라도 따뜻해지면 좋겠다. 엄마들의 오지랖은 아이에겐 사회 참여 교육이었음을 매번 피부로 깨닫는다. 엄마들의 오지랖 넓은 세계가 좋다.

아이가 엄마 욕심대로 안 될 때

'내 맘대로 되는 게 하나도 없어!'

아이를 키우기 시작하며 마음속으로 골백번도 더 외쳤던 소리다. 열심히 하면 된다고, 의지로 못할 일이 없다고 생각해왔는데 아이 키우는 일만큼은 내가 어찌할 도리가 없다. 똑같이 먹이고 똑같이 재웠는데 책 속 저자의 아이처럼 똑 떨어지는 반응이 아니다. 모처럼의 약속 전날, 아이가 아파서 못 나온다는 친구의 연락을 받으면 이제 그녀의 마음이 부족해서가 아님을 안다. 수업 시간에 자리에 앉지 못하고 돌아다니는 아이가 내 아이인 것도 결코 부모가 의도한 바가 아니다. 한마디로, 육아란 욕심처럼 잘 되지 않는다. 아이와 함께하는 모든 부모가 그런 순간을 겪는다. 인생이 내 맘 같지 않음을 충분히 아는 나이라 생각했음에도 허탈감과 무력감을 느낀다.

욕심처럼 잘 되지 않는 순간마다 생각나는 엄마가 있다. 5년

차에 만난 옆 반 학부모다. 자기 반 학부모가 아닌데도 '방민영 엄마' 하면 모르는 선생님이 없었다. 아이들 자료 제작 지원은 물론 아침마다 녹색어머니회 봉사 대타, 학부모위원회 등 교내 학부모 활동에서 약방의 감초였고, 학부모 참여 노래자랑에 나가서 끝내주게 한 곡조 뽑아 불러주시던 학부모계의 대모였다. 학교 일 참여도와 목소리는 보통 비례하는 법이라 그만큼 목소리를 크게 낼 법도 한데, 이분은 그렇지도 않았다. "선생님 그림자도 안 밟아야 한다."라는 예스러운 엄마는 아니었는데도, 잠깐씩 대화를 하면 내가 인간적으로 존중 받는다는 기분이 들었다.

방민영 엄마가 유명하다 보니 그녀의 딸 방민영도 모르는 사람이 없었다. 그런데 방민영은 엄마의 유명세를 받쳐주지 못했다. 수업 태도도 좋고, 나긋나긋한 성품에 뭐든 성실하게 했지만 결과물은 다소 애매했다. 말하기 대회, 토론 대회, 회장 선거 등 남들 앞에 나서면 아이의 긴장도가 높아 제대로 보여주지 못하기가 부지기수였다. 평소 보여준 모습을 생각하면 분명 열심히 연습했을 텐데도 말이다. 선배 선생님들은 가끔 "민영이가 조금만 튀어도 엄마가 진짜 열심히 밀어줄 텐데, 안타까워."라고 그 엄마에게 감정이입하기도 했다. 엄마는 분명 잘하는 요령도, 어떻게 아이를 지원해야 할지도 알고 있었지만 그걸 아이가 따라가느냐는 또 다른 문제였다.

엄마가 욕심을 부려서 아이가 오히려 소극적인 건 아닌가, 아이가 좋은 결과를 받지 못해 스트레스를 받는다면 오히려 안 시키는 것이 낫지 않나 싶어서 민영이의 담임 선생님께 여쭤본 적도 있었다.

"선생님, 민영이가 스트레스를 받는다면 무대에 안 세우는 게 낫지 않나요? 어머니 욕심이 아닌가 싶어서요."

"엄마 욕심일지도 모르지. 근데 할 때마다 민영이가 달라져. 일단은 자기도 좀 더 지켜봐줘."

수많은 드라마 속에서 주인공이 엄마 욕심을 못 따라가 힘들어하던 클리셰적 장면들이 스쳐 지나가면서 나는 은연중에 방민영 엄마를 너무 욕심 많은 악역으로, 민영이를 가련한 주인공으로 여겼다. 그러던 중 우연히 행사 뒷정리를 하다가 민영이와 대화할 기회가 생겼다.

"민영아, 오늘 대회도 참 열심히 준비했더라. 너무 힘들진 않아?"

"네, 괜찮아요!"

"많이 긴장하던데……."

"근데 끝나면 괜찮아요."

"앞으로도 또 할 거야?"

"그럼요!"

잠깐의 대화였지만 민영이의 반응은 내가 짐작하던 것과는 많이 달랐다. 무대에서 긴장하는 민영이를 보고 '억지로 올라오는 건가? 아이가 겨우 참고 있는 걸까?' 오만 생각을 했지만, 실은 어른의 물음에 제 생각과 다짐을 망설임 없이 대답할 수 있는 야무진 아이였다. 민영이의 대답에서는 이런 활동들을 억지로 한다는 분위기가 느껴지지 않았다. 그의 담임 선생님에게 "아까 민영이랑 이야기 했는데, 제 예상보다 훨씬 똘똘한 인상이라 놀랐어요. 제가 엄마에 비해 기가 약해 보인다고 편견을 가지고 있었나 봐요."

"맞아. 남들 앞에 서는 걸 힘들어하긴 하는데, 야무진 데가 있어서 학급에서도 잘 지내. 처음에는 나도 김 선생처럼 생각했었는데, 자주 도전해서 그런지 위축되어 보이던 모습도 나아지고 점점 성장하는 게 보이더라. 민영이 엄마도 아이의 소극적인 면을 극복해주려고 나서는 거라며 결과는 상관없다더라고."

그해 2학기, 민영이는 학급 부회장이 됐다. 2학기 임원은 아이들에게 인정받는 아이들이 뽑힌다. 엄마의 손길을 아이의 리더십으로 착각할 수도 있는 1학기 임원 선거에서조차 떨어지던 이 아이가 2학기 임원이 된 건 인상적이었다. 아이들은 어른들보다 공정하게 따지는 데가 있어서, 누가 밀어준다고 해서 쉽게 결과를 내지 못한다. 누가 뭐래도 민영이 스스로의 성장이었다. 한 번에 눈에 띄는 아이는 아니었지만 꾸준함이 민영이를 도드라지게 만들었다. 엄마의 '욕심'인 줄 알았던 것은 사실 엄마의 꾸준한 '지지'였다.

방민영의 엄마도 '너는 왜 나의 기대만큼 안 되는 걸까.' 생각해본 적이 없었을까? 여느 엄마가 그렇듯 혼자 있는 곳에서 매일 답답해했을지도 모르겠다. 하지만 아이에게는 그녀의 답답함이나 조바심이 전달되지 않았기 때문에 기대가 무겁지 않았으리라. 선생님으로서도 나의 기대와 학생의 성과를 분리하는 것이 어려울 때가 많다. "이만큼 설명했으면 알아들어야지!"라면서 투입과 결과를 연속선상에 놓고 저도 모르게 화가 나오는데, 이때 때때로 튀어나오는 짧은 한숨조차 아이에게 감추려면 어느 정도의 수양이 필요할까?

그에 대한 답을 찾은 건 마지막 행보 덕분이었다. 민영이가 초등학교를 졸업함과 동시에 그 엄마는 동네에 가게를 열었다. 교장 선생님도 그 가게에 밥 먹으러 가야 한다고 챙기고, 오랜 학교 봉사로 맺은 인연들이 다시 식당으로 모였다. "이 정도면 어머님의 빅 픽처 아니었을까요?"라며 반농담으로 웃었는데, 가만 생각하니 그 엄마는 아이를 위해서 학교에서 마냥 희생만 한 것이 아니었다. 시작은 어땠을지 모르지만 사람을 사귀고 진심으로 대하던 그 엄마의 시간은 학교 안에서 스스로 충만했다. 보상 심리를 숨기는 내공이 있던 게 아니라, 보상 심리가 처음부터 없었던 것이다. 방민영 엄마에게 학교 봉사는 엄마니까 당연히 할 일로, 그저 스스로에게 즐거운 일이었던 거다. 그러니 '내가 이렇게 하는데 넌 왜 안 따라주니?' 하는 마음은 애초에 있었을 리 없다. 욕심이 앞서는 엄마라고 생각했는데, 오히려 욕심이 없는 엄마는 아니었을까?

아이를 낳은 지 얼마 안 됐을 무렵이었다. 네 살 터울인 동생이 여행을 간다며, 방콕에서 가볼 만한 곳을 추천해달라고 문자가 왔다.

"에라완 국립공원은 정말 애 없을 때 가야 해. 미드나이트 푸드트립도 너무 하고 싶지만 애 때문에 못하는 거라 너는 꼭 해라! 야시장에도 무조건 애 없을 때 움직여서 가보는 게 좋아."

동생이 첫 자유여행을 떠난다는 말에 흥분해서 내가 가고 싶지만 못 간 곳, 내가 가봤는데 좋았던 곳들을 여럿 얘기해주었다.

"그놈의 애 때문에. 애는 뭔 죄야?"

그러게 말이다. 동생이 보내온 회신 문자에 나는 뒤통수를 맞은 기분이었다. 아이 때문에 못한 것들 목록을 맘속으로 만들어가며 아이와 함께하는 시간을 스스로가 희생하는 시간으로 규정하고 있던 게 아닌가? 내가 좋아서 아이를 낳아놓고, 투입한 그대로 나오는 자판기처럼 아이가 성장한 모습만 보여주길 바라고 있었다. 막상 희생하는 시간이냐 묻는다면 딱히 그렇지도 않은 것을. 오히려 아이가 금세 커 버려 더 이상 나의 손길을 원하지 않을까 겁을 내면서 말이다.

엄마의 욕심에 비해 아이가 못 따라가는 것이 아니다. 욕심은 그저 조급함에 불과하다. 아이는 제 속도대로 가고 있으니, 나는 충분히 기다려주기만 하면 된다.

아이와 친구가 되는 엄마

 딸이 있으면 나중에 엄마 친구가 돼준다는데, 아들만 둘인 나는 친구 없는 노후를 생각하니 슬프다. 친구의 선결조건이 성별은 아닐 텐데, 아들과 남사친이 될 수는 없는 걸까?

 6학년 아이들과 부모님의 관계는 보지 않으려 해도 길거리 돌부리처럼 툭툭 튀어나온다. 부모님에 대한 과격한 말을 일기에 잔뜩 써놓은 미애를 불러다 얘기해보니 어제 부모님과 대판 싸웠단다. 제가 싸운 사람이 부모님만 있는 건 아닐 텐데도 어째 엊그제 싸운 친구를 향한 것보다 더 공격적으로 표현한다.

 혜연이는 쉬는 시간마다 친구들을 눈으로 좇으며 마주치면 생글생글 웃으면서도, 담임에게는 묘하게 거리 두기를 한다. 사춘기 특유의 교사를 멀리하는 행동일까 싶었는데, 부모님한테도 그렇단다. 혜연이의 일로 가끔 부모님께 전화를 걸면 엄청 반갑게 받아주신다. 선생님한테라도 아이의 학교생활 이야기를 들을 수 있어서 다행이라며.

반면, 소현이는 친구들과의 문제도 부모님에게 상의할 만큼 가족 사이가 돈독하다. 학교에서 이런 일이 있었다며 전화하면 이미 다 알고 계셔서 아이에 대한 이야기를 편하게 나눈다. 소현이 부모님의 조언도 아이 눈높이와 딱 맞아서 감탄한다. 소현이네는 어떻게 아이와 친구 같은 관계를 유지할 수 있는 걸까?

부모님과 아이가 사이좋은 집이 되려면 어떻게 해야 할지 관찰했다. 아이들이 원하는 걸 잘 사주면 되는 걸까? 아이들은 사고 싶어 하지만 부모님은 "그런 걸 왜 사? 그런 게 지금 너의 나이에 필요해?" 하는 품목들이 있다. 이를테면 화장품이 대표적이다. 나 역시도 색조 화장품을 가능한 한 바르지 말라고 설득하다가도 무작정 말리기만 할 수는 없어서 "정 갖고 싶거든 몰래 아무거나 사지 말고, 부모님과 의논해서 질이 좋은 걸 샀으면 좋겠다."고 권한다. 이때 "엄마랑 같이 샀어요."라고 말하는 아이들은 걱정이 없다. 립스틱을 고르기 위해서 엄마와 외출을 했을 거고, 어울리는지 아닌지를 의논하며 함께 시간을 보냈을 테니 말이다.

남자아이들의 경우, 게임 아이템이 비슷한 경우다. 게임 아이템을 돈 주고 산다는 말에 처음에는 나도 난해한 표정을 감출 수 없었지만, 그런 날 보고 깔깔 웃으며 "아빠랑 같이 게임 아이템을 사서 주말 동안 신나게 했어요." 하고 자랑하는 모습을 보면 "잘했네, 좋았겠다!"라는 말이 절로 나온다.

물론 같은 돈을 쓴다고 해도 부모와 좋은 관계를 형성하는 데에 아무런 영향을 미치지 못하는 경우도 많다. 가령, 부모님이 게임기나 값비싼 스마트폰을 척척 사줘도 그 자체만으로 아이와의 관계가 좋다고는 할 수 없다. 사는 순간에는 "엄마, 아빠 최고!"를 외치더라도 물건 구입 이후의 과정을 부모가 함께하지 않으면 아이는 게임기와 스마트폰을 가지고 제 방문을 걸어 잠근다.

반면 게임기를 사서 거실에 설치하고 온 가족이 같이 한다면? 게임 아이템을 사든 색조 화장품을 사든 품목은 사실 큰 상관이 없다. 얼마나 비싼 물건을, 어떤 품목을 아이에게 사주느냐보다는, 아이가 물건을 고르고 사용하는 데에 가족과 대화와 소통이 뒤따랐느냐 하는 게 관건이기 때문이다.

부모님과 관계가 좋은 아이들은 시간을 함께 보내는 공동의 프로그램이 있었다. 주말마다 캠핑이나 여행을 떠나는 집은 아이에게서 사춘기 특유의 예민하고 삐딱한 분위기가 늦게 보였다. 선후 관계를 따지고 들자면 사춘기가 늦게 왔기 때문에 주말마다 부모님과 시간을 보내는 거라고 할 수도 있다. 그래도 한 달에 한두 번 가족과 캠핑을 떠난다는 암묵적인 약속이 있는 집들은 아이가 비록 폰만 붙들고 사는 사춘기라고 해도 가족 여행에는 당연히 따라가야 하는 것으로 여겼다. 고기 한 점 먹으며 이야기를 나누고, 가끔은 휴대폰의 작은 화면을 벗어나 주변을 둘러보기도 한다. 집돌이 남편도 반 아이들의 캠핑 장면을 일기로 엿보면서 "우리도 한 번 나가서 고기라도 구워볼까?" 말한다. 역시 이런 모습이 좋아 보였나 보다.

가족과의 일상은 수업 중에 아이들 입에서 툭툭 나온다. 국어 시간에 시를 읽다가 부모님과 있던 일을 떠올리고, 과학 시간에 배추흰나비를 관찰하다가 시골 여행한 경험을 이야기한다. 예시로 든 이야기에 "우리 엄마가 그 드라마 보고 울었어요."라며 맞장구를 치고, 등교하자마자 대뜸 "어제 아빠랑 야구장 갔는데 SK가 이겼어요!"라며 본인의 일인 듯 자랑도 한다. 덕질을 같이 하는 집도 흥미롭다. 엄마가 BTS 팬이라며 콘서트 예매에 성공했다고 자랑하니 반 친구들의 부러움을 온몸으로 받는다. 콘서트에 갔기 때문에, 선망하는 굿즈를 구입했기 때문이 아니라, "엄마랑 그런 것도 같이 해?"라는 거다.

아이와 관계가 좋은 부모가 되기 위해 반드시 필요한 요소는 아이들에게 인정받는 어른이 되는 것이다. 돈도 쓰고, 시간도 함께 보내려고 노력하지만 잘 안 되는 집도 분명 있다. 고학년으로 올라갈수록 아이들은 사람에 대한 호불호가 강해져 판단이 칼 같다. 어른이라서 존중하고 선생님이라서 말을 듣는 것이 아니라, 자신이 인정할 만한 사람일 때 그의 말에 귀를 기울인다. 고학년의 수업이 어려운 것은 수업 내용이 어려워서가 아니다. 교사에게 무조건적인 지지를 하던 저학년과는 달리, 아이들의 확실한 판단 기준을 통과해야 하기 때문이다. 나아가 아이들의 행동을 지적하기 위해 탄탄한 논리로 설득력을 갖춰야 하고, 아이가 스스로 잘못을 했다 인정하는 부분에 대해서는 어른으로서의 통 큰 아량도 보여야 한다. 특히 이 아량이란 어른인 나의 기준과 달리, 아이 스스로 잘못했다고 여긴다는 판단하에 보여야 한다.

한번은 6학년인 미령이가 학교에 작은 향수병을 들고 와 가방에서 깬 적이 있다. 나는 이 사실을 전혀 모르고 있었는데, 쉬는 시간이 끝날 때쯤 아이가 내게 말하며 유리 조각을 담을 뭔가를 찾기에 그제야 깜짝 놀라서 같이 치웠던 적이 있다. 위험하니까 손대지 말라고 하고서 아이가 다친 곳이 없나를 먼저 확인했다. 안 다친 게 가장 중요하다고 어른은 판단하지만, 미령이는 향수병을 갖고 와서 깬 것 자체로 엄청나게 혼날 줄 알았나 보다. 어쩐 일인지 나를 보는 눈이 순해졌다 생각했는데, 나중에 미령이 엄마에게 "그때 애가 엄청 감동 받았대요." 하는 말을 듣고서야 이해가 갔다.

친구를 사귈 때 나와 닮았으면서도 조금 더 나은 사람을 좋아하는 것처럼, 부모나 선생님을 보는 시각도 마찬가지다. 돈과 시간을 함께 쓰고, 취향이 같아도 어른으로서 배울 점이 있을 때 아이들과의 관계가 유지된다. 아이에게 인정받는 어른이 되면 친구처럼 허물없는 관계를 만드는 데에 시간이 부족했다 하더라도, 서로 존중하는 관계로 지낼 수 있다. 부모님이 바쁘다고 아이와의 관계가 무조건 나쁜 게 아니란 의미다. 다만, 아이의 인정이란 부모님의 사회 경제적 지위와 관계없는 아이의 주관적인 판단이니 어른의 시각으로는 종잡을 수 없다는 게 함정이지만 말이다. 스스로 괜찮은 어른이 되고자 애쓰는 수밖에.

우리 집 아이들은 아직 부모에게 맹목적인 사랑을 보이곤 있지만, 완전 밀착해서 보내던 유아기와 달리 각자의 시간이 서서히 생기는 중이다. 아이 학원의 픽업을 담당하고, 체험 학습을 함께 하며 시간을 보내지만 엄마인 내가 '함께 즐긴다'고 말하기는 어려웠다. 다분히 아이를 위해 '놀아준다'고 생각했기 때문이다. 하지만 아빠랑 게임을 하거나 운동을 할 때는 달랐다. 아빠가 놀아주는 줄로만 알았는데, 카트라이더 게임에서 본인의 승패 원인을 분석하고 1등으로 들어오면 세리머니를 날리는 걸로 보아 아이가 아빠랑 놀아준다고 표현하는 게 더 맞았다. 한참 시간을 보내면 아이도 아빠도 표정이 충만하다. 제대로 함께 놀았다는 증거이다.

아이와 '놀아주는' 일 말고 나도 '함께 즐길' 수 있는 일이 뭐가 있을까? 아이와 함께 할 만한 취미를 검색해 이를 억지로 따라가려고 노력하느니, 내가 좋아하는 일 중 아이들도 할 만한 취미를 공유하기로 했다. 봄에는 날이 따뜻해서 여행을 계획했고, 여름에는 시골에 일주일 살이를 하러 떠났다. 놀이터에서 물총 놀이를 한다기에 내가 마실 가벼운 와인을 챙기고, 아이들 영화를 같이 보며 뜨개질로 손을 움직이니 영화도 심심하지 않고 모처럼의 취미 활동이 즐겁다.

4학년 담임이던 어느 날, 엄마와 티타임을 가졌다는 한 남자아이의 일기가 흥미로워 엄마한테 물어봤다. 어디서든 수다를 떨 수 있지만, 차 한 잔 우아하게 내려서 마시면 아이와 대화의 톤이 달라진단다. 그래서 아이가 친구 때문에 속상해할 때, 혹은 공부가 생각만큼 안 될 때 마주 앉아 차를 마시는 의식이 생겼다 말한다. "엄마랑 얘기하자." 대신에 "엄마랑 차 마시자."라는 세련된 대화 제안이라니! 나도 아이와 친구가 되는 엄마를 꿈꾼다. 아이와 함께 차를 마시던 그 엄마처럼.

〈3장〉
엄마, 기준을 세우다

"흔들리는 부모 마음,
모범 답안 어디 없나요?"

아이가 주인공인 삶,
때로 훈수도 필요하다

　마흔에 가까워지면 내가 어떻게 살아야 할지 명확히 알 줄 알았는데, '혹하지 않기'는커녕 사춘기처럼 방황할 때도 많다. 자신을 들여다보는 수단으로 남편은 본인의 사주를 본다. 뭔가 일이 잘 안 풀릴 때마다 생년월일을 넣어보고 해석하는데, 옆에서 보기엔 항상 똑같은 게 나오는 걸 왜 다시 보는지 의아하다.
　"왜 똑같은 결과를 계속 봐?"
　내가 물었더니 남편이 답한다.
　"그때는 안 보였던 것들이 볼 때마다 새롭게 보여. 이번 달 유난히 사람 관계가 힘들다 생각했더니 여기 '충'이 왔더라. 다음 달은 괜찮아지니 다행이다."
　시간이 지나면 괜찮아질 거라는 말은 사주를 안 보는 나도 얼마든지 해줄 수 있는데, 남편은 스스로가 신뢰하는 명리학에서 답을 찾아보고 나서야 마음의 안정을 찾는다. 자신이 듣고 싶은 말을 이

글자들 속에서 찾는 듯 싶다. 내가 온라인 심리검사를 내 속이 시원해질 때까지 반복해서 해보는 것처럼 말이다.

그러고 보니 답은 결국 자기 안에 있음을 너무나 잘 알지만, 우리는 그 선택에 대한 용기가 없거나 미처 생각지 못한 선택지가 있는지 돌아보기 위해 갖가지 조언을 찾는 것 같다. 결혼을 결정하기 전 싱숭생숭했을 때 내게 가장 도움이 되었던 조언은 "고놈이 고놈이니까 네가 잘하면 돼."라는 투박한 말이었다. 고민해봤자 소용없고 나만 잘하면 된다니 얼마나 명쾌하게 느껴지던지! 겪어보지 않은 미래에 대한 두려움일 뿐 내가 해나가기 나름이라고 이미 생각하고 있었기에 그 문장이 더 크게 와 닿았다.

때로 우리는 다른 사람의 입을 통해 확신과 용기를 얻고 싶어진다. 현명한 상담사란 정답을 말해주는 사람이 아닌, 내담자가 마음속에 갖고 있는 답을 잘 읽어주는 사람이라고 한다. 그렇기 때문에 조언은 그대로 수용되기보다는, 오히려 자신이 좀 더 마음이 기운 선택지의 근거가 되거나 반대 논리를 부수는 데에 유용하다. 어차피 답은 정해져 있으면서 왜 묻는지 핀잔을 주는 이들도 있지만, 조언을 들을 때의 태도가 다를 뿐 사람들은 본래 자신의 주관대로 결정하지 않던가?

나 역시 아주 중요한 순간 그랬다. 고3 미대 입시를 준비하던 시절, 엄마는 아무래도 나의 진로가 걱정스러웠던 모양이다. 대학에 붙느냐 안 붙느냐를 떠나서 예체능계 특성상 대학 이후의 진로가 불안했을 것이다. 사촌 언니가 디자이너로의 진로를 후회한다는 말을 자주 했다면서 나는 어떤지, 지금 공부가 괜찮은지를 물으시더니 급기야 사촌 언니와 전화 연결까지 주선했다. 언니는 디자인 전공자로서의 힘든 점, 이상과 현실의 차이점 등을 차분하게 말해주었다. 돌이켜 생각하니 그 통화가 내가 미대 입시에서 교대 진학으로 진로를 틀었던 최초의 의미 있는 계기였던 것 같다. 이전에는 대학 합격 여부만 고민했다면, 취업과 가정형편을 고민했을 때 내가 꿈꾸던 삶과는 다를 수 있다는 의심이 그를 계기로 분명하게 싹텄기 때문이다. 이대로 미대를 진학하는 것이 잘하는 선택일까 고민하며, 이후 만나는 사람에게마다 진로를 어떻게 결정했냐며 묻고 다녔다. 그리고 나서 내가 진로를 확실히 결정한 것은 그 후 이모의 한마디 덕이었다.

"사교육비를 월 200만 원씩 쓰면서 미대를 간다 해도, 학비나 재료비로 연 수천만 원씩 뒷받침할 형편이 아니야. 학자금 대출로 어떻게 버틴다 해도, 취직이 급해서 네가 꿈꾸던 창작 활동을 행복하게 할 수 있을지를 잘 생각해보렴."

그 말을 듣고 진지하게 나의 꿈이 무엇일까 고민하기 시작했다. 사실 그동안은 진로를 미리 정했다는 안정감 덕에 다른 선택지들을 넓게 살펴보지 않았는데, 함께 미대 입시를 준비하던 친구들과 비교했을 때 그림을 좋아한다기보다 남들보다 숙달된 솜씨로 칭찬받는 사실 자체를 즐긴 게 아닌지 스스로 의구심이 들었던 거다. 더욱이 미대에 합격하면 막연히 잘될 거라는 믿음에 의지한 채 구체적인 청사진, 즉 현실성이 부족하다는 것을 비로소 깨달았다.

그럼에도 일반계에서 예체능계로의 전환은 해도, 그 반대의 경우는 드물어 망설이던 어느 날, 엄마에게 친구들한테 독일어를 가르쳐줬다고 이야기했다. 그랬더니 엄마가 "교대는 어떻게 생각하니?" 하고 물으셨다. 선생님이라니, 소소하게 친구들을 가르쳐주는 일이 즐겁다고는 여겼지만 이게 내 진로가 될 수 있다고는 미처 생각이 닿지 못했다. 그런데 선생님이 된 나를 상상하니 가슴 한쪽이 몽글몽글해지면서 꽤나 잘 어울리는 것 같았다. 선생님이 되면 뭐가 좋은지 주변 사람들에게 한참 묻다가 원하는 확신을 채운 어느 날, 미술 학원을 덜컥 그만두고 첫 야간 자율학습을 시작했다. 고3의 감정적 불안함이 일을 저질렀을지도 모르지만, 수년이 지난 지금도 그때의 선택을 후회하지 않는다.

그때 조언을 해준 여러 사람 중에는 그대로 미대 입시를 준비하라고 권하는 사람 반, 사범 계열로의 전향을 권하는 사람이 반이었다. 그럼에도 결국 진로를 틀었던 이유는 당시 진로를 바꿔야 한다는 조언이 더 내게 와 닿았기 때문이다. 그 무렵, 나는 막연히 끌려가는 듯한 입시의 길에서 나만큼 나를 걱정해주는 누군가의 훈수가 간절했고, 저마다의 다른 훈수 속에서 결국 내게 필요한 말을 찾은 것이다.

자녀교육이 너무 어렵다고 친구들끼리 토로할 때 던지는 우리 이모의 어록이 있다.

"엄마라면 아이의 선택을 무조건적으로 다 맞다고 해주면 안 돼. 아이가 앞으로 살길을 적극적으로 같이 찾아줘야지. 어른들도 모르는데 애들보고 알아서 답을 찾으라고? 아는 데까지는 가르쳐주고, 더 나아 보이는 방향을 제시해야지. 아이 미래를 다 정해줘야 한다는 뜻이 아니야. 어차피 엄마가 강력하게 말해도 애들이 스스로 원하는 바대로 걸러 들으니까. 네가 제시한 길이 애들 마음에 들면 그걸 선택하는 거고, 그게 아니다 싶으면 절대 안 해. 엄마가 인생 선배잖아. 간절히 걱정하는 만큼 해줄 수 있는 얘기는 진심을 담아 해줘야지."

내 친구들은 이 말을 듣고는, 아이가 무엇을 하든 응원해주라는 글만 보다가 뼈를 맞았다며 이상하게 시원해한다. 아이가 주도적으로 자신의 꿈을 찾고 부모는 부모의 삶을 살면서 서로 분리되어야 하는 것은 맞지만, 꿈을 찾는 과정에서는 부모의 적극적인 역할이 필요하다. 아이가 알아서 찾을 거라고 두고 보기보다는 어른이 먼저 경험한 세계와 다양한 가능성을 보여주거나, 아이를 관찰해서 본인이 아닌 객관적 입장에서의 의견을 들려주는 것은 의미 있는 과정이다. 사람은 스스로를 가장 잘 안다고 생각하지만, 의외로 본인의 어떤 부분에 대해서는 제대로 보지 못할 수 있기 때문이다. 게다가 한 번 그 생각이 고정되면 관성이 붙어 다른 곳을 보지 못하는 편협한 시각에 갇히기도 한다.

부모는 원하든 원하지 않든 자기 아이에게 가이드라인이 된다. 의식하느냐 아니냐의 차이가 있을 뿐 아이는 결국 내가 뿌린 씨앗이다. 잘 자라라고 더 좋은 환경과 가능성을 조성하는 것은 일방적 강요와는 다르다. 아이가 바라보는 세계를 더 넓혀주라고 부모가 존재하는 건지도 모르겠다.

여담인데, 우리 집은 엄마와 이모 둘, 고모가 모두 교사다. 이모의 큰딸도 교사고, 한국화를 전공한 둘째 딸도 여차하면 써먹을 수 있게 교사 자격증을 가지고 있다. 신기하게도 남편 집은 삼형제가 모두 공무원이다. 그리고 특별한 중매 없이 결혼했는데도 삼형제 모두 공무원과 결혼했다. 이 정도면 우리 양가 집안 분위기가 뻔히 그려질 만하다. 가족들 모두 성실하고, 적당한 책임감을 가지고 있으며, 튀지 않고서 시키는 대로 잘 따른다.

역시나 우리 집 아이들이 딱 그렇다. 갓 태어났을 때는 하도 울어서 "애는 엄청 예민하겠다!" 하며 걱정했지만 생후 40일이 되자마자 수면교육으로 잠자는 시간을 통일했고, 밥은 급식 주듯 배식하며 키웠다. 유전 때문이든 양육 환경 때문이든 아이한테 특별히 뭘 하라고 시키지 않는데도 선생님 말씀을 잘 따른다. 아이가 어릴 때부터 엄마, 아빠의 자연 체험 위주의 여행에 길들여졌는지 산도 잘 탄다. 그런데 지금이야 이렇게 순한 아들이 있느냐며 좋아하지만, 나중에는 다른 아이들의 톡톡 튀는 개성과 걸출함이 부러워질 수도 있다. 특별한 사람들의 이야기에 사람들이 자연스레 열광하는 만큼 말이다. 하지만 어쩌겠는가? 아이의 기질은 타고난 성향과 자라나는 환경 속에서 완성되어갈 뿐이니 말이다.

남편과 "우리 아이가 백종원 아저씨처럼 사업을 하고 싶어 한다면 어떨까?" 하며 대화하고 상상해본 적이 있다. 우리가 과연 흔쾌히 아이에게 그 사업을 해보라고 권해줄 수 있을까? 그 대단한 백종

원 씨도 몇 번이나 사업이 망했다는데, 돈 문제는 그렇다 치더라도 몇 번이나 실패하는 사업을 보면서 계속 도전해보라고 감히 조언해 줄 수 있을지 모르겠다. 모험을 꿈꾸긴 하지만, 기본적으로 안정적인 선택을 해왔던 우리 부부가 아이의 모험을 지원하려면 대단한 단련이 필요할 것이다. 아니, 아이가 먼저 무의식중에 보고 배운 어른들의 선택 방식을 따라 애초에 사업 같은 길은 꿈꾸지 않을 수도 있다. 어쩐지 슬프기도 하다. 한편으론 아이가 우리와는 조금 다르게 살아보는 것도 좋겠는데 말이다.

아이가 어떤 모습으로 살길 바라는지 고민하다가 나부터 그 이상적인 모습으로 살기로 했다. 누구에게나 허물없이 다가가는 아이의 엄마는 학부모 상담에서 역시나 시종일관 긍정적으로 주도한다. 감정 기복이 너무 강해서 책상 밑에 들어가 우는 아이의 부모님께 전화했더니 부모님도 감정 기복이 심하다는 자기반성적 고백을 들었다. 책을 좋아하는 엄마의 아이는 십중팔구 책을 좋아한다. 엄마가 독서보다 외출과 TV를 좋아할 때 아이가 책을 좋아할 짬이 나긴 어렵다. 학교생활을 성실하게 하길 바라는 엄마는 "쉬고 싶으면 결석해도 돼.", "오늘은 여행 가니까 학교 숙제 쉬어도 돼."라고 말하지 않는다. 아이가 꿈꾸는 모습대로 살기를 바라기 때문에 나도 꿈꾸는 모습대로 살기로 했다. "너는 엄마랑 다르게 살아라." 말하는 대신, 지금 당장 엄마부터 다르게 살아야 한다. 아이는 엄마의 행동과 선택을 교과서처럼 배우고 익힌다.

아이는 스스로의 밥숟가락을 물고 태어난단다. 그래서 간섭

하기보다는 아이의 자율에 맡기면 다 되는 건 줄 알았다. 하지만 자율적인 아이라도 훈수는 필요하다. 아이는 커가는 과정 안에서 수많은 훈수 중에 자신에게 필요한 말을 솎아내고 골라서 최종 결정을 내릴 것이다. 엄마인 나는 그 선택지들을 제시하되, 본인이 절대 아니라고 하면 그때 물러나면 된다. 그렇게 한걸음 물러서서 아이에게 무조건적인 지지를 보내야 하는 순간도 분명 올 것이다.

그렇기에 나는 엄마로서 해야 하는 책임을 더 미루지 않기로 했다. 치열하게 공부하고, 마음을 다해 선택한다. 설사 내 선택이 아이와 맞지 않더라도 잘못된 선택 안에서 배우는 것도 있을 것이다. 아이가 어떤 삶을 살든 응원하겠지만, 그 선택의 과정에서 뒷짐 지고 있지만은 않으련다.

네 행동을 어디까지 받아줘야 할까?

원이는 오늘도 축구하다 혼자 화가 나서 수풀에 숨는다. 생각대로 되지 않아 화난 줄은 알지만, 화가 났을 때 제대로 표현하는 법을 가르쳐주고 싶기에 아이를 쫓아가거나 달래지 않는다. 엄마가 언제 오나 기다리는 시선을 따라 눈이 마주치면 원이는 "흥!" 하며 고개를 돌려 버리고, 내가 다른 곳을 보면 다시 나를 좇는다. '나 지금 화가 났으니 엄마가 내 마음을 알아봐줘.'라는 뜻이다. 그제야 아이에게 다가간다.

화난 아이를 달랠 때 이유를 묻지 않는다. 대신 "속상해?" 혹은 "화가 나?"라고 묻고 등을 쓰다듬는다. 말하고 싶으면 하고, 안 하고 싶으면 안 해도 된다. 화가 나서 친구에게 불만이 생긴 점을 꼬집어 이르면 "그랬구나. 그게 속상했구나." 하고 꼭 안아준다. 달콤한 음식을 입에 넣어주기도 하고, 괜히 딴소리도 해본다. 부정적 감정 안에 빠져 있는 아이를 건져 올리기 위함이다. 몰입한 감정으로부터 나와서 잔잔해졌을 때에야 지난 감정에 대해 이야기를 나눈다.

"아까 화가 났던 거 같은데, 지금은 괜찮아?"

감정이 가라앉은 후에는 어떤 부분에서 기분이 상했는지, 어떻게 하면 문제를 잘 해결할 수 있을지 조금 더 대화하기가 쉽다. 화가 났을 때는 내 말을 '들어준다, 안 들어준다'의 둘 중 하나로 다른 이의 말을 분류하지만, 시간이 지난 후에는 "이렇게 표현하면 더 좋았을 거야." 하는 조언까지 들을 수 있을 정도로 이성적인 판단이 가능하기 때문이다.

이유를 묻지 않는 또 다른 이유는, 엄마인 내가 아이의 분노를 대신 합리화하여 그럴싸하게 표현하는 걸 막기 위해서이기도 하다. 아이를 이해하려는 마음에 화가 난 이유를 묻는데, 아이가 표현을 제대로 못하면 짐작한 이유를 대신 설명해 버리는 실수를 하기도 하니까. 하지만 아이가 화난 이유는 어른의 짐작과는 다를 때도 많다. 어른은 화가 날 만한 이유가 있을 때 화를 표현하지만, 사실 화는 날 것의 감정으로 다분히 주관적이어서 '그냥'도 나지 않던가?

감정을 감추는 데에 익숙지 않은 아이들은 화날 때 그대로 표현하는데, 여기에 어른의 시각으로 명분 있는 이유를 붙여주면 묘하게 핀트가 어긋나기도 한다. 유아기를 넘어 머리가 커진 아이들은 자신의 이유가 화날 만한지 아닌지 상대의 판단을 본능적으로 알아챈다. 시시한 이유처럼 보이면 그럴듯하게 포장하고 싶어지는 법이라, 분노에 이유를 붙이다 보면 처음 감정보다 과해지고, 논리가 생길수록 쉽게 감정이 사그라지지 않는다. 또 부러움과 질투 같은 감정들은 다른 사람에게 꺼내 보이기 부끄럽기도 해서 엄마가 정곡을 찌르면 더 큰 소리로 부정하며, 잦아드는 데에 시간이 걸린다.

우리는 늘 이유가 있어서 행동하는가, 아니면 때론 이미 행동했기에 이유를 찾는가? 어릴 적 조리실습 시간에 그릇을 주고받으면서 서로 장난을 치던 중 내가 짓궂게도 친구의 머리에 빈 비빔밥 용기를 엎은 적이 있다. 친구는 화가 나서 발길질을 했고, 결국 둘 다 담임 선생님한테 불려가 혼났다. 그때 가장 난감했던 선생님의 질문은 "왜 그랬어?"였다. 친구는 화가 나서 울고불고 난리가 났고, 담임 선생님은 평소 못 보던 얼굴로 나를 보는데, 그 엄숙한 자리에서 "재미있을 것 같아서 그랬어요."라는 말이 차마 안 나왔다. 어린 마음이었지만, 내 행동을 정당한 것처럼 설명해야 할 것 같았다. 그래서 "비빔밥 그릇을 건네주려는 것뿐이었어요. 정말 실수였어요."라는 말밖에 하지 못했고, 그럴듯하게 보이려 그 상황을 부풀리고 감정에 살이 붙었다. 내 행동을 이해 받기 위해 어떻게든 변론해야 했던 구차함은 쉽게 기억에서 지워지지 않았고, 차라리 경솔했음을 인정하는 것이 현명하다는 걸 한참 후에야 깨달았다.

초임 교사 시절, 나는 아이들 행동의 이유가 중요하다고 생각했다. 물론 그 역시 맞다. 하지만 때로 아이들 행동의 이유는 내가 파고들면 들수록 거창해졌다. 꾸중 들을까 봐 두려운 마음, 선생님한테 잘 보이고 싶은 마음에 본인의 감정보다 과장해서 자신의 행동을 설명할 수도 있음을 깨달았다.

친구에 대해 좋지 않은 소문을 내고 다닌 이유는 3년 전 자신에게 잘못한 일이 떠올라서이고, 친구를 발로 찬 이유는 얘도 몇 달 전에 지나가면서 찼기 때문이라고 말하는 경우가 의외로 많다. 물론 몇 달 전과 3년 전 사건을 기억하긴 했을 것이다. 하지만 때 지난 복수심이 맥락 없이 떠올라 그런 행동을 했다기에 아이들은 잘 잊기도 하는 존재다. 차라리 화가 나서 저 친구를 공격했는데, 생각보다 그 수위가 높아서 문제가 된 걸 스스로 인지했고, '내가 왜 그랬을까.' 마땅한 원인을 찾으려 하다 보니 '3년 전 사건이 떠올라서 그랬구나.'라는 나름의 인과관계를 구성해냈다고 보는 편이 자연스럽다. 아이들의 눈높이에서는 시기야 어찌되었든 이유가 되는 이전 사건이 있다면, 그냥 친구를 때리는 나쁜 사람은 되지 않을 테니.

똘똘한 아이일수록 문장과 설명 뒤에 능숙하게 숨었다. 5년 전, 우재는 가끔씩 돌발 발언을 하기는 해도 용인 가능한 수준이었고, 친구들 사이에서도 인기가 있는 듯 보였다. 그러던 어느 날, 지호가 우재의 괴롭힘을 도저히 참을 수 없다며 엉엉 울면서 찾아왔을 때에야 비로소 우재의 말 너머 행동이 보였다. 우재의 행동에 대응하지 못하던 다른 아이들의 어두운 얼굴과 함께.

이렇듯 아이가 보여주고 싶은 그림만 그대로 읽어서는 아이의 문제를 짚어낼 수 없다. 많은 심리검사지는 자기평가 방식이라서 자신이 어떻게 보일지를 생각하며 응답하는 경우, 정확히 진단하기 어렵다는 맹점을 갖고 있다. 마찬가지로 자신이 어떻게 보일지 고민하며 의도를 숨기는 아이들도 있고, 보통의 아이들도 수세에 몰렸을 때는 그럴듯한 이유로 자신을 포장한다. 그렇다고 해서 아이가 영악하다 비난하는 것은 문제 해결에 도움이 되지 않는다. 누군가에게 나쁘지 않은 사람, 괜찮은 사람이길 바라는 욕구는 자기방어 본능이니 말이다. 옳고 그름이 뚜렷한 교과서를 배우며 당연히 악역이 되고 싶은 사람은 아무도 없다. 아이라면 더 그렇다(오히려 악역이 되고 싶어 하는 게 더 큰 문제가 아닌가). 따라서 친구들끼리 싸움이 벌어졌을 때 화난 이유를 말하도록 하면 갈등의 윤곽이 제대로 보이지 않는다. 서로가 더 나쁜 이유를 찾기 때문이다. 목격자에게 묻는 것도 단편적이다. 아이들은 자신이 못 본 부분에 대해 자신이 평소 가지고 있던 선입견을 섞어 적당히 채워 넣을 수 있는 상상력이 있다.

전체 그림을 보는 가장 좋은 방법은 아이에게 행동의 이유보다는, 실제 드러난 말과 행동에 관해 묻는 것이다. 가능하면 객관적으로 바라보도록 글로 쓰도록 하는데, 그럼에도 온전히 객관적인 건 아니다. 단어 선택도 주관을 따르니 말이다. 따라서 각자 입장에서 말과 행동이 서술된 글을 보고, 함께 읽어 나가며 사건을 다시 생각하게 해주는 과정이 필요하다. 또한 이때 글쓰기 실력에 따라 한쪽으로 기울 수 있으니 중간에서 양쪽 아이의 마음을 헤아려주는 것도 교사의 역할이다.

여기에서 가장 중요한 질문은 갈등 해결의 말미에 "누가 더 잘못했느냐?" 대신, "누가 먼저 사과할 용기가 있느냐?"를 묻는 것이다. 갈등을 하나씩 짚으며 무엇이 잘못된 행동이었는지 각자 인식했기 때문에, 누가 먼저 사과할 수 있는지 물으면 열에 여덟은 먼저 사과하겠다고 손을 든다. 더 잘못한 사람이 먼저 사과하는 방식이 아니라, 먼저 사과하는 사람이 멋있어 보이도록 질문을 했기 때문이다.

요즘 아이들은 사춘기가 더 빨라졌단다. 하지만 사춘기가 정말 빨리 온 것인지, 주변의 반응이 빠른 사춘기를 부르는 것인지는 재고할 필요가 있다. 엄마들은 아이가 버릇없이 행동할 때 사춘기가 왔다고 생각하는 경우가 많다. 3~4학년 아이가 버릇없게 굴기 시작하는 걸 보고 "벌써 사춘기가 왔니?"라고 아이에게 표현한다. 그럼 조숙한 아이들은 사춘기라는 단어가 가지는 묘한 성숙함을 인식하고 '내가 사춘기라 그렇구나.'라며 자신의 행동에 명분을 붙인다. 하지만 예의 없고 감정을 조절하지 못하는 행동이 사춘기의 전부는 아니다. 사춘기로 정당화하지 말라고, "사춘기라고 예의 없어도 되는 거야?" 하고 웃으며 꼬집으면 그제야 아이가 얼굴을 붉힌다. 예의 바르지 못한 행동임을 분명하게 집어냈기 때문이다. 설사 진짜 사춘기여서 감정 기복이 심해 과한 행동을 했더라도 아이 스스로 감정 조절을 배워야 함을 인지할 계기가 필요하다. 아이가 사춘기를 면죄부로 사용하지 않기 위해서는 이해의 상한선을 긋고 알려줘야 한다. 술이 감정 조절 상실의 부작용을 야기할 수 있음을 이해는 하더라도, 그로 인한 잘못된 행동의 핑계로 용인돼서는 안 되는 것처럼 말이다.

"요즘 우리 애를 이해할 수가 없어!"라는 말들을 하지만, 처음부터 아이를 전적으로 이해한다는 건 사실상 불가능하다. "왜 그런 행동을 했느냐?"라고 묻는 이유를 생각해보자. 납득할 만한 이유가 궁금해서가 아니라, 잘못된 행동을 바꿔주기 위해 그의 실마리를 찾고 싶은 것 아닌가? 그러니 아이의 이유를 납득하지 않아도 괜찮다. 좋은 아이, 나쁜 아이로 분류하여 아이의 인성을 판단할 필요도 없다. 대신 한걸음 물러서서 아이 행동의 옳고 그른 점만큼은 반드시 구분하도록 해줘야 한다. 화난다고 아무한테나 소리를 지르거나 발길질을 해서는 안 되며, 화났을 때 차분하게 설명하는 것이 상대에게 더 마음을 잘 전달할 수 있음을 아이에게 알려줘야 한다. 상처 받은 아이의 감정을 이해하는 행위와 아이의 그릇된 행동에 면죄부를 주는 일은 다르다. 아이에 대한 애정 어린 수용을 바탕으로 그릇된 행동을 일러주고, 앞으로 아이가 겪을 갈등을 슬기롭게 해결할 수 있도록 힘을 키워줘야 한다.

거실에서 원이가 잔뜩 화가 나 있다. 피아노를 치는데 환이에게 방해 받아 제대로 연습을 못하게 된 모양이다. 아이의 성난 목소리가 여과 없이 들리지만 나는 꿈쩍도 않다가 원이가 "엄마, 나 좀 도와줘!"라고 도움을 요청했을 때에야 일어났다.

아이가 화난 감정은 충분히 이해한다. 하지만 다른 사람에게 무작정 자신의 화를 풀어 달라고 하면 갈등을 해결하고 감정을 조절하는 법을 배울 수 없다. 잔뜩 화가 난 아이를 어루만져 마음이 진정되면 "엄마한테 짜증내는 대신, 네가 원하는 걸 제대로 말해야 해. 엄마는 너의 이야기를 정말 듣고 싶어."라고 말하곤 했다. 그런 훈련 덕에 이제 아이는 "어떻게 도와줄까?"라는 물음에 "내가 피아노 치는 모습을 봐줬으면 좋겠어."라고 또박또박 이야기할 수 있다. 도움을 받고도 진정이 안 되는지 처음엔 다소 화를 실어 건반을 두드렸지만, 이내 아이의 기분이 나아진 듯 연주 소리가 편안하다. 화난 이유를 묻지 않아도 괜찮았다. 아이의 화를 온몸으로 받아내며 설득할 필요도 없었다. 감정을 수용하되, 다른 사람이 받아들일 수 있는 방식을 꾸준히 일러줬더니 엄마도 아이도 행복하다.

"내 자식이지만 이해 못하겠어!"

당연하다. 이해해야만 사랑하는 것은 아니다. 이해할 수 없지만 사랑한다.

어른의 진정한 권위,
어디에서 나올까?

"나 오늘 싸웠어."

"누구랑?"

"우리 반 아이랑."

1학년 담임교사인 친구가 반 아이와 싸웠다는 말에 웃음부터 난다. 제 나이의 반의 반도 안 되는 아이와 싸우는 게 말이 되냐고 대꾸하긴 했지만, 가끔 말도 안 되는 아이들의 말에 대꾸해주다 보면 어느새 어른 역시 1학년 수준으로 싸우게 된다. 아무 생각 없이 응수하다가는 어른도 큰코다친다.

사춘기 아이들과의 대화라고 다르겠는가? 하고 싶은 말을 아이들에게 여과 없이 다 퍼붓는 순간, 속이 시원하기는커녕 묘하게 내가 진 기분이 든다. 하긴 어른이 아이랑 싸웠으니 이겨도 진 것이 맞다. 만화 주인공처럼 굵직하고 엄격한 말 한마디로 아이를 제압하고 싶은데, 눈빛 한 방으로 카리스마와 아이를 감화시켜 내 편으로 만드는 말솜씨는 어디에서 안 파나?

　　선생님들 사이에서는 암암리에 "3월에 웃으면 1년간 고생한다."란 말이 전해 내려온다. 행동에 기합이 들어 있는 3월에 아이들의 입에서 "우리 선생님 좋아."라는 말이 나오면 앞으로는 아이들과 사이가 나빠질 일만 있다는 것이다. 반대로 3월 첫날에는 무표정, 무감정의 모습으로 있다가 아이들과 생활하면서 표정을 조금씩 보여주면 아이들의 행동은 바로잡히고 화낼 일도 없어서 학년 말에는 "우리 선생님 최고!"로 마무리된단다.

　　사실, 큰 목소리로 야단치는 선생님은 초보다. 오히려 중저음으로 단호하게 말하는 선생님이 아이들에게는 더 강력한 힘을 발휘한다. 가늠할 수 없는 표정과 단호함은 아이들이 스스로 행동을 조심하게 만드는 분위기를 만들어낸다. 그렇게 학기 초에는 조였다가 학기 말에는 풀어지는 거다. 방학까지 차차 풀어졌다가, 2학기가 시작되면 다시 근엄 선생님으로 돌아오고, 학기 마지막에 활짝 웃으면서 아이들을 상급 학년으로 보내는 흐름이 잘 지낸 한 학년의 정석이랄까?

　　그런데 고학년이 되면 아이들이 이 패턴을 안다. 어느 해 3월, 그러니까 바야흐로 권위 있는 선생님 시즌이었다. 학급 규칙도 잘 지키고 숙제도 열심히 하는 아이들을 보며 내심 "역시!"라면서 만족하고 있었는데, 우연히 아이들끼리의 속삭임을 들었다.

　　"원래 3월에는 선생님들 다 무서워. 좀만 버텨."

　　아이고, 아이들에게 속내를 다 들켜 버렸으니 무표정이고 뭐고 근엄 코스프레도 다 글렀다 싶어 허허 웃고 말았다. 권위를 유지할 작전 변경이 필요한 시점이 된 것이다.

엄숙한 분위기 연출에는 실패했지만, 대신 일관성 있는 원칙은 꾸준히 적용했다. 스물다섯 명이 함께 생활하는 교실이라 예외 상황은 매일 생긴다. 숙제를 안 한 아이의 사정을 듣고 예외적인 규칙을 적용하여 그대로 넘어가면, 아이들은 이제 원래의 규칙을 지키는 것보다 합당한 사유를 만들어내는 데에 열을 낸다. 따라서 규칙을 어길 수밖에 없던 사정을 충분히 공감해주되, 규칙을 달리 적용하지는 않는다. 또한 아이들은 선생님에게 협상하려 들거나 떼쓰지 않는다. 근엄한 선생님이 아닌데도 어른의 권위를 위협당한다고 느끼지 않았다. 선생님의 권위는 근엄한 분위기에서 나오는 게 아니라, 일관적인 단호함에서 나온단 사실을 깨달았다. 덕분에 이젠 3월 첫날부터 기꺼이 환히 웃어도 괜찮다.

권위를 어떻게든 유지하고 싶은 이유는 하나다. 어른으로서 권위가 세워지지 않으면 어떤 말을 해도 안 먹힌다. 부모와 아이 관계에서도 마찬가지다. 어느 날, 놀이터에서 절절매는 엄마와 화가 나서 드러누운 아이를 만났다.

"집에 안 가!"

"아까 약속한 6시잖아."

"싫어, 안 가!"

집에 들어가기 싫은 아이는 엄마에게 소리 지르며 발버둥을 친다. 아이는 자신의 주장이 먹힐 때까지 떼를 부릴 기세인데, 옆에서 아이와 눈높이를 맞추고 설득을 시도하는 엄마가 안쓰럽다. 이 때 지나가던 할머니들이 혀를 차며 "저런, 엄마가 애를 못 이기네."라고 하자, 내내 절절매던 엄마는 아이에게 갑자기 버럭 소리를 지른다.

"당장 안 일어나?"

깜짝 놀라 주섬주섬 일어나는 아이와 말로 설득하지 못해 결국 소리를 질러 버린 엄마의 표정이 속상해 보인다. 많은 육아서에서는 아이에게 협박하지 말라고 한다. 먼저 아이 감정에 공감하며 대화로 끌어내라고 말이다. 하지만 어디 그게 쉽게 되던가? 현실에서 아이와 부모 외에 타인이 있어서 그런 인내심 있는 대화가 불가한 상황이라면? 대화는 되더라도 좀처럼 설득이 안 된다면? 명확한 규칙을 당장 알려줘야 하는 상황이라면? 이게 충분한 인내심만 있다면 모두 해결 가능한 문제일까? 아이를 키우다 보면 현실은 녹록지 않다.

아이가 약속을 지키게 하고 싶다는 구체적인 행동 목표가 있을 때, 선생님들의 전략을 참고해볼 만하다. 무서운 선생님처럼 아이에게 대하라는 것이 아니라, 일관적인 단호함을 보이라는 것이다. 엎어 놓고 궁둥이를 때리겠다는 감정 섞인 협박 대신, 융통성을 최소화하여 원칙과 일관성을 보여준다. 이 과정은 때론 쑥스럽기도 하다. '횡단보도에서 손 들고 건너기'와 같은 경우, 차가 없을 때는 굳이 들어야 하나 머쓱하기도 하다. 하지만 규칙을 배우는 아이가 함께 있을 때, 차가 있건 없건 상관없이 꾸준히 손을 들어 아이가 몸에 이 습관을 익히게 한다. 단호함은 감정을 존중하지 않는 것이 아니라, 규칙의 융통성을 줄일 때 나온다. 감정 존중과 단호함은 둘 중 하나를 선택해야 하는 것이 아니다. 감정을 충분히 존중하되, 단호한 엄마가 될 수 있다.

우리 부부가 아이를 낳고 기르면서 꾸준히 지키는 규칙 한 가지가 있다. 부부 중 한 명이 훈육할 때 그 자리에서 다른 한 명이 막아서지 않는 것이다. 설사 배우자의 훈육 이유와 방법에 동의하지 않더라도 그 부분에 대해 부부가 따로 이야기를 나누지, 아이를 훈육하는 그 자리에서만큼은 같은 팀임을 보여준다. 자칫 규칙의 일관성을 배워야 하는 시기에 훈육자들의 서열을 익히고, 그에 따라 규칙을 일관적이지 않게 받아들일 우려가 있기 때문이다. 즉, 자신을 꾸중하는 아빠에게 엄마가 "그런 걸로 왜 혼내?", "왜 그렇게까지 혼내?" 하는 순간, 아이는 이를 엄마 앞에선 지키지 않아도 되는 규칙이라고 인식한다. 또 '아빠 말보다 엄마 말이 중요하구나.'라고 인식하면서, 비슷한 상황이 되면 엄마 말은 들어도 아빠 말은 귀담아 듣지 않게 된다.

미국의 심리학자 콜버그의 '도덕성 발달단계 이론'에 의하면 1단계의 어린아이들은 처벌이 무서워 규칙을 잘 지킨다. 그래서 어른들은 "남의 물건에 손을 대면 경찰 아저씨한테 혼나."라는 말로 아이에게 옳고 그름을 가르친다. 이 시기의 아이들은 가장 기본적인 옳고 그름을 배우고 있기 때문에 "혹시 틀린 거 아닌가?"라고 의심하는 상황이 반복되면 해당 어른의 말에 힘이 실리지 않는다. 규칙을 배워야 하는 시기에 규칙의 내용보다 말하는 사람의 서열을 먼저 의식하는 것은 단지 부모의 체면 문제에 국한되는 것이 아니란 의미다. 명확한 규칙이 정립되지 않은 어린 시절에 말하는 사람의 서열과 권위를 먼저 배우게 되니, 나중에 부모님보다 또래 관계의 순위가 높아지는 시기가 되면 어른의 말은 당연히 영향력이 적어진다.

아이를 설득할 때 어른으로서의 권위만 내세워서는 한계가 있다. 전에 부임했던 학교는 대부분 계단으로 통행하고, 엘리베이터는 다친 학생 혹은 선생님만 이용하곤 했다. 어느 날처럼 아이들에게 엘리베이터를 타지 말고 계단으로 가라며 지도하니 한 아이가 묻는다.

"왜 선생님만 엘리베이터를 타려고 해요?"

내가 타려고 아이가 못 타게 한 건 아니었던 데에다, 당돌한 질문이어서 즉각적인 답을 못한 채 말문이 막혔다. 잘못 대답하면 선생님들 전체를 치사하게 여길 것 같아 자연스럽게 화제를 돌린다.

"선생님도 안 탈 거야. 지금 걸어 올라갈 건데?"

5층까지 걸어 오르며 '이 질문에 대해 어떻게 대답했었더라면 좋았을까?' 다시 생각해본다. 학교의 엘리베이터는 일부만 이용하게 되어 있다. 그 일부란, 보통 노약자 혹은 무거운 짐을 들고 있는 사람들이다. 선생님 자체는 노약자도 있고 아닐 수도 있고, 무거운 짐은 들 때도 있고 아닐 때도 있다. 즉, 선생님만 엘리베이터를 탈 수 있는 게 아니라, 선생님도 특별한 이유가 있을 때 타야 한다.

그날 이후 학교의 엘리베이터 버튼을 누를 때마다 '아이들이 납득할 수 있는 특별한 이유가 있는가?'를 자문했다. 아이들에게 이유를 떳떳이 설명할 수 없다면 걸어 올라가는 것이다. 선생님이란 권위를 내세워 예외를 두는 대신, 나 역시 규칙의 일부가 되는 편이 아이들에게 메시지를 명확하게 전달할 수 있다.

반대의 상황도 있다. 줄 서서 먹는 배식대 앞에서 비슷한 질문을 받은 적이 있다.

"왜 선생님만 매일 맨 앞에서 먼저 밥 먹어요?"

이 경우에는 내 행동에 대한 확실한 이유를 설명해줄 수 있다.

"내가 먼저 받아가서 얼른 우리 반이 먹을 식탁 자리를 잡고, 다 먹은 후엔 너희가 다 제대로 식사했는지, 식판 정리는 잘 되었는지 확인하지."

그 후로는 줄과 관계없이 배식 순서에서 나더러 맨 처음 받으라고 아이들이 자연스레 길을 비켜준다. 식사를 빨리 해야 하는 사정이 생긴 아이들에게도 마찬가지다. 줄 선 순서대로 밥 먹는 것 이상의 규칙이 필요할 때 설득력 있는 이유가 있다면 다른 상황에서도 비슷한 논리를 적용해 아이들 스스로 판단할 수 있을 테니, 이 또한 일종의 교육이다.

학년이 높아질수록 아이들을 설득하기 위해서는 더욱 탄탄한 이유가 필요하다. 앞서 언급한 콜버그에 따르면, 연령이 높아질수록 사회적 규범은 구성원들의 '합의'에 의한 것임을 알기 때문에 아이들은 스스로 규칙을 만들어갈 수도 있다. '학생다운 용모 단정'이 최우선이었던 30년 전에, 두발 자유를 명문화한 서울학생인권조

례가 나오길 상상이나 했겠는가? '학생은 외모에 신경 쓰지 않아야 한다.'란 논리에는 설득력이 부족했고, 해당 규범은 권위만으로 명맥을 유지하기 어려워졌다. 그 와중에 '학생 개인의 자유도 존중되어야 한다.'라는 가치관의 재발견에 따라 두발 자유가 조례로 제정된 것이다.

    빨갛게 입술을 칠한 아이들에게 "너희 나이엔 맨 얼굴로도 충분히 예쁘다."란 말은 더 이상 통하지 않는다. "그럼 사람들이 왜 화장해요?"라는 말에 뭐라고 답할 것인가? 아이들에게 색조 화장을 권할 수도 없으니, 한참 고민하다가 이렇게 이야기한다.

    "화장하면 쉽게 예뻐지지만, 지적 교양과 품위를 갖춘 사람이 되는 데에는 시간이 걸려. 지금 너희가 화장해서 눈에 띄는 외모를 갖게 되는 것도 좋지만, 충분히 공부할 수 있는 시간과 공간이 마련된 시기인 지금은 내실을 먼저 채우면 어떨까? 준비되지 않은 상태에서 눈에 띄는 방식만 먼저 익히면 내실보다는 '그런 척' 꾸미는 게 앞세워지게 돼. 난 너희가 하나씩 성실하게 채워 나가면 좋겠어."

    물론 이 말 하나로 모든 아이들이 화장을 안 하게 만들 수는 없었지만, 내실을 다지는 시간이 더 중요하다는 가치는 일관적으로 제시할 수 있었다. 공부해야 하는 이유에 대해 이야기를 나누면서도 "지금은 내실을 다지는 시간이야."라고 시종일관 같은 논리를 풀어가게 되니, 적어도 '충실한 내면'이 중요하다는 가치는 흔들리지 않았다.

    재미있게도 마스크 착용 의무 이후, 화장에 대한 실랑이가 줄었다. 아이들의 화장이 어쩌면 그 나이에 금지된 일에 대한 욕구의 분출일 수도 있겠다고 여겼는데, 아이들은 생각보다 실리를 따졌다. 마스크로 얼굴을 가리면 화장할 필요가 없다니! 아이들도 더 예뻐지고 싶은 본능적 욕구에 의해 그간 화장을 해왔나 보다. 외모가 경쟁력이라고 생각했던 셈이다. 행동 저변에는 가치관이 숨어 있다. 결국 규범을 가르치는 일은 그 밑에 깔려 있는 가치관을 가르치는 일이고, 일관적인 가치관을 적용할 때 낱낱의 규범에는 권위가 생긴다. 설득하려 하지 않아도 설득이 된다.

온라인 세상에서 자기 부모님을 '우리 집 꼰대'라고 부르는 몇몇 글들을 볼 때마다 놀란다. 우리 아이가 나를 꼰대라고 부르면 어쩌나 두렵다. 어른으로서 권위만 내세워 진정한 어른으로 인정받지 못해 짠한 마음이 드는 사람이 되고 싶지 않다. 진짜 권위를 가진 설득력 있는 어른이 되기 위해 끊임없이 나에게 질문을 던진다. 그때 옳았던 규칙이 지금은 옳지 않을 수도 있고, 시대적 상황과 가치관의 변화에 따라 규범은 진화한다. 그러니 질문을 던져 저변에 있는 가치를 고민한다. 그 가치관 아래 규범과 지혜가 쌓이고, 쌓인 시간은 어른의 진짜 권위가 된다.

자기 주도 학습에도 단계가 있다

놀이터에서 만난 한 엄마가 아이 준비물을 챙기며 한숨을 쉰다.

"언제 커서 혼자 가방 싸고 공부할까? 아직도 나한테 못 챙긴 준비물 갖고 와 달래."

키가 쑥 크는 것처럼 자기 주도 학습 능력도 나이에 따라 자연스레 생기면 좋을 텐데, 겉으로는 다 큰 것 같은 아이들도 준비물과 과제를 잊어버리고 안 가져올 때가 많다. 어르고 달래고 야단쳐도 생각처럼 쉽게 아이가 달라지질 않는다. 언제까지 쫓아다니며 챙겨줘야 할지, 스스로 자기 학습 상태를 점검하고 실천하는 자기 주도 학습 능력은 대체 어떻게 키워야 하는 걸까?

교육의 궁극적 목표가 '홀로 서기'에 있다면, 스스로 학습 계획을 세워 실천하는 자기 주도 학습은 홀로 서기를 위한 기본 능력이자 태도다. 하지만 하라는 대로 따라가기에도 벅찬 학습을 자신의 의지로 목표치를 설정해 실행한다는 것은 보통 일이 아님에는 분명하다. 하물며 어른들도 공부하겠다고 다짐하고서 꾸준히 실천하기가 어렵지 않던가? 초등학생 수준에서 아이 스스로 매일의 과제를 수행하고, 준비물만 꼬박꼬박 잘 챙겨도 자기 주도가 잘 이뤄지고 있는 축에 속한다. 이후 부모님 도움 없이도 학교생활이 가능해지면, 스스로 학습 목표를 설정하고 작은 단계로 나눠 계획에 따라 학습하는 연습을 하게 된다. 즉, 자기 주도 학습 수준은 아이의 독립 수준과도 같다.

    자기 주도 학습은 나이와 비례하지 않는다. 고학년이라고 해서 모두 저절로 잘하게 되는 게 아니란 의미다. 몇 학년이든 아이가 학습의 이유를 인식하지 않는 한, 스스로 하는 의지를 보이지 않는다. 교실에서 숙제와 준비물 검사를 하면 "엄마가 안 싸줬어요."라고 답하는 아이들이 꽤 많다. 엄마의 힘이 필요하지 않은 준비물일지라도 본인이 아닌, 엄마가 당연히 해야 할 일인데 못해줬다고 여기는 것이다. 이럴 때 선생님이 "아닙니다. '제가 안 챙겼어요.'라고 말해야 합니다."라고 정정해주면, 그제야 아이는 고개를 푹 숙인다.

    저학년일수록 엄마와 자신이 해야 할 일을 구분하기가 어렵다. 엄마가 아이의 생존을 위한 기본적인 것들을 전면으로 나서서 해주는 게 당연했던 영유아기로부터 점진적 위임이 진행되지 않은 경우가 많아서다. 또한 혼자 해낸 것을 뿌듯해하면서도 여전히 엄마가 대신 해준 솜씨를 자기 자랑거리로 생각하기도 한다. 즉, 자기 일인데도 엄마의 역할이라고 여기며 명확히 구분하기 어려워하는 경우가 많다. 그렇다면 언제, 어떻게 아이가 스스로 자기 일을 챙기게 해야 할까?

매년 학부모 상담에서 언제까지 아이의 과제나 학교생활 준비를 대신 해줘야 할지 모르겠다면서, "앞으로는 그냥 제가 손을 뗄까요?"라고 물어보시는 경우가 많다. 험난함을 경험하면서 터득해 가면 어떨까 하는, 일견 타당한 말이다. 몇 번 혼나면서 자기 주도 학습 능력을 터득하기를 기대하는 것이다.

하지만 단순히 엄마가 손을 떼는 것과 아이가 자기 주도 학습 기회를 가지는 건 엄연히 다르다. 학교에서 혼나든 말든 도와주지 않는다고 해서 자기 주도 학습이 자동으로 되지 않는다는 의미다. 집에 도착해서도 학교에서 혼난 사실을 기억할 수 있는 아이라면, 어차피 이미 혼자서도 잘 챙겼을 가능성이 높다. 꾸중은 면역이 생기는 법이라 아이는 꾸중을 견디는 법을 먼저 배우고, 선생님의 야단 강도는 점점 더 거세질 수도 있다. 따라서 그냥 엄마가 바로 손을 떼버리고 아이가 미처 제대로 된 학교생활을 준비하지 못하는 상황이 반복되면 오히려 곤란하다. 집에서 가방 챙기는 것, 과제하는 것을 담임이 쫓아가서 지켜볼 수도 없으니 말이다. 결국 선생님은 부모님께 아이가 부족한 점을 언급하고, 감정이 상한 엄마는 아이를 또다시 꾸중하는 악순환이 반복될 수도 있다. 엄마가 의도했던 자기 주도 학습의 효과는커녕 아이와의 관계만 나빠진다.

아이가 혼자 식사 연습할 때를 떠올려보자. 자기 주도 학습도 이와 비슷하다. 아이들이 두 살 무렵, 아이 주도 이유식에 혹해 곧바로 숟가락을 쥐어준 적이 있었다. 쌍둥이 둘을 직접 먹이려니 팔이 후들거려 일단 아이가 혼자 먹어보게 했다. 아이 주도 이유식을 시작한 첫날의 상황은 그야말로 엉망진창이었다. 온 주방이 밥풀 칠갑이 되어 치우는 데에만 하루 종일 걸렸고, 팔이 아파도 그냥 내가 밥그릇을 쥐고 먹였어야 한다면서 후회했다. 준비가 안 된 아이에게 숟가락을 쥐어줘서 벌어진 대참사다. 스스로 밥 먹는 법을 알려주긴 해야 하는데, 후처리를 감당할 지혜가 없었던 것이다.

이후 전략을 바꿨다. 아이가 손에 쥐고 안전하게 먹을 수 있는 뻥튀기부터 시작했다. 음식은 입에 스스로 넣는 것이고, 입에 음식을 가까이 가져가야 한다는 것부터 차근차근 연습시키는 거다. 처음부터 욕심 부리지 않고 딱 그만큼의 목표를 가지고 시작했다. 뻥튀기는 흘려도 치우는 데에 드는 품이 덜해 부담도 없고, 과일 스틱처럼 목에 걸릴 위험도 적어 아이들이 연습하기에 적합했다. 항상 같은 자리에 앉아서 먹고 팔 동작이 익숙해질 무렵, 이제 숟가락을 쥐어주며 스스로 떠먹기 쉬운 음식부터 앞에 놓아주었다. 그 후 자연스럽고 익숙해지면서 가짓수를 늘려 점차 다양한 음식을 경험하게 했다. 젓가락질 연습도 마찬가지다. 처음부터 일반 젓가락을 사용하게 해서는 진도가 늘지 않는다. 젓가락 보조기구를 단계별로 바꿔가며 결국 지금은 최종적으로 일반 젓가락을 사용하게 되었다.

자기 주도 학습의 접근도 이와 동일하게 생각해보자. 무턱대고 부모가 손을 떼는 대신에, 아이가 혼자 해야 하는 일이 무엇인지 먼저 인식시키는 것부터 시작한다. 쫓아다니면서 짐을 다 싸주지 않고, 내일을 위해 가방을 챙기는 것이 '너의 일'임을 지속적으로 알려준다. "이번엔 엄마가 싸주지만 다음에는 네가 해야 해."라고 말하는 것은 큰 도움이 되지 않는다. 매일 반복되는 '다음'은 엄마가 그냥 하는 잔소리라고 인식하게 된다. 아이가 다른 일에 열중할 때 조용히 가방을 싸놓는 대신, 엄마가 가방을 싸는 과정에 아이를 관여시키자. 그럼 아이는 가방 싸기의 책임에서 자유로울 수 없다. 아이가 "엄마가 안 챙겨줘서."라고 말하는 건 정말 자신이 챙겨야 할 일이라고 생각하지 못했던 것뿐이다. 해야 할 일에 대해 책임감을 느끼는 연습부터 시작해보자.

음식 먹는 동작을 익히기 위해 뻥튀기 먹기라는 보조 단계가 필요했던 것처럼 초등 아이의 자기 주도 학습은 어떻게 시작하는 게 좋을까? 학부모 상담 시 자기 주도 학습을 위해 아이가 가방에서 알림장을 꺼내 엄마에게 읽어주는 일부터 권한다. 식탁에 올려두는 것만으로는 아이의 개입이 부족하다. 스스로 소리 내 읽음으로써 자신이 챙겨야 할 과제와 준비물에 관여하게 된다.

식사 준비를 하는 엄마에게 알림장을 읽어주는 일은 자연스럽게 대화로도 이어질 수 있다. 엄마는 이야기를 들으며 "그 과제는 언제 할까?" 혹은 "그 준비물은 지금 챙길 수 있을 것 같은데, 어떻게 생각해?" 하고 말로 징검다리를 놔줄 수 있다. 일하는 엄마도 전화로 충분히 아이에게 이야기를 들을 수 있으니 "숙제했어? 가방 챙겼어?" 묻는 것보다 이렇게 징검다리 대화를 해주는 게 아이 스스로 과제를 구체화시켜 인식하게 만든다.

학급 알림장 앱으로 부모님이 직접 확인할 수 있음에도 알림장을 아이가 읽도록 하는 이유는 과제와 준비물을 챙기는 주체가 아이 본인이라는 점을 확실히 인식시키기 위해서다. 이 과정이 익숙해지면 아이는 알림장을 읽으면서 바로 무슨 과제를 언제 할 것인지, 준비물은 어떻게 챙길 것인지 떠올릴 수도 있다. 학교에 다녀와서는 알림장을 확인해야 한다는 루틴도 자연스럽게 잡힌다.

학년이 올라가면서 교과에 따라 과제와 준비물이 복잡해지면 주간 학습 안내나 개인 달력에 일정을 기록하는 연습을 시작해본다. 교실에서는 개인 학습 플래너를 만들어 나눠주곤 했는데, 요즘은 문구점이나 서점에서도 초등용 플래너 형태의 공책이 나온다. 모둠 과제나 장기 프로젝트 과제들이 생길 때 "발표일을 달력에 표시해 놓으세요."라고만 해도 과제가 눈에 띄어 덜 잊는다. "너는 왜 해야 할 일을 못 챙기니?"라는 꾸중 대신 해야 할 일을 명시해두고, 기한 내에 완료하는 일련의 과정을 경험하게 하는 것이 핵심이다. 수업에서는 단계별 마감일을 설정하고, 세부 단계에서 각각 해야 할 일을 정해 놓도록 안내하기도 한다. 아이의 자기 주도 학습 수준에 따라 초기에는 오히려 부모님 혹은 교사의 적극적인 개입이 더 필요할 때도 있다.

장기 프로젝트를 연습할 때는 방학 기간을 활용하면 좋다. 평소와 루틴이 달라지는 방학에는 방학용 루틴을 따로 만드는데, 추억의 동그라미 모양의 방학 계획표 대신, 할 일 위주의 방학 계획표를 만들어보면 실천 가능성이 높아진다. 요즘 아이들은 매일 학원 시간이 달라 동일한 시간으로 일과를 운영하기가 어렵기 때문이다.

예를 들어, 나는 아이들에게 매일 해야 하는 과제를 두세 개씩 제시했다. 책상에 앉아 있을 수 있는 시간과 아이가 현재 배우고 있는 학습 내용을 고려해 일기 쓰기, 독서 등과 같은 규칙적인 과업을 주는 거다. 하루에 해야 하는 학습 분량을 다 하면 동그라미로 표시하고, 동그라미가 일정 개수 이상 쌓이면 아이가 하고 싶던 일 하나를 기분 좋게 허용하는 식의 보상을 해준다. 아이가 받을 보상은 방학이 시작할 때 미리 정해두어 가시적인 목표로 만들면 실천 의지를 높일 수 있다. 어른들의 습관 관리 앱이나 챌린지 방식을 떠올리면 된다. 설사 실패하더라도 실제 학습한 양을 가시적으로 볼 수 있는 계획표는 '이만큼이나 했다!'라는 성취감을 얻게 한다.

한번은 공원에서 뭔가를 줍고 있는 아는 엄마를 만났다. 뭐 하는지 물었더니 솔방울을 주우러 다닌단다. 아이의 학교 준비물인데 아이가 학원에 가야 하기 때문에 대신 주워주는 거란다. 만날 때마다 "애가 언제 커서 혼자 할까? 확 혼나게 그냥 둘까?" 푸념하던 엄마. "그냥 둔다고 말이나 말지." 웃으며 핀잔을 주다가도 학교에서 야단맞을까 걱정되어 챙겨주고 싶은 엄마의 양가 마음을 이해한다. 해주다 보면 어느 순간, "다음에는 내가 챙길게요!"라고 말할 아이를 기대하면서 솔방울을 줍고 있을 것이다.

다시 말하지만, 아이가 준비물을 스스로 챙겨야 한다는 '인식'이 시작이다. 말로는 '내 과제, 내 준비물'이라고 해도 아이가 주도적으로 움직이지 않는다면 책임을 넘겨줘야 한다. "이번 한 번만이야."

하고 바로 해결 방법을 제시하는 대신, 아이에게 "어떻게 할 거야?"라고 물어보는 것부터 시작하자. 엄마가 해줄 수 있는 도움이 무엇인지는 그 이후에 아이와 함께 고민해도 충분하다.

요컨대, 아이의 자기 주도 학습에는 엄마의 치밀한 단계 설정이 필요하다. 사실 가르쳐주는 것보다 대신 해주는 게 빠를 때가 더 많다. '어리니까 좀 도와줘도 된다. 때 되면 그땐 아이가 잘하겠지.' 하는 마음도 한편에 있을 거다. 그 마음으로 미숙한 아이를 충분히 이해하되, 단계적으로 천천히 가르쳐줘야 한다. 교육의 목표는 '자립'이니까. 엄마가 과제를 대신 해주지 않아도 사랑을 표현할 방법은 충분히 많다.

교육열과 사교육의 양, 그 상관관계

특별히 교육에 열성적인 엄마, 아빠는 아니라고 생각했는데 하나둘씩 시키다 보니 사교육에 들어가는 돈이 장난 아니다. 피아노 15만 원, 영어 40만 원, 영어도서관 15만 원, 축구 5만 원, 태권도 15만 원, 미술 15만 원……. 지금 하고 있는 것에 앞으로 가르치고 싶은 것 목록을 더하니 1인당 90만 원에 육박한다! 딱히 특별한 교육을 생각한 것도 아니고, 다들 한다는 기본적인 것만 넣었는데도 그렇다. "난 아이들 학원 뺑뺑이 안 시키고, 놀이터에서 맘껏 놀게 할 거야."라고 다짐하곤 했는데.

금융인 존 리 대표는 "사교육비를 줄이고 노후를 위한 주식투자를 하라."고 조언한다. 30년 후를 바라보며 사교육을 시키는 것보다 안정적인 경제 상황을 제공해주는 게 자녀의 미래에 더 나은 선택이라는 주장이다.

일리가 있는 말이다. 교육의 목적이 개인의 홀로 서기에 있다면, 주변에서 사교육을 많이 받은 지인들은 모두 경제적으로 독립할 수 있어야 한다. 하지만 쏟아부은 사교육비와 결과에 뚜렷한 인과는 없었다. 확신도 없는데 굳이 무리한 사교육비를 써야 하나 의구심이 들었다. 사교육이 아이 미래를 장담할 수 없다면, 차라리 부모의 튼튼한 노후 대비와 실질적 상속이 아이 미래에 더 요긴한 유산이 아닐까 싶기도 하다.

3년 전에 만난 여진이라는 아이가 생각난다. 담임 학년이 마무리되면 보통은 같은 반 아이들에게서 한발 물러서는데, 여진이를 생각하면 마음이 무겁고 뭘 해줄 게 없나 찾게 된다. 굳이 새 반 담임교사를 찾아가 복지 프로그램에 꼭 신청해 달라고 붙들었던 일도 여진이 경우가 처음이었다. 가정 사정이 어려운 아이야 항상 있었지만, 이 아이에게 유독 마음이 쓰인 것은 엄마가 아이에게 쓴 편지를 본 이후였다.

"우리 집에서 가장 똑똑한 여진아, 열심히 공부해서 우리 가족 모두 해외 여행에 보내주렴!"

분명 격려이자, 아이를 자랑스러워하는 마음이 담뿍 담긴 이 문장이 내게 무겁게 다가왔던 것은 여진이 가족이 특별히 더 어려운 사정이었음을 알게 되어서는 아니다. 당시 아이의 우울감과 정서적 불안감이 심했던 터라 여진이 엄마에게 가정에서 관심과 도움을 요청했다. 그런데 오히려 형제들의 더 힘든 사정에 대한 호소를 듣고 무겁게 전화를 끊곤 했다. 아이 개인으로는 지원이 시급한데, 가족 중 상황이 젤 나은 게 여진이다 보니 가정의 관심에서는 계속 후순위로 밀렸다. 그러던 중 보게 된 이 편지로 가족 안에서 여진이가 놓인 현실을 다시 깨닫게 된 거다. 정서적 도움이 필요한 4학년 아이지만, 정작 가족 안에서는 미래의 가장 역할까지 기대 받았던 아이. 더 어려운 형제가 있기에 모든 걸 혼자 해내야 하는 상황에서, 가족 해외여행의 꿈까지 지고 사는 열한 살 초등학생이 안쓰러웠다.

"네가 잘돼서 비행기 태워달라."는 기대가 부모 세대에는 당연했다. 가족 중 한 명을 교육시키기 위해 온 가족이 도왔다거나 전답을 팔았다는 이야기는 1970~1980년대 배경의 소설들에 단골로 등장한다. 하지만 내가 본 이런 소설은 대부분 끝이 안 좋았다. 집중적으로 교육 받은 아이는 어른이 되어 "왜 나한테만 기대는 거야?"라는 울분을 가지고 있었고, "너를 키우기 위해 희생했다."란 가족들 기대와의 간극 때문에 갈등이 벌어졌다. 한 명한테 몰아주지 않고 그냥 각자 주어진 행복에 맞게 살면 좋으련만, 그래야 나중에도 가족 모두 행복하지 않았을까? 그 소설들을 보면 늘 답답했다. 내가 먹고살 만한 시대에 태어났기 때문이려나? 아이나 가족에게 행복을 빚지고 싶지도, 빚지게 하고 싶지도 않다.

남편과 아동수당 10만 원을 아이들 앞으로 적금해주느냐, 마느냐의 작은 논쟁이 있었다. 애들 앞으로 들어온 거니까 고스란히 아이의 미래 자금으로 만들어줘야 한다고 생각했는데, 남편이 대출 없는 집에서 사는 게 더 먼저 아니냐고 주장하기 시작했다.

그러고 보니 아이의 미래 자금을 먼저 빼놓느냐 하는 문제는 양육비 총액으로 보면 큰 의미가 없다. 먼저 대출을 갚고 아이가 돈이 필요할 때 마련하는 것과, 아이의 미래 자금이라는 명목으로 적금을 들어두는 건 심리적인 대비와 증여세에 대한 약간의 이득을 제외하고는 별반 실질적 차이가 없다. 하긴, 대출 이자를 생각하면 먼저 대출을 갚는 게 나을 것 같기도 하다.

　하지만 아이 미래와 현재의 주거 안정을 비교선 상에 두는 순간, 이성적 판단보다 감정이 앞서기 시작했다. 대출이야 어찌 됐든 우리가 다 감당하겠으니 아이의 미래를 준비해주는 편이 좋은 부모인 것 같다. 또 주변에서는 다 준비해주던데, 나만 안 해줄 수 없다는 미안함도 한몫했다. 월 10만 원의 아동수당에 대한 문제였기에 어떻게 결정해도 큰 문제가 없었지만, '부모의 현재와 아이의 미래 중 어느 한쪽이 중요한가?'를 고민하게 만드는 문제는 아이의 사교육을 고민할 때마다 등장했다.

　경제적 기반을 안정적으로 세우며 아이의 미래를 준비하겠다고 균형을 다짐하면서도 끊임없이 마주하는 사교육 신화에 때때로 불안했다. 세 살이면 창작동화 전집을 읽어야 하고, 여섯 살이면 사고력 수학을 시작해야 한다는 등 '이 시기에는 이걸 해야 한다.' 하는 당위성이 유독 자녀교육 시장에는 팽배하다. 이런 식의 마케팅은 아이가 지금 배워야 할 것을 놓치고 있는 게 아닐까 조바심을 자극했다. 학원 상담을 신청했다가 "아직도 시작 안 했어요?"라는 말에 한참 작아졌고, 영어 학원의 레벨테스트는 엄두도 못 냈다. 원어민과 능숙하게 대화하는 아이들 사이에서 우리 아이는 알파벳도 제대로 못 쓰는 것을 목도하면 땡빚을 내서라도 학원을 등록해야 한다는 마음이 차올라 결제 영수증을 손에 들고 나올 테니 말이다.

희한하게 학원은 비쌀수록 더 효과가 좋을 것만 같고, 아이를 위해 비싼 학원을 등록해줄 때 부모로서 최선을 다하고 있다는 기분도 든다. 귀할수록 비싸고, 아이의 미래는 가장 귀한 것이니 더 비싼 값을 치러야만 더 탄탄히 준비해줄 수 있을 것만 같다. 비싼 가격에도 척척 등록해주는 주변 엄마들을 보며 '우리 애만 뒤처지는 건 아닐까?' 죄책감마저 든다.

문득 결혼식을 준비할 때가 떠올랐다. 당시 우리 부부는 유행보다는 우리가 더 중요하게 생각하는 것에 집중하자며 웨딩촬영을 생략하고, 웨딩홀의 기본 패키지로 구색만 갖춘 결혼식을 준비하고 있었다. 하지만 '일생에 한 번뿐인데 이쯤은 해야 한다.'는 주변 사람들의 말들이 결혼 준비 과정 모든 곳에서 맴돌았다. 처음에야 견고했지만 똑같은 말을 계속 들으면 맘이 흔들리지 않기 어렵다. "내가 한 번뿐인 순간을 소중히 여기지 않는 건가? 나중에 정말 후회할까?" 고민하니 남편이 답한다.

"인생의 모든 순간이 한 번뿐인걸."

그래, 맞다. 인생의 모든 순간이 한 번뿐이기에 내 삶을 매 순간 소중히 채워 나가야 한다. 그래서 나의 우선순위에 따라 예식의 형식을 상대적으로 덜 중요하게 여겼을 뿐, 이 순간을 소중히 여기지 않은 게 아니었다. 마케팅을 위한 주술들이 마법처럼 풀린 후, 계획했던 대로 결혼식을 무사히 마쳤다. 그리고 그때 내 소신대로 했던 결정을 지금도 후회하지 않는다.

'과하다, 과하지 않다'의 판단은 다분히 개인적인 영역이다. '다른 사람도 이만큼은 다 한다는데.'라는 말의 그 '다른 사람'이라는 실체에는 중요한 의미가 있는 걸까? 자녀교육에 있어서도 판단 기준을 이렇게 실체를 알 수 없는 외부에 두니 항상 부족한 엄마가 되었다. 나라고 아이에게 좋은 것을 해주고 싶지 않을까? 다만 현재가 쌓여 미래가 되니 아랫돌을 빼서 윗돌을 괴는 경솔한 행동은 하지 않으려고 한다. 우리 삶을 단단하게 지켜서 아이가 자유롭게 나아가도록 든든한 둥지가 되고 싶다.

사실 돈이 들어가는 사교육에는 인색할지 몰라도, 나는 교육에 열정적이다. 엄마표 학습을 전문적으로 계획해 시간을 투자한다는 의미가 아니다. '아이한테 어떤 경험을 줄 수 있을까? 어떤 모습을 보여야 할까?'에 대해 매일 고민한다(심지어 책도 썼다!). 학원비를 벌어야 한다는 비애를 담아 일하는 대신, 아이와 많은 시간을 함께한다. '다른 사람'만큼 교육비를 쓰지 않아도 괜찮다. '다른 엄마들'이 학원에 같이 보내자는 얘기에 "사교육 예산을 이미 다 썼어요!"라고 웃고 넘길 수 있는 이유는 이렇듯 충분히 교육하고 있기 때문이다. 더 이상 사교육의 양으로 나의 교육열을 평가 받지 않기로 했다.

가성비의 핵심, 적기 교육에 있다

　온라인에서 한 유명 강남 유치원에 다니는 아이의 스케줄 표를 보았다. 아침에 일어나 영어책을 한 권 읽고 영어유치원에 등원한다. 세 시에 하원 후 요일에 따라 피아노, 중국어, 축구, 영어 스피킹 과외를 받는다. 바쁜 하루는 고작 한 시간 반의 자유 시간으로 마감된다. 적지 않은 비용이 들어간 꽉 찬 일정이다. 인상적인 부분은 댓글 반응이었다. 유치원생이 이렇게나 빡빡하게 사느냐며 공부에 지친 아이들에 대한 논쟁일 거라 생각했는데, 오히려 글쓴이의 의도를 되물으며 "하루 종일 TV만 보는 것보다 건강하지 않느냐?" 하는 반응이다. 하긴 '무엇을' 하는가가 문제지, 학원에 있든 집에 있든 '어디에' 있느냐는 부차적이다.

　배움에는 돈을 아끼지 않아야 한다는 내 환상은 남편을 만나고 깨졌다. 나는 어렸을 적 온갖 사교육을 다 받았다. 교육은 때를 놓치면 안 된다는 부모님의 지론과 맞물려, 나는 전문적인 분위기의 학원을 찾아다니며 부모님께 등록해 달란 말을 달고 살았다. 스스로 학원을 고르고 선택했으니 당연히 성과도 좋았을 수밖에.

엄마는 배우고 싶다고 말하는 어린 딸이 기특해 열심히 학원비를 지원해주셨다. 우리 집이 풍족한 편은 아니었다. 그러나 우리 엄마는 매끼 고기반찬은 어려워도, 학원비와 책값만큼은 고민하지 않으셨다.

그런데 내가 당시에 너무 비싸게 공부했단 깨달음이 든 건 남편을 만난 이후다. 우리 부부는 둘 다 초등교사다. 하지만 남편은 단과 학원 한 번과 재수 학원을 등록한 것 말고는 학원을 다닌 적이 없단다. 그냥 수업 시간에 열심히 듣고 선생님의 격려에『수학의 정석』을 달달 외우다시피해 성적을 끌어올렸다고 한다. 농어촌 전형이 있는 시골 학교도 아니고, 서울 한복판 학교를 다녔다. 심지어 학교 내에서 엄청나게 공부를 시키는 학군지도 아니었는데, 그게 어떻게 가능했느냐며 나는 남편을 '입시계의 유니콘'이라 불렀다.

하지만 남편이 공부하는 모습을 보며 그 이유를 깨달았다. 코딩을 배워야 할 일이 있어 강좌를 찾는데 나는 당연히 유료 강좌나 연수원의 강의 목록을 살핀 반면, 남편은 유튜브에서 무료 영상을 보고 도서관에서 관련 책을 찾는다. 한번 꽂히면 끝까지 파고드는 성격 덕에 스스로 공부할 내용을 찾고 결과물을 만들어내는 남편을 보면서, 주어진 커리큘럼대로 성실하게 따라가긴 하지만 제대로 안다고 하기엔 자신이 없던 나를 돌아보았다. 배우고 싶은 게 생기면 어떻게 공부할지 자신이 커리큘럼을 세우는 사람에 비해, 유명 학원부터 찾은 나의 경우 학습 자체는 효율적이었을지 몰라도 그 치열함과 배움의 과정은 익히지 못한 셈이다. 그러고 보니, 어차피 골인 지점이 같았다면 사교육비로 집안이 휘청거렸던 우리 엄마보다 가성비 좋게 공부시킨 시어머니가 승자가 아닌가?

가성비는 어떤 교육 목표를 가지고 있는지에 따라 달라진다. 하지만 이 문제 또한 부모의 죄책감이 일부 관여한다. 7세에 영어유치원을 보내는 것이 가장 가성비가 좋다는 말을 듣고 지금이라도 보내야 하나 잠시 고민했다. 당시 유명한 자녀교육 전문가의 말을 듣고 더 마음이 무거웠다.

"영어유치원 등록에 대해 왈가왈부할 필요가 없습니다. 아이가 성인이 된 후 어떤 환경에서 일하게 할 것인가를 생각할 때, 영어 공부의 목표가 다를 뿐입니다. 수능 영어만 필요한 아이는 영어유치원이 필요 없고, 다른 걸 더 생각하는 아이는 영어유치원이 필요합니다!"

명쾌한데 씁쓸했다. 영어유치원을 다니면 수능 영어 이외의 다른 진로를 꿈꿀 수도 있는데, 내가 아이의 미래를 한정하는 건 아닌지, 돈 앞에서 너무 쉽게 결정 내린 것은 아닌지, 아이를 위해 최선을 다하지 않고 있는 건지…… 마음이 영 불편하다.

그러던 중 우연히 BTS 멤버인 RM의 영어 인터뷰 영상을 보게 되었다. 영어 실력도 실력이지만 대화를 받아치는 센스와 문장 안에 담긴 인문학적 표현력에 감탄을 하며, 보고 또 보았다. 도대체 RM은 영어 공부를 어떻게 했을까 궁금했는데, 어느 날 그가 "중학생 때 미국 드라마를 보고 공부했다."라고 해서 깜짝 놀랐다. 당연히 조기 교육을 받았거나, 아니면 외국에서 살았을 거라 예상했는데, 특별할 것 없는 뜻밖의 답변에 영어유치원 선택의 고민을 다른 차원에서 생각하게 되었다. 결국 실질적인 실력 향상은 아이의 소양과 의지에 달려 있는 게 아닐까? 무슨 학원을 보낼지 고민할 시간에 아이에게 어떤 경험을 채워줄지를 고민하는 게 먼저라는 생각이 들었다.

아이의 교육을 긴 호흡으로 보고 적정 시기를 살피는 것이 중요한 이유는 여기에 있다. 지금 당장은 먼저 배운 아이들에 비해 부족해 보여도, 멀리 보면 다급할 게 없다. 한글의 경우를 생각해보자. 한글을 먼저 뗐다고 이후 학력 성취가 보장되지 않고, 한글을 늦게 배웠다고 해서 뒤떨어지지도 않는다. 십여 년 전만 해도 한글을 늦게 떼면 초조해하는 엄마들이 많았지만, 요즘 학부모들은 이전보다 한글 교육에 연연하지 않는다. 아이가 준비되면 무리 없이 배운다는 경험이 쌓인 것이다. 한글을 늦게 뗐다고 해서 아이가 느리다고 말하는 사람도 줄었다. 한글을 빨리 떼려고 썼던 에너지를 아이의 신체 활동이나 다양한 체험에 투입하는 경우가 많아지면서 단순히 한글 떼기로 아이의 수준을 판단할 수 없기 때문이다.

어릴 때 악기를 배우면 음감 발달에 좋고, 한글을 알면 악보를 볼 수 있다는 말에 아이가 여섯 살에 피아노 레슨을 시작했다. 넉 달 동안 오른손만 치는 모습을 봐도, 아이가 영 재미를 못 붙여도 괜찮았다. 선생님은 나의 어린 시절 때보다 훨씬 전문적이었고, 어느 정도 숙련될 때까지는 힘들어하는 게 당연하다 여겼다. 하지만 우연히 보게 된 동네 일곱 살 형님의 피아노 영상을 보고 깜짝 놀랐다. 한 달 만에 양손으로 친다고요?

단순히 진도가 느린 것과 아예 적정 속도의 폭을 벗어나는 것은 달랐다. 그제야 이상하다 싶어 경험 있는 엄마들에게 물어보니 아주 특출한 아이들이 아니고서야, 보통은 여섯 살에 일 년 배울 걸 여덟 살에 시작하면 두 달이면 된다는 것이다. 한글을 깨치면 악보를 볼 수 있다는 건 빨리 시작할 때 최소한의 조건이고, 신체적으로 준비가 되었다는 건 또 다른 의미다. 우리 아이도 일곱 살 생일이 지나고 손가락 힘이 생기면서 피아노 수업에 속도가 붙었다. 일찍 시작했기에 음감을 키웠을 거라고 위안을 삼지만, 솔직히 좀 더 기다렸다 시작했으면 훨씬 쉽게 배우지 않았을까?

교육에 돈 얘기를 하기엔 조심스럽지만, 시의적절한 교육은 효율을 올려 절로 가성비도 높아진다. 교육 가성비는 단지 수강료의 문제뿐 아니라 기회비용의 측면에서도 생각할 수 있다. 적기에 배웠다면 같은 도달점에 걸리는 시간이 짧아지는데, 어차피 비슷한 곳에 도달하게 된다면 효율을 높이는 편이 다른 경험을 할 시간적 여유를 주기 때문이다. 피아노를 조금 늦게 시작하고, 대신 그때 책을 더 읽었다면 혹은 신나게 놀이터에서 뛰어놀았다면 지금쯤 동일한 피아노 실력에 독서 경험이나 놀이 경험을 더 가졌을 테니. 또한 가성비 교육을 생각할 때 또래와의 속도 비교보다는 조금 더 멀리 보고 시기별 배움 목표치를 설정하는 것이 더 바람직하다. '1학년 안에 한글을 떼야겠다, 졸업 전 악보를 능숙하게 읽도록 해야겠다.'처럼 각자의 구체적인 행동 결과를 그려서 말이다.

그런데 아이가 준비되었는지 여부를 엄마가 처음인 사람이, 그것도 처음 접하는 과목에 대해 어떤 근거로 자신 있게 판단할 수 있단 말인가? 이 때문에 선배 엄마들은 새로운 걸 가르치고 싶을 때 학교 수업에서 아이디어를 얻기도 했다. 가령, 3학년 때 생존 수영을 시작하니 수영을 가르치려면 그 전후에 시작하라는 조언을 종종 듣는다. 디지털 활용 수업이 늘어나는 고학년 때 소프트웨어를 가르치기도 했다. 그리고 보니 학교 교육 과정은 아이의 발달 단계를 고심해 학습 내용의 체계를 잡는다. 아이들의 발달 속도는 모두 다르다지만, 그 나이 또래 아이들의 공통적인 특성 또한 공존하니 가정에서는 학교 교육 과정을 보면서 아이가 새로운 것을 받아들일 준비가 되었는지 참고할 수 있다.

사교육 가성비를 올리기 위해 학원을 다녀야만 배울 수 있는 능력인지도 점검했다. 아이가 좋아한다는 이유로 선택지에 넣었던 미술 학원을 포기했다. 대신 자연을 관찰하며 미적 체험을 하고, 실컷 낙서할 수 있는 빈 종이와 채색 도구를 곁에 두는 식으로 대체했다. 레벨테스트로 무장한 대형 영어 학원 대신 영어 노래를 듣고 영어 그림책을 반복해서 읽는다. 영어 애니메이션을 보여주기도 했다. 영어의 억양과 문화에 익숙해질 다른 방법을 찾는 것이다. 이 과정은 배우고자 할 때 학원을 먼저 떠올리는 대신, 구체적인 행동 목표를 그려서 어떻게 잘게 나눌 것인지 고민하는 자기 주도 학습의 과정과도 닮았다. 사교육 가성비를 고민하는 시간은 학원비를 절약하는 것과 동시에 배움의 전반적인 과정을 고민하게 유도했다.

학원을 보내면서 '학원에 전기세 내주러 다닌다.'라는 우스개로 효과를 모르겠단 하소연도 많이들 한다. 준비가 안 된 아이에게는 학원이 결코 대안이 되지 않는다. 교실에는 학원을 안 다녀도 눈에 띄는 유니콘이 의외로 많다. 남다른 과제 집중력, 학습에 대한 긍정적이고 주도적인 태도, 단단한 기초 학습 능력 등을 갖춰서 딱히 학원을 다니지 않아도 금방 배우는 아이 말이다. 타고난 머리가 좋은 거 아니냐 하지만, 공부 머리 따로 있단 이야기를 하는 거라면 학원은 더더욱 소용없는 셈이다. 어떻게 하면 그렇게 클 수 있을까 고민하는 편이 더 생산적이다.

아이가 소화할 만큼의 학습량을 투입해서 한 걸음씩 나아가게 하는 것이 교육의 기본이다. 아이가 얼마만큼 할 수 있는지 모르겠다고 덜컥 '3학년이면 다 한다더라, 공부 잘하는 옆집 애가 한다더라.'의 외부 기준을 따르면 너무 막연하다. 진짜 사교육 가성비는 내 아이의 수준을 파악하고 받아들일 수 있는 시기를 찾아 무엇을 배울지 명확히 할 때 좋아진다. 부모가 관찰하든, 아이가 직접 배우고 싶다고 이야기를 하든, 대화를 통해 문제를 파악하든 간에 그 시작점이 '내 아이'여야 한다. 준비가 되었을 때 쏘는 거다. 교육의 목표를 눈앞의 단원평가에 두는 대신, 앞으로 어떤 아이로 커가길 바라는지 긴 호흡을 두고 고민하면서.

뭐든지 잘하는 팔방미인의 함정

미술 학원을 포기하는 것은 사실 그리 어려운 결정이 아니었다. 나도 고3 미대 입시 문턱까지 갔다가 진로를 바꿨기에 유아 미술 정도야 어떻게든 될 거라는 생각이 한몫했다. 내가 포기했던 길이기에 아들의 진로에 미술은 없을 거라는 막연한 확신도 있었다. 현실에서 미술을 향유하는 사람이 되는 것이 목적이라면 지금도 매일 보관이 고민될 만큼 작품을 만들고 있으니 더 고민할 게 없다.

하지만 어느 날, 아이의 그림일기를 보고 '미술 학원을 보내야 하나?' 다시 고민이 시작됐다. 매주 월요일마다 그림일기를 쓴단 얘기는 들었지만, 선생님이 간간이 보내주는 사진으로 봤을 때는 잘 몰랐다. 연말에 그림일기 실물을 보며 우리 아이가 벌써 그림일기를 다 쓰냐며 감격했다가도 내심 그림 실력을 평가한다.

'다들 이 나이까지 졸라맨으로 그림을 그리나? 색이 너무 단조롭네. 더 다채롭게 표현해도 될 텐데.'

초등학교 입학을 앞둔 아이를 보고 현재 1학년 아이들의 그림 실력과 마음속으로 비교하면서 내 아이에게 그림을 가르치지 않은 것을 처음으로 후회했다. 초등학교에서는 색칠은 기본이요, 국어 시간에도, 수학 시간에도 그림을 그린다. '주변 친구들의 그림을 보고 기죽지는 않을까? 아이 자존감에 스크래치가 나는 건 아닐까? 미술 학원을 진작 다녔어야 했나?' 등 생각이 많아진다.

놀이터에서 만나는 엄마들도 비슷한 고민을 했다. 행동이 느려서 태권도나 축구 학원을 알아보고 있단다. 내년 입학을 생각하면 줄넘기를 해야 할 것 같다며 줄넘기 학원도 알아보는 눈치다. 그럼 대체 어떤 것까지 학원에서 배워야 하는지 궁금하다. 공부 잘하기 위한 학원을 보내고, 운동 잘하기 위한 학원도 보내고, 또 그림 잘 그리기 위한 학원도 보내고……. 그렇다고 '아이의 능력을 확 끌어올리겠다, 최우수상을 받게 하겠다.' 등의 대단한 목표가 있는 건 아니다. 다만 그냥 다른 아이들 정도는 하면 좋겠다고 한다. 미술 시간마다 볼품없는 실력에 도망가고 싶을까 봐, 유난히 느려 체육을 싫어하는 아이가 될까 봐서. 아이의 특성에 따라 조금만 가르치면 확 달라지는 영역도 있으니 학원에 대한 욕심이 더 생긴다. 성공 경험과 칭찬이 아이의 자존감을 단단하게 만들기 때문에 이를 위해 학원에 다니도록 한다는 말이 같은 엄마로서 일견 이해가 간다.

어떤 반을 맡든 모든 과목을 웬만한 수준 이상으로 잘하는 아이가 있다. 신체적인 성장이 성과로 드러나는 초등 단계이다 보니, 반에서 유독 발달이 빠른 아이들은 저학년 때 온 칭찬을 차지한다.

손에 힘이 잘 들어가는 아이가 글도 잘 쓰고 피아노도 잘 친다. 키 큰 아이는 성큼성큼 달리기도 잘한다. 글씨를 반듯하게 쓰는 아이가 숫자도 바르게 쓰니, 수학이라고 어려울까? 학교에서 배우는 내용을 쉽게 따라가고, 선생님 말씀만 잘 들으면 칭찬 받으니 곧 학교생활 만렙이 된다. 전형적인 팔방미인 아이들이다.

그런데 이런 팔방미인에게도 고민은 있다. 학년이 올라갈수록 학습이 이전처럼 만만하지 않다는 것이다. 이제 전반적으로 다 잘하는 아이 말고 영역별로 특출난 아이들이 등장한다. 체육을 별나게 잘하는 아이들, 그림을 별나게 잘 그리는 아이들이 등장한다. 선생님 지시만 잘 따르면 잘한다고 칭찬을 받았는데, 어느 순간 아이에게 '조금 더'를 요구한다. 게다가 자신만의 생각과 표현 방식 등 선생님이 직접 방법을 알려주지 않는 영역이 생기기 시작한다. 이전까지는 먼저 접하고 능숙해지면 금세 할 수 있었다면, 이제는 그 능숙함만으로는 잘한다고 평가 받기 어렵다. 특히 하라는 대로 잘했던 이 팔방미인들은 자신의 생각을 조리 있게 표현해야 하는 과제 앞에서 처음으로 난관을 맞이한다.

이 지점에서 엄마들의 고민은 다시 '어떤 지원을 해야 하나?'로 모인다. 하지만 그전에 간과한 것이 있다. 먼저 '모든 걸 잘하도록 할 것인가? 아이가 자신만의 특성을 찾도록 할 것인가?'에 대한 고민 말이다. 부족한 과목에 대해 보습 학원을 다니거나 과외를 붙이면 또 다시 대부분의 학습을 잘할 수 있는 빠른 길이 되긴 할 것이다. 하지만 아이의 교육 목적이 팔방미인이 되는 것에 있는지는 의문이다. "뭐든 잘했더니 뭐든 가르치는 초등학교 선생님이 되었다."라는 우스갯소리가 씁쓸했다. 게다가 초등교사들도 각자가 잘하는 전문 분야가 있다.

'스페셜리스트를 키우세요.'라며 하나라도 잘하면 대학을 가게 하겠다는 십여 년 전 한 정치인의 말은 두루 잘하는 아이를 우선하던 입시 제도에 반향을 일으킨 바 있다. 그러고는 한동안 특기 양성 바람이 불었다. 하지만 학생들에게 무엇이 특기인지 충분히 고민할 시간이 부족했고, 섣부른 결론에 진로 고민을 다시 하는 경우도 허다했다. 하지만 '모든 것을 다 잘하는 제너럴리스트, 하나를 특출 나게 잘하는 스페셜리스트' 논쟁에서 양극단을 선택할 필요가 있을까? 바탕이 될 기초 능력을 바탕으로 자신만의 색깔을 계발하는 쪽이 이상적이지 않은가?

식물을 키울 때 모종을 심은 후에는 모든 가지에 해를 들이기 위해 이리저리 돌린다. 해를 보는 방향도 바꿔주고 온 방향에 볕을 받게 하기 위해 식물등도 이용한다. 하지만 바르고 곧은 줄기로 만들기 위해서는 가지치기가 필수다. 주변의 곁가지를 쳐내 중심 가지가 될 부분에 양분이 모이도록 하는 거다. 그러나 이게 말처럼 쉽지 않다. 애정을 갖고 키웠기에 아깝기도 하고, 뭐가 곁가지인지 판단하기도 어렵다.

교육에서도 가지를 쳐야 하는데 고민이 되어 친정엄마에게 조언을 구하니, 나무에서 한 걸음 뒤로 물러서서 큰 그림을 보라고 한다. 욕심을 내면 모든 가지가 튼튼하지 않게 자라니, 어떤 가지를 자를까 고민하는 것이 아니라 어떤 가지를 남길지 전체를 살펴야 한 단다.

저학년 때에 뿌리를 튼튼하게 내리기 위해 아이의 부족한 면을 채워주며 초등학교 생활의 적응을 도왔다면, 중고학년이 될 때는 아이의 중심 가지를 튼튼하게 만들도록 돕는다. 미술이나 체육 등 예체능, 혹은 어떤 특정 과목에 대한 재능을 빠르게 판단해서 가지를 쳐야 한다는 말은 아니다. 비교적 색깔이 뚜렷한 예체능계도 아이의 재능에 대해 쉽사리 말하기 어려운데, 이과적 논리성, 문과적 감수성을 초등 저학년부터 엄마가 어떻게 판단하겠는가? 다만 장점보다 단점에 반응해 아이의 부족한 부분을 채우려 하기보다는 아이가 잘하고 좋아하는 부분에 주목하면 좋겠다. '무엇을 버릴까?' 대신 '무엇을 남길까?'로 시선을 이동해보자.

식물 기르기와 달리, 아이가 어떻게 크는지의 문제는 전적으로 부모가 결정할 수 있는 것도 아니다. 대신 부모는 아이가 어디에서 두각을 나타내는지, 무엇을 좋아하는지 대화할 조언자가 되어줄 수 있다. 프로필 상에서 취미와 특기를 묻듯 단편적인 답을 요구하는 것과는 결이 다르다. 1, 2년 안에 답을 낼 수 있는 일도 아니다. 유아기, 아동기, 청소년기를 거쳐 긴 호흡으로 관찰하며 충분히 대화하고 아이에게 필요한 질문을 던져줌으로써 아이 스스로 자기만의 중심 가지를 찾아내게끔 관찰해주는 것이다. 선생님보다 엄마가 아이 교육의 중심이 되는 이유다. 아이의 삶에서 긴 시간 함께해주는 건 부모뿐이기 때문이다. 어떤 것이 아이의 중심 가지가 될지 모르니 다 잘하면 안전하지 않은지 반문할 수도 있다. 하지만 새로운 지식이 넘치고 교육이 세분화되고 있는 시대에 모든 잔기술을 가르치기 위해 아이의 시간을 뺏을 필요가 있을까?

코딩을 배우지 않아도 코딩 속 절차적 사고는 수학이나 게임으로도 배울 수 있다. 줄넘기를 따로 배우지 않아도 박자감과 성장에 따른 손발 협응은 결국 줄을 넘게 만든다. 그러니 초등 시기에는 무슨 과목을 잘하는지보다 평생 갈 습관을 바로잡는 것이 더 중요하다. 글씨 바르게 쓰기, 수업 시간에 잘 앉아 있기, 선생님 말씀에 귀 기울이기 등 기본 학습 태도가 잘 갖춰져 있다면 어떤 과목에서든 어려움이 없다. 모두가 발랄한 체육 시간에는 발군의 운동 실력을 가진 아이보다 질서를 잘 지키는 아이가 칭찬을 받으니 말이다. 칭찬으로 아이의 자존감이 자란다는 측면에서 본다면, 자존감은 각 과목의 숙련도가 아닌 태도에서 오는 경우가 많다는 의미다.

한참 고민하다 아이의 미술 학원은 이번에도 접었다. 미술 학원에서 다루는 화려한 재료와 다양한 표현 방식은 솔직히 탐났다. 하지만 집에 있는 평범한 도구를 능숙하게 쓰는 편도 우리 아이에게 창의성을 기를 기회라 생각했다. 당분간 집에 있는 그림책을 따라 그리며 그림을 연습하되, 미술 실력뿐만 아니라 그림책을 함께 실컷 읽을 심산이다. 졸라맨이면 또 어떤가? 이야기를 풍부하게 담고 있는 졸라맨이 된다면 아이를 칭찬할 이야깃거리는 충분할 테니. 생각해보니 아이에게 가장 필요한 햇살은 칭찬이다. 칭찬 아래에서 아이가 자란다.

스마트폰, 전 연령층 사용가?

'스마트폰을 사줘야 하나, 말아야 하나?'의 고민은 육아 고민 중 가장 허무한 영역이다. 사줘도 난리, 안 사줘도 난리니 스마트폰이란 물건 자체가 딜레마를 품고 있는 품목이 아닌가 싶다. 쓰고 싶은데 안 쓰고 싶고, 써야 할 것 같은데 덜 써야 하는 물건이 스마트폰 말고 또 있을까? 스마트폰을 한 번 개통하면 다시 2G폰으로 돌아가는 일이란 거의 없으니, 보통은 아이에게 버틸 만큼 버티고 안 사주다가 결국 사주면 또 잘 쓰는 거다. 그러므로 스마트폰은 '살까, 말까'가 아니라 '언제 사줄까?'의 고민이 필요한 문제다.

가족끼리 놀이공원에 갔던 어느 날, 아이들의 스마트폰 구입에 대해 남편과 한참 고민에 빠졌다. 스마트폰으로 미리 예약하지 않으면 사파리에 입장하기 어렵다는 걸 깨달았기 때문이다. 놀이공원은 초등학교 고학년 현장 학습으로 많이 오는 장소이고, 올해 우리 학교에서도 계획되어 있었다.

"우리 반 아이들 중 절반 정도는 스마트폰이 없는데, 현장 학습 장소가 놀이공원이면 그 애들은 어떡하지?"

"스마트폰 있는 아이들이랑 묶어주면 어때?"

"그럼 스마트폰 있는 아이들이랑 꼭 같이 다녀야 하는데, 위계가 생기지 않을까? 놀이기구 예약할 때 스마트폰 있는 아이와 의견을 통일해야 하고, 부탁하는 입장이 되어 버리잖아."

"6학년쯤 되면 스마트폰을 결국 사야 하는 건가? 놀이공원 때문에 스마트폰 구입을 고민하게 될 줄은 몰랐네."

스마트폰은 최대한 늦게 사줘야 한다고, 버틸 수 있을 만큼 버티라고 자신 있게 이야기해왔는데, 놀이공원에 흔들리는 것이 우습다. 모두 스마트폰을 가지고 있다는 전제로 시스템이 운영된다면 혼자 버티라고 하기 어려운 상황이니 말이다. 다행히 인기 있는 몇몇 놀이기구만 스마트폰 예약으로 운영되고 보통 방식의 줄서기로도 탑승할 수 있는 놀이기구가 있어서 안도했지만, 다른 곳들에서도 이 비슷한 상황이 점점 더 생기지 않을까?

학교 수업이 비대면 온라인으로 확장되면서 스마트폰 같은 디지털 기기를 활용할 일이 늘어난 이후로 이 분위기는 더 심해졌다. 온라인 수업의 출석 체크를 카카오톡으로 하고, 수학의 도형, 코딩 수업에서는 개인 스마트폰 어플을 설치해 실행하도록 과제를 제시한다. 학교 수업이 가정으로 확대되고, 디지털 콘텐츠를 바탕으로 한 미래 교육이 일상화된 시대에 아이들의 스마트폰 소지를 여전히 반대할 강단과 고집이 있는 부모가 몇이나 될까?

물론 디지털 기기에 대한 노출이 스마트한 교육을 보장하진 않는다. 아이들이 일곱 살 무렵, 패드로 하는 영어 학습을 시도했었다. 영어 학원을 따로 다니기는 어려운 상황인데, 주변에서도 많이 하고 평도 좋다 보니 우리 아이들도 한번 시켜볼까 하는 마음에서 시작했다. 며칠은 문장을 따라 듣고 녹음도 열심히 하는 것 같기에 큰마음 먹고 연간 구독권까지 결제했는데, 웬걸! 아이가 오답 멜로디가 재미있다면서 아무거나 찍고 우연히 답이 맞으면 다음 문제로 넘어가 버린다. 쉽게 말해, 아이에게 이 학습 프로그램은 우스운 소리가 나는 반응형 소프트웨어지, 영어 학습을 즐겁게 하기 위한 소프트웨어가 아니었다. 이것저것 눌러가며 기기 사용에 익숙해질 수는 있으나 디지털 기기를 썼다고 해서 차별화된 학습 목표에 도달하지는 못했다. 디지털 기기 사용 그 자체에 매몰되어 버렸으니, 내가 의도한 스마트한 교육과는 한참 거리가 있다.

어디서든 학습할 수 있다며, 스마트폰으로 일상과 학습의 경계를 무너뜨리는 것은 어린아이에게 더 위험하다. 원할 때마다 수시로 꺼내들 수 있으니 정해둔 제한 시간을 넘기기 일쑤였다.

"조금만 더요. 엄마, 아빠 식사할 동안 하고 있을게요."

이렇듯 자투리 시간을 침범한 스마트폰 사용은 아이가 심심함을 해소하기 위해 스스로 궁리하고 탐색할 시간을 빼앗는다. 차라리 휴대 가능한 스마트 기기의 특성을 일부분 포기하더라도, 접근성을 제한해 정해진 학습 시간과 일정한 규칙하에 사용하는 편이 스마트한 교육에 가깝다. 적어도 스마트 학습에 대한 뚜렷한 목적 의식과 자기 조절력을 장착하기 전까지 말이다.

　솔직히 과거 몇 년 전만 해도 학부모나 엄마들에게 "친구들은 다 있는데, 나만 없어."라는 말이 나와도 "스마트폰으로 노는 친구들이랑 놀지 마라."며 단호하게 응대하라고 조언할 수 있었다. 아이들끼리 스마트폰으로 교류하는 방법은 카카오톡 정도였고, 단톡방 안에서 벌어지는 갈등도 많으니 없는 게 낫다고 생각했기 때문이다. 유튜브와 웹툰 등 콘텐츠의 무분별한 소비자가 된다는 것도 한 이유였다. AI가 입맛에 맞게 끊임없이 제공하는 알고리즘을 물리치는 건 보통의 어른도 어렵지 않던가? 구입을 막는 편이 쉽지 '구입한 후 10분만 해라, 여긴 들어가지 말아라.' 하는 게 더 복잡하고 귀찮은 일이다.

　하지만 해가 거듭될수록 아이들 사이의 문화가 바뀜을 체감한다. 놀이와 학습의 경계가 비교적 명확했을 때는 스마트폰을 고급 장난감 정도로 취급할 수 있었는데, 요즘은 초등학생들도 스마트폰으로 콘텐츠를 생산해낼 수 있다. 자기 조절력을 갖추고 스마트폰을 능숙하게 사용하는 아이들은 SNS 교류뿐만 아니라, 디지털 드로잉, 숏 촬영, 영상 편집 등으로 놀 줄 안다. 이 놀이는 특별한 경계 없이 학습과 넘나든다. 놀다가 아이디어를 발전시켜 완성하는 거다. 기기 소지의 차이에 따른 불공평한 상황을 만들지 않기 위해 같은 기기를 일괄 대여해서 모두 참여할 수 있게끔 지원되긴 한다. 하지만 수업이 끝나면 반납해야 하는 대여용 기기가 아닌, 개인 기기를 가진 아이들이 더 다채로운 아이디어들을 제안하는 건 어쩔 수 없다. 아이가 스마트폰에 매이는 것은 보고 싶지 않은데, 학교 현장에서도 디지털 기기를 활용한 학습이 자꾸 늘어나는 걸 목도하기 때문에 견고했던 가치관이 흔들린다. 차라리 이제는 스마트폰을 잘 쓰는 방법을 유도하는 게 필요해 보인다고 조심스레 판단해본다.

스마트폰을 '먼저' 사용한다고 아이의 자기 조절력이 길러지지는 않는다. '애가 실컷 해보고 질리면 안 하겠지.' 기법을 사용하기엔 10년이 넘는 이용자인 나도 스마트폰이 여전히 재미있다. 학급에서 스마트폰을 '잘' 쓰는 아이들은 다양한 앱을 활용하되, 수동적인 동영상 시청을 위한 스마트폰 사용 비중은 크지 않은 아이들이다. 반면, 스마트폰 중독에 빠지는 아이들은 홀로 있는 시간을 폰으로 게임을 하거나 콘텐츠를 소비하면서 채우는 등 활용 목적 자체가 달랐다. 따라서 스마트폰 사용에 있어서 자기 조절력을 기르기 위해 묘수를 내야 한다.

스마트폰을 접하기 이전에 패드나 PC와 같은 디지털 '기기'부터 사용해보는 건 어떨까? 엄마의 목적이 콘텐츠의 생산자로서 디지털 기기를 다루게 하는 것이라면, 스마트폰보다 휴대성이 떨어지는 기기로 시작하는 거다. 일정한 규칙 아래에서 PC나 패드를 통해 자료를 공유하고 여러 앱을 사용해보며 확장성을 먼저 익히면 아이는 디지털 기기를 고급 장난감이 아닌, 작은 PC로 접근하게 된다. 만일 과몰입 상태가 되면 외출을 제안해 자연스레 기기와 멀어지게 할 수도 있으니 보호자의 지도가 상대적으로 수월하다.

생각해보면, 초등 교과 과정 속 디지털 수업 또한 비슷한 흐름이다. 3, 4학년까지는 디지털 기기를 활용해 온라인에서 자료 조사를 했다면, 5학년부터는 해당 자료를 PPT나 사진 자료로 가공한다. 온라인 수업 이후에는 모둠 학습지 대신 1인 1기기를 바탕으로 문서 공유 프로그램을 통해 모둠 의견을 취합하기도 한다.

이때 사용하는 기기는 어른들이 스마트폰을 쓸 때처럼 시공간을 초월한 앱 사용과 상시 소통 등 스마트폰의 휴대성을 요구하지 않는다. 기기를 다루는 데에 낯설어하는 아이들도 많기 때문에 한 단계씩 함께 진행해 나가며 디지털 기기를 접한다. 아이들은 직접 눌러보며 새로운 기능을 익히고, 때로는 교사가 모르는 새로운 앱을 제안하기도 한다.

축적된 디지털 활용 능력은 6학년이 되면서 교과 과정과 맞물려 아이가 직접 기획해서 만드는 결과물로 나타나는데, 휴대성 좋은 기기를 사용하면 더 수월하긴 하다. 현재의 교과 과정을 기준으로 삼는다면, 5학년까지는 디지털 기기나 소프트웨어를 다루는 법을 익히니, 6학년 이후로 스마트폰 구입을 미룬다면 단계적으로 스마트폰에 노출할 수 있다. 게다가 만 14세는 되어야 웹사이트의 회원가입 연령 제한이 풀리니 그전까지는 아이가 원하든 원하지 않든, 스마트폰 사용에 부모가 관여하며 제한할 기회가 되기도 한다.

교사로서는 스마트폰 구입에도 '시청 불가', '12세 관람가'처럼 연령 제한이 있으면 좋겠다. "○학년까지는 절대 쓰지 마세요!"라고 말해준다면 오히려 고민이 없을 텐데, 아이들에게의 유익성과 유해성을 따지기보다는 시장이 만들어가는 흐름에 맞춰 세상이 움직이는 현실이 아쉽다.

　스마트폰을 손에 든 우리 아이 또래 친구들을 보면서 '저 아이 부모님은 참 용감하다.' 생각하는 동시에, 아이가 "민호도 스마트폰을 갖고 있는데, 저는 언제 사요?" 하는 말에 남 얘기할 때가 아니다 싶다. 스마트폰을 사주었다가 여행 내내 폰만 들여다보고 있어 뺏어 던질 뻔했다는 엄마들의 말에 빵 터진다. 부모보다 또래와의 관계를 중시하는 사춘기라 어쩔 수 없다지만, 자녀와 함께하는 짧은 시간을 뺏기는 기분일 테니 그럴 법도 하다.

　자매가 둘인 집이 있다. 6학년이 된 언니가 스마트폰을 구입하려 하자 "언니, 폰 요금을 어떻게 감당하려고 그래?"라던 4학년 동생의 말이 생각난다. 가정 사정이 어려웠던 집은 아니고, 폰 요금을 자신의 용돈에서 감당하도록 규칙을 세워 스마트폰 구입 여부에 대한 고민을 아이 스스로 하게 한 것이다. 나의 생활에서 스마트폰이 어느 정도로 필요한지 용돈 사용 비중으로 고민해볼 수 있으니 현명하지 않은가?

　당연하지만 스마트폰 구입에 대한 고민은 절대 자녀의 요구보다 먼저 시작해서는 안 된다. 아이가 말하는 구입 이유와 아이의 평소 습관을 바탕으로 가능한 한 초등학교 고학년이 될 때까지 버티면 좋겠다. 사주지 않고 버티든가, 사주고 관리하든가 둘 중 하나다.

〈4장〉
선생님 엄마가 추려본 초등생활의 정석

 "초등생활, 놓치면 후회할 핵심을 알고 싶어!"

학습 1.
초등학생은 놀아야 한다는 말의 진짜 의미

초등학교 고학년이 되면 학원을 안 다니던 아이들도 하나둘 학원에 간다. 때 되면 자기가 알아서 공부한다는 엄마들도, 초등학교 때는 실컷 놀아야 한다는 엄마들도 아이가 공부를 시작해야 한다는 마지노선이 그 즈음인가 보다. 쉬는 시간마다 아이들이 학원의 영어 단어 시험을 준비하기도 하고, 중학교 수학 문제집을 가져와 풀기도 한다. "엄마가 이젠 공부 좀 하래요."라고 말하는 아이들을 보며 공부의 의미가 성적 관리, 입시 준비를 뜻하는 것으로 바뀜을 실감한다.

"초등학생은 놀아도 된다."라는 말은 사람마다 다르게 쓰인다. 초등학생은 중고생만큼 학습 부담이 많지 않다는 일상적인 의미겠지만, 간혹 이 말이 본래 의도와는 달리 학습하고 있지 않음을 정당화하는 데에 쓰이기도 한다. 아이들은 자신이 생각한 만큼 성과가 안 나오거나 공부하고 싶지 않을 때 "엄마가 초등학생은 놀아도 된댔어요."라며 항변했다. 물론 놀이를 통한 자연스러운 학습은 필요하지만, 집중해서 학습해야 하는 시간까지 놀이로 바꿀 만큼 놀이가 우선하는지는 다른 문제다.

수업을 듣기 어려울 만큼 기초 학력이 부족한 6학년을 만나면 마음이 초조해진다. 인지적 능력은 신체적 성장 발달과는 달라 어른이 된다고 나이에 맞게 자동으로 성장하지 않는다. 이전에 배웠던 지식을 바탕으로 자신만의 스키마(인지 구조)를 만들어가기 때문에 모든 공부는 누적된다. "초등 4학년 때 수학을 잡지 않으면 안 된다, 초등 3학년만큼 중요한 시기는 없다." 등의 말들은 학습은 '누적'되기 때문에 어느 한 해라도 소홀히 할 수 없음에 대한 방증이기도 하다.

안타까운 마음에 이전 학년에 배웠어야 하는 내용을 붙들어 보지만 지난 학습을 다시 채우는 것은 쉽지 않다. 구구단부터, 혹은 기초 연산부터 거슬러 올라가야 하는데, 이전 수학을 복습한다고 현재 학년의 수학 점수가 눈에 보이게 오르지 않으니 공부를 해도 늘지 않는다는 무력감이 생기기 때문이다. 주변 친구들이 "너 왜 옛날 거 풀어?"라고 속 모르고 물을 때마다 자존심도 상하니, 공부는 내 길이 아니라며 지레 포기하고만 싶다. 공부를 못하는 아이라며 자존감이 갉아 먹히고 있는 동시에 꾸준히 하면 성장할 거라고 희망을 품어야 하니, 학습 부진 학생들의 학습 결손을 벌충하기는 정말 쉽지 않다. 심지어 그 아이들 스스로 "초등학생은 놀아도 되잖아?"라고 정신 승리를 하면 마음이 답답해진다. "중학생 되면 자동으로 공부가 되고?"라고 따끔하게 얘기하고 싶어진다.

초등학생의 학습이란 '학습을 연습하는 시간'이다. 몸으로 경험하며 세상을 배우던 유아기를 벗어나, 손에 연필을 바르게 쥐고 책상에 앉아 공부하는 연습을 시작한다. 가벼운 학습지를 풀며 활자로 된 문제를 풀어보고, 성인기까지의 학습에 바탕이 되는 기초 기능도 익힌다. 본격적인 학습에 앞서 습관을 형성하는 시간이기 때문에 적은 분량을 매일 해내며 아이의 일상에 학습이 자연스레 머물도록 하는 편이 좋다.

선생님 엄마들은 특히나 매일 하는 공부의 중요성을 알기 때문인지 자신의 자녀에게 매일 숙제를 강조한다. 직장과 가사를 병행해야 하니 본격적인 엄마표 학습은 엄두를 못 내도 서점에서 교재 하나를 골라 매일 한두 바닥씩 하는 건 어렵지 않다. '매일 학습'을 표방하는 학습지들이 인기 있을 수밖에 없는 이유다. 간혹 욕심을 더 내서 학교에서 앉아 있는 시간만큼 엉덩이 힘을 길러야 한다고 길게 책상에 붙잡아 두는 엄마들도 있지만, 학교에서의 공부 시간은 혼자 하는 것만 있는 게 아니라, 친구들과 '놀이'하면서 학습하는 활동이 포함되어 있으니 이 시간을 늘리기 위해 무리해서 애쓸 필요는 없다.

초등 시기에 학습 습관을 만들고자 하는 목적은 자기 주도 학습 능력 향상에 있다. 아이가 스스로 목적 의식을 지니고 공부하는 것은 모든 교육 전문가나 부모님이 바람직하게 생각하는 이상적인 모습이다. 덕분에 서점에는 한창 자기 주도 학습 관련 책이 나왔었는데, 요즘은 이를 연습하는 방법으로 '루틴 만들기'가 대세인 것 같다.

학교에 다녀와서 가방을 열고 가정통신문을 식탁 위에 꺼내 둔다. 스스로 알림장을 확인하고, 혼자 할 수 있는 과제를 해결하며 내일 가져갈 준비물을 챙긴다. 혼자 시간을 보낼 때 책에서 재미를 찾을 줄 알고, 과제하기 전에는 선생님의 설명에 먼저 귀 기울인다. 글로 써놓으면 단순한데 아이가 이렇게 움직이게 만들기는 어쩌나 어려운지, 초등 6년 동안의 생활 목표가 된다. 일상적인 일을 꾸준히 하며 자신이 해야 할 일을 관리하고 있다면 아이가 혼자 학습해 나갈 수 있는 기본 루틴을 가지고 있는 셈이다.

최근 초등 학습은 형태가 많이 달라졌다. 좀 더 정확히 표현하자면, 초등 교육은 꾸준히 변화해왔으나 학습 공간이 가정으로까지 확장되면서 학습 내용 및 목표의 변화를 실감하게 되었다고 보는 게 맞겠다. "요즘 애들은 이런 것도 해요? 저한테는 어려워 보이는데 애들이 할 수 있어요?"라는 부모님의 물음에 "우리 어릴 때보다 학습 개념 자체는 쉬워졌는데, 수행 수준은 높아졌어요."라고 답한다. PPT를 준비해 발표하고, 직접 콘티를 작성해 영상을 촬영하고 편집한다. 지필형 시험만 비교하면 교과서를 많이 읽고 수업 시간에만 집중해도 성적이 잘 나올 정도로 난이도가 낮아졌는데, 수행평가의 난이도는 엄마들이 체감할 정도로 훅 올라간 셈이다. 아이가 직접 기획하여 일정 수준의 결과물을 만들어내는 것까지 해야 하니 확실히 과거와 다르긴 하다. 수업 시간에 만든 결과물을 그대로 평가하기 때문에 교실 외 수업, 야외 수업 등 학습 공간이 자유롭다. 책상에서 벗어나 노는 것처럼 보이지만, 놀이의 무목적성과는 다르다. 분명한 목표와 과정에서의 체계화된 의사소통, 결과물이 있으니 말이다.

초등학생은 놀아도 된다는 진짜 의미는 이렇듯 "놀면서 배운다."라는 암묵적 약속이다. 초등학교 저학년의 학습은 더 노는 듯 보인다. 교과서 이름이 『봄』, 『여름』, 『가을』, 『겨울』이고, 그림 두 페이지를 보면서 40분 동안 수업을 하니 책상에 앉아서 하는 학습보다는 놀이의 모습에 가깝다. 바둑알을 세어보면서 계산하는 구체물 조작부터 물총 놀이까지 교과서에 등장한다. 선생님 주변에 동그랗게 모여 앉아 그림책 읽어주는 것을 듣고 마음에 드는 장면을 그린다. 즐겁게 춤추다 두 명이 모이고, 또 즐겁게 춤추다 여섯 명이 모인다. 물총 놀이는 과학적 원리 이해, 그림책 읽기는 국어 능력 기르기, 레크리에이션은 수 세기 연습이라는 교사의 학습 의도가 있지만 아이들에게는 마냥 즐겁게 노는 시간이다. 놀이와 학습이 융화된 가운데 아이들은 무엇이 학습인지 놀이인지 구분할 필요 없이 자발적으로 참여한다. 요컨대, 초등학생은 놀이가 학습이기도 하다.

놀이터에서 목적을 재지 않고 해맑게 뛰노는 아이들이 부러울 때가 있다. 얼음땡을 하면서 기초 체력을 키워야겠다고 생각하는 아이가 누가 있겠는가? "아무것도 안 주는데, 술래를 왜 해요?" 하는 아이가 어디 있는가? 목적과 대가, 효율성에 익숙한 우리에게 아이들의 놀이는 삶에 대한 순수성을 불러일으키기도 한다. 아이들이 세상에 대해 보이는 모든 관심은 놀이에서 비롯된 것이다. 지나는 길의 간판이 읽고 싶어서, 엄마가 보는 책이 뭔가 들여다보고 싶어서 한글 또한 놀이로 배웠으니 말이다.

"잘 노는 아이가 공부도 잘한다."는 말에 고개를 끄덕이게 된다. 진짜 잘 노는 아이들은 시간을 보내기 위해서 노는 것이 아니라, 놀이를 만들 줄도 안다. 뻥튀기를 먹다가도 놀이로 바꾼다. 입에 던져 넣기도 하고, 가위바위보를 하면서 하나씩 따먹기도 한다. 상품이 없어도 세상에서 가장 중요한 것인 양 열정을 다해 경기에 참여한다. 재미있게 놀기 위해서 다른 친구들에게 게임 방법도 능숙하게 설명한다. 재미있게 놀기 위해서 갈등이 일어날 만한 지점에 우스개로 분위기를 풀어준다. 똘똘해서 놀이를 잘하는 걸까, 아니면 놀이를 잘해서 똘똘한 걸까? 놀이를 잘하는 아이는 당장의 쪽지시험 점수가 낮아도 걱정이 안 된다. 책상머리 공부도 놀이에서 요구하는 능력과 맞닿아 있기 때문이다.

놀이를 통해 배우고 학습 의욕도 기른다. 잘 놀다 보면 목표에 연연하지 않고 뭐든 재미있게 임할 줄 알게 된다. 기왕이면 제대로 놀아야 한다. 낯선 곳, 새로운 장난감, 흥미로운 게임에 의한 것이 아니라 아이가 직접 놀이를 기획하고 재미있게 시간을 보낼 줄 알았으면 한다. 놀이를 통한 자유로운 사고는 세상을 흥미롭게 배우는 기회이지, 학습을 방치하는 시간이 절대 아니다. 자칫 놀이와 학습을 비교선상에 놓고 초등학생은 놀아도 되니까 학습이 중요하지 않다고 이해하지 않았는지 경계하자. "초등학생은 놀아도 돼."란 말은 노는 듯 학습하고, 놀이를 통해 학습한다는 '학습에 접근하는 방식'에 관한 말이지, 진짜 공부를 배제하고 허투루 시간만 보내야 한다는 말이 절대 아니다.

공부는 장기전이다. 대학까지만 공부하면 될 줄 알았는데, 졸업하고 나서도 직장을 갖고 나서도 배워야 할 것이 넘쳐난다. 골인 지점이 있는 것처럼 공부를 대하는 대신, 삼시세끼 밥을 먹듯 배움 습관을 만들어야 한다. 너무 일찍 시작해 지쳐 버리는 공부 말고, 생활과 학습의 균형을 찾아가면서. 아들, 엄마랑 더하기 놀이할까?

학습2.
글쓰기의 왕도, 일기는 클래식

초등학교 선생님들은 단체로 일기 지도 교육이라도 받았단 말인가? 아이들의 일기 숙제는 끝이 없다. 덕분에 글쓰기를 싫어하는 아이는 죽을 맛이다. 특별한 일이라도 하면 신나게 쓰겠는데, 어제도 학교 갔다 집에 왔고 오늘도 학교 갔다 집에 왔을 뿐이니 말이다. 한 시간 동안 붙들고 있다가 엉엉 우는 아이를 보면 엄마도 속상하다. 내일은 엄마가 직접 학교에 전화를 해줄까? 일기 좀 빼 달라고.

초등학교 때 꼭 해야 하는 숙제를 하나만 꼽으라면 일기 쓰기다. 책 읽기도 중요하고, 피아노도 좋고, 영어도 꼭 해야 한다지만, 일기는 클래식이다. 책이야 재미 붙여 읽는 아이들이 있지만, 일기는 숙제가 아니면 쓰지를 않는다. 기록하지 않는 것은 휘발되기 마련인데, 쓰는 행위 이외에 무엇으로 기록할 수 있을까? SNS마저 사진과 글이 함께이다. 자주 사용하는 근육만 발달하는 것과 같이, 글

역시 자주 쓰지 않으면 제대로 쓸 수 없다. '남자아이라서 글쓰기를 싫어하고, 여자아이지만 글쓰기를 싫어한다.'는 말에 웃음도 나지만 이것이 글쓰기에서 도망갈 이유가 될 수는 없다. 어떻게 하면 좀 더 가벼운 마음으로 쓸 수 있을지 고민하는 수밖에.

일기는 '나'로부터 시작되는 글쓰기다. 환경을 보호하자는 글도 아니고, 게임 방법을 설명하는 글도 아니다. 국어 시간에 쓰는 모든 글이 독자를 고려하여 문체와 논리를 결정하지만, 일기는 다르다. 듣는 사람을 고려하지 않고 그냥 내 얘기만 쏟아내면 된다. 그렇게 오로지 내게만 집중하여 글 쓰는 경험이 일기 외에 또 있을까? 누군가 내 글을 보고서 나를 어떻게 판단할지 고민할 필요도 없다. 화가 났을 때는 한 바닥이고 두 바닥이고 내 화가 다 풀릴 때까지 유난히 일기가 잘 써진다. 나중에 다시 보면 부끄럽지만 뭐 어떤가? 이상하리만큼 화났던 그때의 나는 나만이 오롯이 이해할 수 있다.

아무리 나 혼자 보는 일기라지만 감정을 바가지처럼 퍼서 공책에 담을 수는 없다. 왜 화가 났는지, 어떤 상황이었는지를 순차적으로 떠올려야 하고, 그래서 내 감정이 어떤지를 적게 된다. 3D 구름처럼 뭉게뭉게 떠올랐던 생각을 2D의 문장으로 꺼내면서 논리가 생기고 감정에 이름이 붙는다. 비슷한 분노처럼 보여도 서운함인지 억울함인지 불만족스러움이었는지는 그 상황을 다시 꺼내 하나하나 분해해보고 나면 비로소 더 명확히 보인다. 그래서 일기를 자기반성의 글이라고 말하는지도 모르겠다. 학생일 때는 자기반성이란 말의 의미를 오해해 매일 반성문을 써야 하냐며 반감을 가졌지만 말이다. 감정 해소 목적이라도 머릿속의 문장을 논리적으로 꺼내는 행위는 쓰는 사람을 성장시킨다.

아이들이 먼저 "저 오늘 일기 쓸 거 있어요!" 하고 신나게 쓸 때도 있다. 친구와 처음으로 멀리 외출을 다녀온 아이들의 일기에는 옷차림까지 기록되어 있다. 신경 써서 옷을 골랐던 설렘이 문장에서 드러난다. 어떤 군것질을 사 먹었는지, 약속 시간을 누가 잘 지켰는지 안 지켰는지, 아이가 경험한 모든 것이 담겨 있는 일기를 보면 좋다 나쁘다 쓰지 않아도 아이의 감정이 읽힌다.

하지만 특별한 일이 있을 때 쓰는 일기보다 아무 일도 없을 때 쓰는 일기가 생각을 들여다보기에는 더 좋다. 그래서 일기 쓸 소재가 없는 아이를 위해 체험 학습을 간다는 부모님의 이야기를 듣고는 손에 일기 주제를 쥐어주었다. 선생님, 짝꿍, 부모님 등 주변 인물을 관찰해서 쓰는 '관찰 일기'부터 '만약에 로또에 당첨된다면?', '만약에 버스를 탔는데 급히 화장실에 가고 싶다면?' 등 맘껏 상상하는 '만약에 일기', 가장 좋아하는 순간, 가장 좋아하는 음식으로 대표되는 '베스트 일기' 등 주제만 조금 더 넓혀주면 어떻게든 쓴다.

5, 6학년 국어 시간에 기행문 쓰기 수업을 하면 많은 아이들이 특별한 여행을 해야만 기행문을 쓸 수 있다고 생각한다. 하지만 여행 에세이가 매력적인 이유는 낯선 곳에 대한 대리 체험뿐만 아니라, 그 안에서 보고 듣고 느낀 것에 대한 실감나는 기술 때문이다. 우리가 여행지에서 보는 낯선 것들이 그곳에 사는 사람들에게는 익숙한 일상인 것처럼, 아이들에게 나의 일상을 새롭게 바라보도록 제

안한다. 아이들의 평범한 일상은 소재를 고르면서 스포트라이트가 움직이고, 아이 시선으로 기록하며 채색된다. 기록은 새로운 여행을 다시 하는 셈이라고 힘주어 말한다.

일기를 쓰는 것이 좋다는 것은 알아도 역시 '쓰는' 행위라 쉽지 않다. 자리에 앉아야 하고, 손에 연필을 들어야 하며, 글을 다 쓸 때까지 앉아 끊임없이 생각해야 한다. 그래서 일기를 꼭 써야 할 이유가 없다면 아무리 특별한 경험을 했어도 미루고만 싶다. 어른들이라고 다를까? 매일 가계부 쓰기, 매일 블로그 쓰기처럼 기록을 위한 소모임을 만드는 것도 같은 이유다. 늘 하던 일에 대한 관성이 생겨서, 안 하던 일을 하려고 하면 안 해야 할 이유를 수백 개도 만들어 내는 것이다. 기록한다고 바로 성과가 나는 것도 아니요, 생각보다 기록에 시간이 많이 쓰이고 피곤하니까.

학교에서 내주는 일기 숙제란 바로 '일기를 쓸 이유'를 주는 것이다. 나는 매년 아이들에게 '일기를 쓸 이유'가 되어주기로 했다. 기록이 습관이 되길 바라며 매일 일기장을 내기로 약속했다. 그래서 우리 반 아이들은 등교 후 루틴이 일기장 제출로 시작된다. 매일은 아니고, 주 2회 안 쓰고 싶은 날에는 '안 쓸래요.'라고 적어 낸다. 처음부터 주 5회를 쓰는 것과 써낸 일기의 편 수는 같아도, 안 쓰는 날에도 제출하게 되니 매일 일기 쓰는 습관을 들이는 데에 더 도움이 된다.

일기 분량은 공책 한 바닥 정도가 목표다. 아이들에게 첫날 설명할 때 6학년이 된 자부심을 이용해 "6학년은 13살이면서 6학년이고, 우리 학교의 최고 1등 학년이니 13 + 6 + 1 = 20줄을 쓰자!"라고 제안한다. 공책 한 바닥이 20줄이라 어떻게든 이에 맞춰 이유를 지어내는데, 희한하게 이유가 말도 안 될수록 아이들은 피식 웃으면서 반발이 적다. 중학년에게도 비슷한 이유를 대며 일기 분량만큼은 내 고집을 부리는 편이다.

한동안 매일 쓰는 습관이 더 중요하다며 분량에 관계없이 짧게 쓰자고 했던 적도 있었다. 쓰는 행위가 부담이라면 짧은 글로 시작해 마음의 부담을 덜어보자는 취지였다. 하지만 한 번 함축적으로 일기 쓰는 습관이 생긴 후에는 분량을 늘리기가 쉽지 않음을 경험했다. 내가 하고 싶은 이야기를 첫째 줄부터 풀어가는 것과 바탕이 되는 세계를 만들어놓고 다섯째 줄부터 본론으로 들어가는 것은 글을 쓰는 데에 있어 생각의 구조가 완전히 다르다. 감정을 표현하는 정도도 다르다. 짧은 일기를 쓸 때는 '재미있다'로 끝났을 문장이, 긴 일기를 쓸 때는 '무엇이, 어떻게' 재미있는지 쓸 수밖에 없다. 긴 분량의 일기를 쓰며 표현을 줄이지 않고 일단 쏟아내게 되는 거다. 그러니 3월 2일 첫날, 아이들이 가장 의욕에 충만한 그 시점에 선언한다.

"우리 반은 매일 한 바닥씩 일기를 씁니다!"

아이가 밤마다 한 시간씩 울면서 쓰는 일기가 무슨 의미가 있느냐며 속상해하는 엄마의 전화를 받을 때가 있다. 일기 쓰는 게 좋다는 건 알지만, 눈앞에서 아이가 갑갑해하는 모습을 보이니 엄마가 뭐라도 해야 할 것 같아 담임 선생님에게 전화까지 한 것이다. 그럴 때는 학교에서 일기 쓰기를 제안한다. 수업이 끝나고 자투리 시간이 남을 때 서랍 속 일기를 꺼내 쓰게 했다. "지금 쓰면 숙제 없다."라고 유도하면 눈을 빛내며 일기를 꺼내 쓰는데, 친구들과 같이 모여 쓰면 일기 주제를 정하는 것도 즐거워한다. "만약에 세상이 망한다면?", "만약에 다른 친구가 내 아이스크림을 먹었다면?" 등 자기들끼리 마음껏 주제를 상상하며 낄낄대고 웃는다. 이후 일기는 더 이상 나를 잠 못 들게 하는 숙제가 아닌, 재미있는 글쓰기 놀이가 된다.

가끔 일기를 진짜로 쓰기 힘들어하는 아이에게 '일기 쓰기 싫다'를 주제로 쓰도록 한다. 그럼 '그래도 돼?' 하는 표정을 지으며 신나게 써내려간다. 왜 일기 쓰기가 힘든지, 일기 쓰기에 대해 자신이 어떤 생각을 가지고 있는지 등을 말이다. 어떻게든 선생님을 설득해보겠다는 의지로 '일기 쓰기 싫다'를 주제로 서른 편 이상 써낸 친구도 있었는데, 시간이 지날수록 논리 구조가 탄탄해져서 감탄했던 기억이 있다. 교과서도 바라만 보는, '쓰는 일'에 대한 진입장벽이 높은 아이였는데 나에게 하고 싶은 말이 생길 때면 일기에 써놓고선 "선생님, 제 일기 봤어요?"라고 묻기도 하는 등 괄목할 만한 변화를 보였다. 이 아이는 일 년 동안 수업으로 변화된 것보다 일기를 써서 생긴 변화가 컸다.

다 쓴 일기는 잘 모아두면 보물이 된다. 아이들이 다 쓴 일기장을 다른 학습지와 함께 무심코 버릴 때마다 탄식이 나올 정도로 아깝다. 한 문장씩 일기를 쓰던 그때의 나로는 돌아갈 수 없을 텐데, 당시의 생각을 담은 그릇을 어찌 그리 쉽게 버릴까? 매 학년이 끝날 때 하나로 묶어 '3학년의 일기', '4학년의 일기'로 제본해주면 아이의 사진 앨범 못지않게 그때의 아이가 담긴 생생한 기록이 된다. 『안네의 일기』가 홀로코스트 당시 유대인의 심정을 대변하듯, 지금 이 일기는 이 시대의 아이들 마음을 대변하는 것일 수도 있지 않은가? '가장 개인적인 것이 가장 보편적이었다.'는 봉준호 감독의 말을 떠올린다. 공적 기록이 되든 안 되든 일단 일기는 그 아이만의 역사다.

일기는 클래식이다. 어른들이 일기를 읽는 것에 대해 아이의 부담이 있다면 '글쓰기 노트'로 명칭을 바꿔도 무방하다. 다만 글의 소재를 자신의 일상과 경험, 자신이 설정한 주제로 한정하는 거다. 생각은 누구나 떠올릴 수 있다. 하지만 그걸 어떻게 풀어내는지는 다른 문제다. 우리가 작가의 글을 읽고 문장을 기억하는 이유는 내 머릿속에 있는 감정과 생각을 정제된 문장으로 풀어주기 때문이다. 아이들이 자신의 생각을 잘 표현할 수 있으면 좋겠다. 기록을 통해 경험을 재창조하는 재미를 알아가면 좋겠다. 즐겁게 써내려갈 수 있으면 좋겠다.

학습3.
수학, 당장의 답보다 설명이 중요하다

방과 후 기초 학습 지도반 선생님이 한숨을 쉰다.

"아이들에게 문제를 풀게 해보고선 깜짝 놀랐어요. 3년 전 기초 학습반을 운영했을 때보다 못하는 아이들이 늘었고, 수준이 훨씬 더 떨어졌어요. 코로나 때문에 이렇게 학력이 떨어진 걸까요?"

코로나19는 아이들의 교실 적응력뿐 아니라 기초 학력 또한 떨어뜨렸다. 어떻게든 무너진 기초 학력 수준을 끌어올려보려고 수업 중 도우미 선생님에, 방과 후 수업까지 학교도 난리다. 서점 자녀교육 서가에서는 초3부터 초6까지 지금 붙들지 않으면 큰일이라는데, 이미 이 시기를 놓친 아이들은 어쩌나? 선행학습 학원은 많은데 후행학습 학원은 찾아보기가 힘들고, 모든 아이들이 과외로 개별 진도를 나갈 수 있는 상황도 아니다. 하더라도 빠진 독을 수리하기도 전에 올해의 시험이 다가오니 학습 효과를 눈으로 보기 어렵다.

기초 학습 부진 아동 대다수가 수학을 어려워한다. 수학은 탑을 쌓듯 학년이 올라가며 개념 위에 개념을 쌓는 과목이다. 이전 학년의 학습이 제대로 되지 않았다면 탑은 금방 흔들린다. 수학은 답에 이견이 없는 과목이라 학습이 제대로 되었다면 이론상으로는 만점을 받아야 한다. 하지만 기초 연산이 숙달되는 데에 시간이 걸리기 때문에 단원별 80점 이상만 되어도 기본적 개념을 이해했다고 보고 넘어간다. 덕분에 아이들은 "실수했어! 다 알았는데."라는 말을 달고 살지만, 냉정하게 말해 이를 두고 진짜 안다고 할 수 없다.

수학에 어려움을 겪는 아이들을 많이 보았기에 우리 집 아이도 걱정이 되었다. 수 개념에 익숙해지려면 평소에 숫자를 많이 접해야 한다는데, 엘리베이터 숫자 버튼과 친구들 사탕 나눠주기 외에는 딱히 수를 접할 일이 생각나지 않는다. 입학 전에 수학 문제집이라도 가볍게 풀어볼까 해서 서점에서 7세용 수학 교재를 한 권 사왔다. 그런데 이상하다. 받아올림이 있는 두 자릿수 더하기 한 자릿수 셈이 나온다. 1학년 1학기에 50까지 수 읽기를 배우는데, 받아올림 있는 연산을 벌써? 손가락, 발가락을 다 써서 겨우 문제 풀기에는 성공했지만 나도 모르게 선행학습을 시킨 셈이다. 단계를 밟아가며 이해시키고 싶었는데, 답은 채워야 하고 문제는 많으니 요령부터 가르치게 된다. 반 아이들을 보고 설명은 못하고 답만 푼다고 속상해했는데 우리 애도 별반 다를 바가 없다.

선행학습을 하는 많은 아이들이 그랬다. 도형의 넓이는 구할 수 있는데, 그 방법을 설명하기는 어려워한다. 가령, 직사각형의 넓이를 구하는 공식은 (가로 길이) × (세로 길이)다. 공식까지는 자신 있게 말해도, 왜 이런 공식이 나오는지를 물으면 대답할 수 있는 아이가 많지 않다. 교과서에서는 1㎠의 단위넓이를 약속하고, 해당 단위넓이의 개수를 구하는 것을 직사각형의 넓이라고 규정한다. 직사각형을 가로와 세로 1cm의 사각형으로 나누고, 그것의 개수를 세기 위해 (가로) × (세로)로 구한다고 유도한다. 이 과정을 알지 못하면 훈련에 의해 비슷한 유형의 문제를 풀 수 있어도 더 이상의 확장 응용은 어렵다. 삼각형의 넓이는 직사각형을 대각선으로 나눈 것의 넓이니, 직사각형의 넓이 유도 방법을 제대로 알고 있다면 삼각형의 넓이나 평행사변형의 넓이까지 순차적으로 유도할 수 있어야 하지만, 많은 아이들이 도형의 넓이 구하는 공식을 각각 분절적으로 외느라 학습량만 많아지고 있다.

하지만 선행학습이 꼭 아이를 망치는 건 아니다. 아이들마다 학습 속도가 달라서 제대로 된 토대 위에 선행학습을 쌓은 아이들은 현재의 학습을 좀 더 쉽게 한다. 3 + □ = 9라는 문제를 풀 때, 어른들은 9 - 3 = □로 이항시켜 푼다. 하지만 초등 수준에서는 이항의 개념이 없기 때문에 구체물을 가지고 직접 세고 있으니, 선행학습이 되어 있다면 나중에 배우는 방정식의 원리를 통해 문제를 더 간단하게 풀 수도 있다.

다만 수 개념이 아직 잡히지 않은 상황에서 선행학습이 이루어지는 것은 위험하다. 문제 풀이 요령만 배우는 셈이니, 근본적인 이해가 제대로 되어 있지 않아 더 다양한 문제에 적용하는 게 어려워질 수 있다. 게다가 스스로 안다고 착각해 정작 현행 진도는 대강 하게 된다. 그래서 최근에는 현행학습, 적량학습을 선행학습보다 우선하는 목소리도 높다. 선행학습이 현행의 실력을 채울 수 있다면 학습 부진 아동에게도 선행학습을 더 가열차게 하지 않았겠는가? 어느 학년까지 거슬러 올라가야 하는지를 고민한다는 것은 현행이 우선이고, 안 되면 후행이라도 해서 반드시 채워야 한다는 증거다.

수학이 암기 과목이라는 말에 부분적으로 동의했던 적도 있었다. 풀이 과정을 외우다 보면 논리적 선후 관계를 저도 모르게 파악하게 되기도 한다. 하지만 이는 이해를 돕기 위해 암기를 한다는 말이다. 현재의 토대가 견고하지 않은 가운데 선행학습으로 풀이 과정을 외우기만 한다면 감당하지 못할 암기량으로 어느 순간 수학을 포기하게 된다. 특히 교육 과정이 바뀌면서 교과서에 계산기가 등장한 지 오래고, 복잡한 문제 상황에서 실마리를 찾아내 절차적 사고로 문제를 푸는 과정을 강조한다. 수학 문제의 길이가 길어져서 어떤 것이 이 문제 풀이에 필요한 단서인지를 파악하는 것이 문제 해결의 시작이라, 수학에서도 문해력이 절실하다. 즉, 문제를 외워서 기계적으로 풀 수 있는 상황이 아니다.

수학 교육의 목적에 대해 다시 생각한다. 세상이 변하는 속도가 너무 빨라 더 이상 입시가 아이 미래의 꽃길을 보장한다고 말하기 어렵다. 미래 AI시대에 사람에게 요구되는 것은 AI를 구현하고 활용하는 능력이 아닌가? 이는 문제를 해결하기 위한 절차적 사고력을 바탕으로 한다. 일정 상황에서 목표 행동을 수행하기 위해 작은 단계로 세분화해 일련의 논리적 과정을 만들어 실행하는 코딩은 수학 문제의 풀이 과정과 유사하다. 수학도 내가 구하고자 하는 것이 무엇인지 먼저 확인하고, 단서들을 모아 순차적으로 문제를 해결해 나가는 과정이다. 즉, 수학 시간에 문제에 대한 답을 내는 데에 그치지 않고, 풀이의 논리적 과정을 이해하고 정리할 줄 아는 연습을 한다면 미래 교육과도 맞닿아 있는 셈이다.

교과서 문제는 개념을 익히는 데에 주안점을 두다 보니 어렵지 않다. 똑똑한 아이들은 1번을 설명할 때 3번까지 싹 풀어놓고, 연습문제가 담긴 수학익힘책까지 해치우고 싶어서 책을 들썩거린다. 하지만 가만히 들여다보면 '왜 그렇게 생각하는지 설명하시오.', '여러 가지 방법으로 풀어보시오.'라는 서술형 문제의 답은 텅텅 비어 있다. 닫힌 답에 익숙한 아이들은 "이것도 푸는 거라고요?"라고 되묻지만, 교사로서 해당 문제는 매 차시마다 꼭 이해하고 넘어가야 하는 핵심이라 생각했다. 문제 해결 과정을 설명함으로써 아이들은 절차적 사고를 한다. 문제에서 구하려는 것을 살피고, 어떻게 실마리를 찾아가는지 글로 서술함으로써 살펴보는 거다. 서술형 문제도 풀어야 한다고 인식한 후에는 수학 교과서가 더 이상 쉽게만 느껴지지 않는다. 뭐부터 설명할까 고민하고 답과 문제 사이의 공백을 메꾸기 위해 애쓰다 보면 한 시간이 모자라다. 심화 문제를 제시하지 않았지만 심화 학습의 난이도를 연상케 한다.

집에서도 마찬가지다. 수학 학습을 위해 어려운 문제집을 풀어 답을 맞추는 것보다 아이에게 풀이 과정을 설명하도록 하는 편이 효율이 높다. 말로 꺼내는 순간, 어렴풋이 아는 부분은 풀이가 꼬이게 되니 고작 1개의 문제를 설명해도 이에 등장하는 수학적 개념들을 명확하게 바로잡을 수 있기 때문이다. 몇 단계까지 풀었다고 도장 깨듯 학습하지 말고, "답이 왜 그렇지?" 끊임없이 물어서 아이가 설명하도록 하면, 연산 문제집이니 사고력 문제집이니 굳이 구분해가며 뭘 풀어야 할지 고민할 필요가 없다. 특히 교과서 속 문제들은 문항 배치부터 논리적이기 때문에 교과서를 반복해서 풀고 설명한다면 자연스럽게 원리 이해가 가능하다.

엄마가 모르면 더 좋다. 문제 풀이 과정을 설명할 때는 수학을 잘 모르는 동생이 이해할 수 있도록 말해야 한다고 가르친다. 상대가 몰라서 묻는 듯하면 아이는 더욱 신나서 고민하고 설명한다. 아이의 설명을 들을 시간이 없다면? 교실에서처럼 설명을 교과서에 써보도록 하자. 온라인 수업이 확산되면서 교과서를 추가 구입해서 보는 집이 많아져서 반갑다. 학교 수업을 듣고 집에서 동일한 교과서로 한 번 더 풀어보면 큰돈을 들이지 않고서도 충분히 학습할 수 있다. 특히 요즘은 검정 교과서 제도로 교과서가 여러 출판사에서 나오니 개념 이해가 부족하다면 문제집 대신 다른 출판사의 교과서를 풀어보는 것도 좋다.

교과서 문제들은 문항 순서나, 계산 속 숫자마저 논리적으로 배치되어 있다. 그래서 풀이하다 보면 수학적 논리가 명쾌해진다. 교과서 문제를 풀고, 풀이 과정을 설명하는 연습을 반복하다 보면 절로 선행학습이 되기도 한다. 사실 선행학습은 학교 진도를 빨리 빼는 것이 전부가 아니다. 현재 알고 있는 수학적 원리가 든든할 때 자연스레 다음 원리를 유추할 수 있게 된다. 이런 선행학습은 부작용도 적다.

적정 진도의 수학 학습을 권하는 선생님들이 많아지는 이유는, 현행학습이 제대로 되지 않은 상황에서의 선행학습으로 제대로 아는 것도 모르는 것도 아닌 애매한 아이들을 많이 봐서 그럴지도 모르겠다. 빠르지 않은 것을 불안해하지 않기로 했다. 적정 진도로 학습하고 있다면, 현재의 내용을 확실히 아는 편이 결국 더 빨리 가는 길임을 알기 때문이다. 흔히들 계단식 모양으로 성장한다고 한다. 토대가 확실한 아이는 도약의 폭이 크다.

학습4.
평생 독서 습관, 시작은 재미에서

"시간이 생기면 뭐 할래?"

이런 질문을 받는다면 나는 언제나 둘 중 하나다. "옆에 만화책 잔뜩 쌓아놓고 보면서 푹신한 이불에 누워 귤 까먹을래." 아니면 "침대 맡에 기대서 히가시노 게이고 소설 읽으면서 귤 까먹을래."

책과 이불과 귤. 이 세 조합은 바쁠 때면 왜 더 생각나는지! 사실 어떤 책이든 장르를 가리진 않는다. 제목이 눈에 들어왔거나, 표지 일러스트가 마음에 들거나, 작가가 멋있다거나 등 갖가지 이유로 읽고 싶은 책을 골랐다면 뭐든 즐겁게 읽는다. 인생에 큰 도움이 되지 않는 흥미 위주의 책이라도 상관없다. 어릴 적 골방에 쌓아두고 읽던 책에 대한 기억 때문일까? 책이 그저 재미있다.

고3 초반까지 미대를 준비하다가 뒤늦게 진로를 바꿔 입시 공부를 시작했는데도 따라잡을 수 있던 비결을 꼽자면 나는 독서를 말하고 싶다. 독서는 너무 흔히 등장하는 비법이라 자칫 진부할 지경이지만, 교실에서 관찰한 바에 따르면 책에 빠져본 아이들은 말 앞뒤가 또래에 비해 논리적이다. 국어 시간에 질문에 대해 열린 대답을 해도 맥락에 맞다. 대충 공부해도 5지선다 문제의 정답률이 독서를 즐기지 않는 아이들보다 월등히 높다. 초등학교는 문해력만 있으면 눈칫밥으로 풀 수 있는 문제가 많기 때문이다. 성적 좋은 아이 엄마들이 흔히 하는 말이 있지 않은가? "얘가 공부는 안 하는데, 책을 많이 읽어서 중간은 가."라는. 책에 푹 빠지는 독서 경험은 아이들이 공부하는 바탕이자 기초 체력이 된다. 독서는 힘이다. 독서력이라는 말이 괜히 나온 게 아니다.

  책은 재미있게 읽을수록 몰입도가 높아져 내용에 대한 이해가 풍부해지는데, 독서 시간이 끝났다는 알람과 함께 책을 탁 덮는 아이들을 보면 안타깝다. 재미있게 읽고 있다면 알람 소리를 듣지 못하거나, 끊는 게 아쉬워서 책을 덮으면서도 읽던 페이지에서 눈을 떼기 어렵기 때문이다. 언제 끝나나 내 눈치 한 번, 시계 한 번 보는 아이들도 보인다. 무슨 책을 읽고 있나 보면 먼지 쌓인 학급문고에서 대충 고른 책이다. 책을 싫어하는 아이들은 꼭 빽빽하게 꽂혀 있는 『○○의 원리』같은 지나치게 학구적인 제목의 책을 고른다. 아직 책 읽는 재미를 찾지 못했다면 많은 사람들의 손을 타서 낡은 책을 고르거나, 흥미로운 제목의 책을 골라서 즐겼으면 하는데 말이다. 차라리 만화책을 보라고 손에 쥐어주면, "이거 봐도 되는 거였어요?" 라며 눈치를 살피고는 그제야 빠져 읽기 시작한다.

  독서 습관을 들이려면 책이 주는 건강함보다 재미가 먼저

다. 채소를 즐기지 않는 나는 옆에서 "섬초가 몸에 좋아." 하는 소리가 귀에 잘 들어오지 않았다. 예의상 살짝 맛보는 척은 하지만 입안의 향긋함이나 아삭함을 느끼기 어려울 정도로 적은 양만 젓가락을 대보고는 "글쎄, 내 입엔 안 맞는데?" 하며 밀어놓는다. 몸에 나쁜 걸 골라 먹겠다는 마음은 아니지만, 굳이 입에 맞지 않은 음식을 참고 먹어야 하는 이유를 찾지 못해서다. 특히 "괴상한 맛인데 먹을 만해." 하면 눈길도 주지 않는다. 하지만 얼마 전 낯설었던 채소인 섬초를 크게 한 박스 샀는데, "지금 섬초 제철이야! 너무 맛있으니 꼭 사 먹어." 하는 친구의 말 때문이었다. 요리법도 모르는 주제에 '제철', '맛있다'는 단어가 귀에 들어와 절로 주문을 했다.

책도 그렇다. 물론 재미있는 책이 유익한 책보다 좋은 책이라는 말은 아니다. 하지만 유익함을 앞세워서는 책의 재미를 느낄 시도도 하지 못한다. 책을 재미있게 읽고 나서 책이 주는 교훈에 대해 이야기할 수는 있지만, 교훈을 먼저 생각하며 책을 읽으면 즐겁게 책장이 넘어가지 않는다. 책의 재미를 모르고 어떻게 독서에 빠질 수 있겠는가? 그렇기 때문에 아이들에게 책을 권유할 때는 "여기 재미있는 책이 있어."라고만 말한다. 책의 줄거리를 간단히 이야기해주면 줄글이 가득한 책이라도 냉큼 집어간다. 이야기를 싫어하는 아이들은 없다. 다만 독서에 대해 부담을 느낄 뿐.

아이가 학습 만화만 봐서 걱정이라는 학부모 상담을 종종 받는다. 평소 아이 모습을 떠올리며 아이마다 다르게 대답한다. 쉬는 시간과 같은 여가 시간에 만화책일지라도 스스로 책을 꺼내서 읽을 줄 알면 줄글로의 전환을 유도해보길 권한다. 아이와 함께 서점 나들이를 하며 직접 원하는 책을 골라보면 좋다. 서점에서 만화책은 비닐 포장이 되어 있으니 줄글 책을 볼 수밖에 없는데, 아이들이 알록달록한 표지도 눈으로 보고 직접 고르게 하면 쇼핑으로 인한 틈새 해방감 때문인지 즐겁게 책을 골라 읽는다.

하지만 주어진 독서 시간에만 책을 읽는, 아직 수동적인 독서가라면 무슨 책을 보든 일단 두고 보길 권한다. 줄글은 책 내용에 폭 빠지는 데에 시간이 걸리기에 섣불리 줄글로의 전환을 꾀하다가 '몸에만 좋은 책'으로 인식해 책 편식을 할 수 있기 때문이다. 만화책이라도 긴 호흡의 이야기를 따라가려면 꾸준히 집중해야 하기 때문에 엄마의 성에 차지 않을 뿐 꼭 나쁜 독서는 아니다.

만화책이든 글밥이 긴 책이든 책을 일단 손에 쥐게 만들려면 어떻게 해야 할까? 독서와 전혀 관계없는 계기로 학급 전체의 독서력이 확 올라갔던 적이 있었다. 반 아이들이 생활 규칙을 어긴 데에 화가 나 2주 동안 별도의 쉬는 시간이나 여가 활동을 없앴다. 방방 뜨는 교실 분위기를 차분하게 바꿀 요량이었다. 쉬는 시간마다 돌아다니거나 담소를 나눌 수 없으니 아이들이 선택할 수 있는 여가 활동은 서랍에 넣어두었던 책뿐이었나 보다. 각자 할 일을 끝내고 자투리 시간부터 읽었던 책을 쉬는 시간까지 연장해서 읽게 되니 독서량이 많아지고 차분한 분위기에서 다음 수업을 진행할 수도 있었다. 2주 후 쉬는 시간이 다시 생기고는 독서량이 다소 줄긴 했지만, 쉬는 시간에 책 읽는 모습이 아이들 사이에서 더 이상 유난스러워

보이지 않아 언제라도 주변의 눈을 신경 쓰지 않고 책을 즐기는 분위기가 만들어졌다.

우리 집 아이들도 마찬가지다. 집에서 심심하다고 방바닥을 구르던 아이들에게 놀아주는 대신 책을 늘어놓았다. 내가 봐도 재미있던 책, 흥미로운 이야기 위주로 말이다. 손 닿는 곳에 책을 두니 아이들은 짬이 나면 이야기책을 스스로 찾았다. 글을 모를 때는 오디오 펜으로, 글을 잘 읽게 된 이후에는 직접 책을 읽는다. 엄마가 곁에서 해준 일은 재미있는 책을 아이들이 언제나 읽을 수 있게 책꽂이에 꽂아주거나, 책을 들여놓을 때마다 한두 권씩 꺼내 읽고 "이거 재미있는데?" 하면서 옆구리에 쓱 찔러준 것, 그뿐이다.

심심함은 아이들이 스스로 책을 잡게 한다. 어른들은 필요하다고 생각하면 짬을 내서 책을 읽지만, 아이들은 재미있어야 책을 읽는다. 모르는 것이 생기면 책보다 미디어를 먼저 찾아보는 아이들에게 책의 유용성을 설명해봤자 공감을 얻기 힘들다. 하지만 간단하게 들고 다니며 읽을 수 있다는 책의 장점을 살리면, 재미있어서 읽었을 뿐인데 부모님의 흐뭇한 눈길까지 받으니 아이들 입장에서는 독서 행위 그 자체가 보상이 된다. 단지, 아이들에게 독서를 PC나 스마트폰과 경쟁시키지만 않으면 된다. 독서를 위해서는 사이버 세상 디톡스가 먼저다. 즉, 심심할 짬을 주는 것 말이다.

어렸을 적 아빠는 나를 데리고 매주 서점을 갔다. 서점 바닥에 주저앉아 세 권을 읽으면 마음에 드는 책 한 권을 사주셨는데, 직접 물건을 고를 수 있다는 뿌듯함에 열심히 책을 읽던 기억이 난다.

더불어 "얘는 책을 좋아해."라는 기분 좋은 칭찬도 듣게 되니, 점점 스스로 '책을 좋아하는 아이'로 규정하게 되었다. 책에 대한 긍정적인 자기 개념은 자연스레 다음 책으로 손이 가게 만들었다. 책을 좋아하는 아이이기 때문에 매 주말 서점에 간 것인지, 주말에 서점에 갔기 때문에 책을 좋아하게 된 것인지 뭐 그리 중요하겠는가? 서점이나 도서관에 갔던 경험이 즐거웠다면 책 읽는 일도 행복해질 수 있다.

취미를 묻는 말에 '독서'라고 답하면 상투적인 사람이 되던 때가 있었는데, 요즘은 취미가 독서라고 말하는 사람이 다시 보인다. 아이들이 교육으로서의 독서가 아닌, 취미로서의 독서를 꼭 맛보면 좋겠다. 귤 까먹으며 책 읽던 기억을 함께 누리기를. 새콤한 귤내 나는 책을 갖게 되기를.

학습5.
디지털 리터러시, 컴퓨터 학원 말고!

"노트북 살까, 패드 살까?"

입학하는 아이의 책가방만 고민하면 될 줄 알았는데 어떤 기기를 쓸까도 고민해야 한다. 우리 때는 PC 한 대만 있어도 선진 문물을 빨리 받아들이는 집이었는데, 어느새 초등학생도 1인 1기기가 필수란다. 원격 수업이 늘면서 학교든 학원이든 화상회의 접속에 아이들도 능숙해졌다. 집에서 화면 속 선생님과 대화하고 친구들과 온라인 과자 파티를 하는 걸 보며 세상이 바뀐 걸 실감한다. 집에 있는 일곱 살 쌍둥이도 음성 인식으로 날씨를 검색하고 어린이날에 받고 싶은 선물을 찾는다. 한동안 아이들에게 미디어 접속을 어떻게 제한할까 고민했는데, 이젠 디지털 기기를 어떻게 알려줘야 하는지 고민하고 있으니 세상이 또 변했다. 앞서 스마트폰 이야기를 한 것처럼, 이제는 기기를 사줄지 말지가 아닌, 어떻게 쓸지 교육시키는 게 더 현실적인 고민이 됐다.

2024년부터 적용되는 2022 개정 교육 과정에서는 수업에 디지털 기술이 본격적으로 들어온다. 기존 교육 과정에서도 교과에서 디지털 기술을 활용한 지는 꽤 되었다. 아이들은 주변에서 문제를 파악하고 해결 방안을 제안하는 영상물을 직접 촬영한다. 아이디어 기획, 대본 작성, 촬영, 편집에 필요한 소프트웨어 활용 방법을 배우고 결과물을 만들어낸다. 과거에는 온라인에서 자료를 수집해 보고서를 만드는 정도였다면, 요즘엔 교과의 한 단원 자체가 디지털 결과물을 만들어내는 프로젝트로 진행되고 있다. '정보통신 활용 교육'이라는 명칭을 따로 사용하는 것이 촌스럽게 느껴질 정도로, 디지털 활용은 교과 과정 안에 깊숙이 들어와 있다.

　그간 학생들의 미디어 이용을 비판적으로 바라보는 분위기가 있었기에 이런 흐름이 괜찮은지를 걱정하는 엄마들도 있다. 하지만 아이들의 장래희망 1순위가 유튜버인 시대에 집과 학교의 통제로만 접근하는 것은 더 이상 어렵다. 온라인 수업으로 접하던 협업 도구가 이젠 등교 후 수업에서도 1인 1기기를 바탕으로 활용된다. 기존의 협동 수업에서는 하나의 학습지에 순차적으로 돌아가며 쓰거나 혹은 돌아가며 말한 내용을 기재했다면, 이젠 온라인 협업 도구로서 각자 기기에 동시 접속해 작업하고 협업한다. 이전의 협동 작업에서는 자기 차례가 올 때를 기다리며 양보와 배려하는 태도를 지녀야만 학습할 수 있었다면, 요즘 등장한 온라인 협업 도구는 사회적 소통 방식은 다소 부족해도 모든 아이들이 학습 과제 내용 자체에 집중해 적극적으로 모둠 활동에 참여하게 됐다.

학습 방법의 하나로 디지털 기기 사용이 고려되고 있는 만큼, 어차피 사용해야 하는 환경이라면 이젠 이를 잘 쓰는 방법을 배울 시점이다. 디지털 기술은 시시각각으로 변화하고 미래 사회는 점점 더 예측하기 어렵다. 이제 아이들에게 미래 사회 주인으로서의 '디지털 리터러시' 교육이 필요하다. 디지털 리터러시란 '디지털 매체에 대한 이해를 토대로 다양한 텍스트를 비판적으로 수용, 평가, 생산하고 윤리적으로 공유, 소통할 수 있는 능력'이라고 정의한다. 여기에 콘텐츠의 비판적 소비 및 생산, 콘텐츠 활용에 임하는 태도 모두를 포괄적으로 포함한다고 보는 게 좋겠다.

성질 급한 엄마들은 "디지털 리터러시를 키우기 위해 컴퓨터 학원에 등록할까요?"라고 묻기도 한다. 디지털 도구를 사용하기 위해서 물론 일정 수준 이상의 사용 기술이 필요하긴 하다. 기기 사용에 능숙한 아이들은 디지털 기기에 즐겁게 접속하고 더 적극적으로 임하는 편이다. 그러나 개별 소프트웨어의 사용법을 배우는 학원에서 디지털 리터러시를 키울 수 있을지는 의문이다. 해당 프로그램에 대한 능숙함은 배울 수 있어도 디지털 콘텐츠를 비판적으로 생산하는 능력은 종합적인 영역이기 때문이다. 실제 교실에서도 컴퓨터 활용 관련 자격증이 있는 아이들의 결과물이 뛰어나다고 이야기하긴 어려웠다. 기기에는 능숙하지만 어떻게 이야기를 구성해야 하는지, 어떤 자료가 필요한지는 다른 고민이기 때문이다. 다시 말해, 디지털 기기에 많이 노출되었다는 점이 디지털 리터러시 능력을 보장하지는 않았다.

오히려 전통적인 학업 성취도가 높은 아이들이 디지털 기반 결과물의 완성도도 높은 편이다. 수업에서 PPT로 자료를 만들어 발표한다면, 사실상 PPT 기능을 익히는 데에는 1시간이면 충분하다. 자료 수집에 1시간, 자료를 구성하고 배치하는 데에 1시간, 시나리오 연습에 1시간, 다른 사람 앞에서 발표하는 데에 1시간이 필요하다. 즉, 디지털 도구를 기반으로 하더라도 실제 수업에는 기술 구현보다 아이디어를 채우는 데에 더 많은 시간을 할애한다. 결과물의 완성도 또한 기술보다 내용의 충실함에 달려 있다.

어린아이들은 디지털 기기의 기능을 어른들 생각보다 훨씬 쉽게 익히는 편이다. 과거에는 컴퓨터 시간에 타자 연습만 한 학기를 했다. PC를 접할 기회가 많지 않았기에 전원을 켜고 끄는 법부터 타자 연습까지, 지금은 직관적으로 다루는 기초적인 기기 사용법을 수업으로 다 알려줘야 했다.

하지만 요즘은 부모님의 스마트폰이라도 써본 경험이 있는 아이들이 대부분이다. 게다가 사용법 또한 예전보다 훨씬 직관적이어서 금방 익히게끔 되어 있다. 마우스에 능숙하지 않아도 화면을 직접 터치하여 조작할 수 있고, 설명서로 공부하지 않아도 소프트웨어의 기능을 파악한다. 그만큼 능숙한 조작에 대한 관심도는 떨어졌다. 우리는 온라인 상의 글을 읽으며 글쓴이가 워드를 잘 쓰는지 여부를 살피지는 않는다. 대신 어떤 의도의 글을 썼는지, 무슨 메시지를 담고 있는지를 살핀다. 디지털 리터러시도 마찬가지로 아이들이 영상을 촬영하고 편집할 수 있느냐보다는, 어떤 내용의 영상을 기획하고 화면을 구성하는지를 더 중요시한다.

아이들에게 블로그나 유튜브를 해보라고 제안하면 눈을 빛낸다. 물론 14세 미만 사용자 인증에 막혀 부모님의 도움은 필요하다. 이런 시도는 온라인과 오프라인의 물리적 구분을 넘어서서 콘텐츠를 생산하려는 의지고, 결국 '무엇'에 대한 콘텐츠를 생산할 것인지 고민하게 만든다. 결국 전통적으로 강조되었던 글쓰기, 논리적 사고력을 키우기 위한 학습, 인문학적 풍부함을 위한 독서 등 탄탄한 기본 소양이 필요하다. 요컨대, 디지털 리터러시는 특정 교과에서 키워지는 능력이 아니다. 온 과목에서 어떻게 매체를 바라보고 활용하는가, 어떻게 디지털 도구를 사용하는가 하는 문제다.

요즘 아이들은 PPT, 영상 만들기를 넘어 코딩, AI 기반 프로그램 활용, 드론 사용법도 배운다. 그렇게 어려운 기능을 어떻게 배울지 걱정할 필요가 없다. 디지털 기기에 대한 심리적 장벽은 어른보다 아이가 낮다.

몇 년 전, 아이들에게 컴퓨터 시간에 무엇을 배우고 싶은지 물으니 대다수가 앱을 개발하고 싶다고 답했다. 당시 코딩 교육이 막 유행하기 시작하던 때라 "선생님도 할 줄 모르지만 같이 배우자." 하고는 나도 아이들도 제로베이스인 상황에서 함께 학습 영상을 따라 하며 공부했다. 디지털 기술에 대한 습득이 빠른 아이들이 도리어 내 화면을 보며 "선생님, 저기 틀렸어요. 이렇게 고쳐보세요." 하니 선생님과 학생의 역할이 자연스레 바뀌곤 했다. 가르치기 위해 더 많이 공부한다는 말처럼 아이들은 나를 가르쳐주기 위해 공부에 더 진심이 되었다.

그나저나 개인적으로 추천하자면, 아이들의 디지털 기기로는 데스크톱이 제일 낫다고 생각한다. 처음에는 태블릿, 패드 등이 더 조작하기 쉽지만 비대면 화상회의를 하면서 여러 도구를 다뤄보려면 소프트웨어의 호환성이 높은 데스크톱이 좋다. 또 동일 성능이라면 노트북보다 데스크톱의 가격이 저렴하고, 휴대가 가능한 노트북은 아이들이 더 함부로 다루기 때문이기도 하다. 데스크톱에 웹캠을 설치하고, 나중에 보조 기기들을 추가로 갖추면 학교에서 하는 소프트웨어 교육을 가정에서 다시 해볼 때 충분하다.

그간 교육 과정이 바뀔 때마다 학원가에서는 발 빠르게 움직여 새 과목을 만들고, 이때 꼭 배워야 하는 과목이라며 엄마들의 조바심을 자극했다. 하지만 디지털 기반 수업만큼은 학교에서 친구들과 함께하는 협동 수업의 방법으로 제안되기 때문에, 학원의 기능 위주 수업과는 결이 다르다. 선생님이 모든 지식을 다 알고 일방적으로 알려주는 것도 아니다. 디지털 기반 수업으로 아이들의 참여도를 높이고 아이들 간 협력이 일어나는 모습은 미래 교육을 상상하게 한다. 즐거운 일이다.

태도1.
심심해야 몰입한다

"수영도 시키고 싶고 스케이트보드도 가르치고 싶은데, 애들 피아노 때문에 시간이 없어."

"누가 들으면 사교육에 되게 열심인 엄마인 줄 알겠어?"

"아니, 일주일에 이틀은 피아노 배우느라 못 노는데, 여기에 학원을 더 등록하면 애들이 언제 만나서 놀겠어? 놀고 싶다고 애들 폭동 일으킬지도 몰라."

오랜만에 놀이터에서 만난 엄마와의 대화다. 꽁꽁 집에만 있다가 신나게 뛰노는 걸 보니 들떠서 가르치고 싶은 운동이 자꾸 떠오른다. 일주일에 두 번 피아노 학원, 토요일 오전 축구 클럽에 보내는 게 전부였던 때라 학원 한둘쯤 더 넣을 수도 있었지만, 결국 수업을 늘리지는 않았다. 놀이터 가는 시간을 빼앗고 싶지 않아서였다.

엄마들을 보면 교육 철학에 양극단이 있다. 유치원과 초등학교에 다닐 때 되도록 선행학습을 해놔야 중고등학교 때 수월하다고 생각하는 쪽, 그리고 초등까지는 신나게 놀게 해야 나중에 스스로 공부를 한다는 쪽이다. 소위 학군지에 살던 이모가 사촌 동생들을 중학생 때부터 고등 수학 선행학원을 열심히 보내는 걸 봐왔고, 교사가 된 이후에 혁신초에 근무하면서 일단 놀게 해야 한다는 선생님들을 만나보기도 했다. 하지만 굳이 양극단 중 하나에 서서 논쟁해야 하는 일이라고는 생각하지 않는다. 아이의 스무 살 이전 삶을 두고 잰걸음으로 끝까지 달리거나, 신나게 놀다가 막판에 부스터 올려서 달리는 것은 방법의 차이일 뿐, 아이를 잘 키우는 것이라는 목적은 동일할 테니까.

그러나 선행학습을 하든, 신나게 놀게 하든 아이가 심심해할 시간은 확보되었으면 좋겠다. 아이의 심심함은 곧 놀이로 변신한다. 쌍둥이가 다섯 살 때 커피 전문점에서 낮은 캠핑 의자 두 개를 사은품으로 받은 적이 있다. 심심하다는 아이들에게 의자 두 개를 꺼내주고 알아서 놀라고 한 뒤, 방에 들어가 빨래를 갰다. 곧 있으면 쫓아와서 놀아 달라고 할 거라 예상하고 빠르게 정리하는데, 이상하게 날 찾지 않는다. 거실에 나가보니 두 녀석이 캠핑 의자 두 개, 미니 담요, 장난감, 베개 등 살림을 다 꺼내 낚시터 역할극을 하고 있는 게 아닌가?

"형아, 우리 여기 앉으면 큰 물고기를 잡는 걸로 하자."

"베개에 올라가면 안 되는 거야."

나름의 이야기와 규칙도 만든다. 심심하다 뒹굴뒹굴하던 다섯 살짜리들이 스스로 놀이를 만들어낸 게 감격스러웠다.

동네 여덟 살짜리 아이들이 학교에 입학해서 마주칠 때마다 어떠냐고 물어보는데, 현우는 매번 학교가 너무 재미있다고 한다. "학교 적응을 정말 잘했네요."라고 현우 엄마에게 엄지를 날리니, 웃으며 일화를 말한다.

"담임 선생님한테 현우가 '저는 금요일이 싫어요. 학교에 안 오잖아요.'라고 말했다는 거 있지. 학교 다녀와서 아무것도 안 하니까 드디어 학원을 등록해 달라고 하기 시작했어."

마침 동네 입주민 카페에 학교가 재미없다고 가기 싫다는 아이와 실랑이를 했다며, 학교에 재미있는 프로그램을 요구하겠다는 글이 올라온 터였다. 코로나19 때문에 재미있는 프로그램을 못해서 그렇다고 다독거리는 댓글을 쓰다가 현우가 떠올랐다. 프로그램이 아이를 재미있게 만들어주는 데에는 한계가 있는데, 어떻게 해야 아이를 만족시킬 수 있을까 의구심이 들었기 때문이다. 현우는 심심한 일상 덕에 재미를 찾는 법을 익혔고, 평범한 학교생활도 즐겁게 여겼던 것이 아닐까?

자발성에서 오는 재미를 경험한 아이들은 놀이에 몰입할 줄 안다. 혁신학교 발령 후 첫 해, 이곳에서 5년의 교육 과정을 소화한 6학년 아이들을 만났다. 그전에 나는 보통 학교의 보통 교사였기에 혁신학교 아이들은 유별나지 않은지 가만히 살펴보는데, 공부도 곧잘 하고 생활 태도도 좋았다. 도끼눈 뜨고 바라본 보람도 없게 말이다. 그럼 보통 학교와 뭐가 다른지 궁금했는데, 함께 놀이터에 나가 놀아보고는 깜짝 놀랐다. 6학년들이 땀을 뻘뻘 흘리면서 한 시간 내

내 뛰어논다! 내가 아는 보통의 6학년들은 놀이터에서도 가만히 앉아 있거나, 선생님이랑만 대화하려 하는 시큰둥이들이 대부분이다. 하지만 혁신학교에서 만난 아이들은 비슷하게 사춘기에 들어왔는데도 선생님한테 재미있는 프로그램을 요구하지 않고, 승패에 따른 보상도 바라지 않으며, 뛰어놀 줄을 안다.

한번은 아이들에게 '사거리'라는 전래놀이를 배웠는데, 수비를 피해 사각형 경기장 안에서 제기를 한 바퀴 이동시키는 경기다. 얼음땡이나 러닝맨처럼 술래가 거칠게 잡고 뛰는 놀이만 보다가, 덩치 큰 6학년 아이들이 한 시간 내내 제기를 이동시키는 장면은 정말 신선했다. 승패를 가를 목표가 뚜렷하지 않아 재미없고 시시하다고 푸념할 법도 한데, 학급의 가장 투덜이 학생마저도 규칙과 놀이에 완전히 몰입해 있다. 아이들의 모습을 보며 '그래, 이런 게 진짜 놀이지.'라고 새삼 생각했다. 아이들은 놀이의 무목적성, 그 자체에 빠져 땀이 나도록 뛰었다. 교실 속 자투리 쉬는 시간도 마찬가지였다. 심심하다면서도, 다른 사람에게 재미를 요구하는 대신 스스로 찾으러 나선다.

심심함은 몰입의 원동력이 된다. 종종 유명 작가들이 심심해서 책을 읽기 시작했고 글을 썼다는 인터뷰를 보곤 한다. 이처럼 심심한 아이들은 뭐든 재미있게 한다. 수학 문제를 풀어도 방 탈출 퀴즈를 풀듯 흥미를 갖고 풀고, 줄글만 가득한 책도 몰입해 읽는다. 노트 한 장 가득한 낙서가 예술이 되기도 한다. 일련의 프로그램을 쭉 따라가는 대신, 스스로 재미를 찾는 자발성은 특별한 비법 없이 아이들을 책으로 이끌고 기록을 남기게 한다.

실제로 교실에서도 아이들이 충분히 심심할 때 수업이 잘된다. 학교 입학 후 무서운 할머니 담임 선생님을 만났다고 울상인 옆집 엄마에게 오히려 잘됐다고 말했다. 노련한 선생님들은 기본적인 생활 습관을 먼저 강조하는 경우가 많은데, 이게 제대로 잡히면 이후 발랄한 활동을 해도 붕 뜨지 않고 금세 제자리를 찾는다. 자극적인 활동을 먼저 하면 당장은 아이들이 재미있어하지만, 이후에도 계속 재미있는 프로그램을 요구하며 책상머리 활동에 대한 집중력이 떨어질 수도 있다. 반면, 지루해 보일지라도 책상머리 학습 훈련이 잘된 아이들은 간단한 놀이에도 크게 반응하는 경우가 많다. 처음 먹을 때 이게 무슨 맛인가 싶은데, 세 번쯤 먹으면 깊은 육수의 향이 느껴지는 평양냉면처럼 말이다. 기본 생활 습관을 먼저 강조하는 반은 수업 중 어떤 활동에도 집중을 잘하고, 몰입이 잘된 반은 내적 성장 자체를 재미있어한다. 특별한 자극이 없을지라도 말이다.

간혹 아이가 심심해하는 건 방치가 아니냐며 뭐라도 해줘야 한다고 말하는 엄마들을 만난다. '심심하기에 누군가 나를 재미있게 만들어주는 프로그램을 선택하는가, 아니면 내가 재미있기 위한 방법을 스스로 찾는가?'는 능동성 면에서 차이가 있다. 아이가 자발적인 놀이를 만들거나, 스스로 책을 읽게 하는 환경을 만드는 것이 과연 방치일까?

놀이터를 신나게 누빌 줄 아는 아이는 건강하다. 놀이터라는 공간 안에서 즐겁게 놀기 위해 주변을 탐색하며 놀 거리를 능동적으로 찾는다. 동네를 자전거로 이곳저곳 탐색하는 아이는 동네 지리를 누구보다 잘 안다. 다른 친구들이 초등 2학년 교과서를 보고 우리 동네에 대해 탐색할 때, 이 아이는 이미 머릿속에서 자신만의 지도를 그리고 아지트까지 만들어둘 것이다. 가만히 앉아 있는 걸 좋아해도 괜찮다. 머릿속으로 자신만의 세계를 만들며 온갖 공상을 할 수 있다면 심심함이 헛된 일은 아니리라. 주어진 일련의 프로그램을 따라가는 대신, 아이 안에서 자발적인 행동이 일어나도록 기다려주자. "심심해 죽겠네."란 말에 "나가 놀아!"로 응수하면서.

태도2.
'빨리'보다 '제대로' 하는 습관

"너 일기 23줄 쓰기로 했는데, 22줄 썼더라. 제목은 빼고 23줄이지.", "문장 중간에 줄 바꿈은 내용이 바뀔 때만이야. 다시!", "작은 공책 샀네? 그럼 23줄 아니고 46줄로 다시."

선생님들은 어딘가 좀스럽다더니, 교실에서 나는 진짜 치사하고 좀살궂다. '일기 한 편 23줄'이라고 기준을 정해주고 나서는 아이들이 몇 줄 채웠나 공책의 줄 수를 센다. 한 줄이라도 모자라면 바로 "한 줄 더!"라고 하고, 줄 바꿈과 사이즈가 작은 공책의 꼼수 따위는 통하지 않는다.

교과서 필기도 마찬가지다.

"답은 있지만 너의 생각은 뭔지도 써야지. 다시!", "우리 수업 시간에 더 많은 이야기를 나눴는데, 여기는 달랑 한 글자만 있구나. 다시!"

과제를 그냥 내주는 것도 아니고, 매번 들여다보고 다시 하라고 하면 좋아할 사람이 누가 있겠는가? 얼굴이 빨개져서 울먹거리는 아이가 생기면 말한다.

"선생님은 너희가 빨리 제출하는 건 하나도 기대하지 않습니다. 교과서에 나온 것들 답 채우는 데에는 5분이면 돼요. 1~2학년에 우리는 그림만 있는 페이지를 40분간 공부했어요. 왜 40분이나 그림을 보는 걸까요? 답 채우는 일과 여러분 사이에는 '고민'의 과정이 필요하기 때문이에요. 고민이 담긴 답과 그렇지 않은 답에는 큰 차이가 있습니다. 아까 지훈이 대답에 정말 감탄했는데, 공책에는 그걸 하나도 안 썼어요. 빨리 쓰기 위해 답을 줄이지 말고 '제대로' 해봅시다. 시간은 충분해요."

아이들끼리 게임하는 장면을 관찰한다. 게임을 잘하는 아이와 못하는 아이의 차이는 숙련도가 아니다. 경험치가 적어도 고민하는 아이는 시간이 지날수록 패보다 승이 훨씬 많아진다. 흔히들 머리가 좋아서 그렇다고 간단하게 답을 내리지만, 지능이 높아도 게임을 못하는 아이는 있다. 숙련도와 관계없는 게임일지라도 말이다. 그래서 공부 머리랑 게임 머리는 다르다고 표현하지만, 이 둘의 구분을 떠나서 뛰어난 아이들은 근본적으로 고민을 할 줄 안다. 게임을 '한다(Doing)'에 초점을 맞추지 않고, '제대로 한다(Well Doing)'에 초점을 맞춰 이기는 전략을 고민하는 것이다. 게임의 종류와 관계없이 한 판 할 때마다 이기는 전략을 생각하는 아이들이 당연히 금방 실력이 늘지 않을까?

사실, 공부 머리 좋다는 아이들도 마찬가지다. 이들은 공부를 잘하기 위해 자신의 학습량을 들여다볼 줄 알고, 일을 잘 해결하기 위해 전체의 맵을 머리에 그릴 수 있다. 즉, 경험치가 쌓인다는 진짜 의미는 전략에 대한 고민의 시간이 쌓인다는 것이다. 고민하지 않고 시간만 보내는 아이는 성장이 더딜 수밖에 없다.

'제대로'는 습관이다. 제대로 해본 경험이 있는 아이는 과목을 가리지 않고 제대로 하는 방법을 고민한다. '과제를 해치워야지.'라며 빨리 하는 방법을 고민하는 아이가 있고, '어떻게 하면 잘할 것인가?'를 고민하는 아이가 있다. 이 아이들은 과제를 할 때 선생님한테 던지는 질문이 다르다. "이 정도면 돼요?" 하고 어느 선까지 대충 할 수 있는지부터 가늠해보는 아이가 있는 반면, 과제 안내와 동시에 머릿속으로 시뮬레이션을 해보며 더 필요한 지원을 요청하는 아이가 있다. 빨리 해결하려는 아이와 잘 해결하려는 아이는 방점을 두는 지점부터 다르다.

저학년 때는 빨리 하는 아이가 잘하는 아이인 경우가 많았다. 글씨를 빨리 쓰고, 구구단을 빨리 외우면 칭찬 받았다. 기본적인 숙련도를 갖추기 위한 학습 위주이기 때문이다. 덕분에 학교생활에 능숙한 아이일수록 빨리 하기 위해 애를 쓰기도 한다. 과제를 내준 후 10분 만에 했다고 뛰어 나오는 아이들은 학교생활 만렙들이 많다. 어떻게 하면 얼추 통과될지를 눈치로 알기 때문에 핵심만 빠르게 파악하고 일필휘지로 답을 쓰니 글은 쉽고 생각의 깊이는 얕다. 그러나 학년이 올라갈수록 저학년 때는 칭찬 받았을 과제를 더 이상 인정받지 못하니 아이로서도 막막하다. '이렇게 하면 되는데 왜 선생님은 어렵게 시키시지? 이미 답을 다 썼는데 뭘 더 어떡하라는 거야?'라면서 당황해한다.

아이들이 빨리 해결하려고 하지 않으면 좋겠다. 집중해서 하는 데에도 과제가 밀린다면 과제의 양이 많은 것이지, 아이의 속도가 느린 것이 아니다. 소현이는 과제를 하는 데에 유난히 오래 걸려서 부모님이 상담을 신청하셨다. 매일 밤늦게까지 과제를 하고 있는데도 밀려서 답답하다고, 어떻게 지도해야 할지 고민이라고 하신다. 하지만 소현이 과제의 완성도는 매번 수준급이다. 수학익힘책을 풀어도, 발표 자료를 만들어도 오랜 고민의 흔적이 보인다. 수행평가에 들어가고 안 들어가고를 떠나서 한 단락의 문장도 허투루 쓰지 않는 아이에게 속도를 높이는 요령을 일러줘야 할까?

나는 차라리 소현이의 경우에 과제의 양, 학습량을 줄이길 권했다. 학습 목표를 달성하는 것이 중요하지, 학습량은 목표를 달성하기 위한 방법일 뿐이다. 빨리 해결하는 습관이 우선인 아이들 사이에서 기특하게도 제대로 하는 습관이 잡힌 아이에게 속도를 올리란 주문을 할 순 없다. 게다가 고민하는 습관이 반복되면 능숙해져서 속도는 저절로 빨라진다.

물론 늦게 하는 아이가 무조건 제대로 한다고 말할 수는 없다. 소현이처럼 늦게 하더라도 완성도를 높이기 위해 애쓰는 아이는 드문 편이다. 과제 수행이 늦은 아이 중 많은 아이들이 집중력이 낮은데, 이를 빨리 하라고 채근해봤자 30분의 과제 시간 중 20분을 딴짓만 하다 10분 동안 대충 해서 제출한다. 이런 아이들에게는 과제를 작은 단위로 쪼개주는 게 좋다. 즉, 1분 동안 해야 할 일, 3분 동안 해야 할 일을 나눠 목표 시간과 점진적인 분량을 눈으로 직접 확인하게끔 하는 게 효과적이다. 과제 속도를 강조하는 것은 결코 해결책이 될 수 없다. '하다 보니 되네?' 하는 작은 성취감과 더불어 과제를 대할 때의 태도를 익히게 해야 한다.

체육 시간에 '공 멀리 던지기 30개'를 과제로 내준다. 이 활동은 30개를 던지면서 던지는 각도와 공 쥐는 자세를 달리해보면서 잘 던지는 방법을 찾는 것이 목표다. 하지만 목표를 공유해도 빨리만 하려는 아이들은 30개를 후딱 던지고서 "다른 거 해도 돼요?"를 묻는다. 어떻게 던지는 게 좋을지 다양한 방법으로 던져보라고 하는 말을 이해하기 어려워한다. 최적의 경로, 즉 답이 이미 있을 테니 선생님이 빨리 알려줘야 한다는 눈치다. 연습 전략을 교사가 짜서 안내하고, 아이들은 훈련을 하는 방식에 익숙할 테니 그럴 만도 하다.

하지만 오래 걸려도 아이들 스스로 전략을 고민했으면 좋겠다. 어차피 체육 시간에 하는 짧은 연습으로 바로 숙련도가 오르긴 힘들다. 몸으로 배운다는 것은 아이의 발육, 운동신경, 훈련의 컬래버레이션이 아니던가? 하지만 전략을 고민하는 경험이 쌓이면 폼이 엉성해도 경기를 점점 더 잘하게 된다. 그러면 체육을 재미있다고 느낀다.

우리 집 아이들은 사회적 거리 두기 덕분에 보드게임을 시작했다. 당연히 어른은 아이에게 져줘야 한다고 생각했는데, 남편이 핸디캡을 갖고 시작해도 악착같이 이긴다.

"일곱 살짜리한테 이겨서 그렇게 좋아?"

그런데 이런 남편의 승리는 아이들에게 게임의 목표를 심어 주었다. 남편은 자신이 어떻게 이겼는지 전략을 아이에게 보여주며 이기는 방법을 고민하게 했다. 게임은 이기기 위한 하나의 전략만 있는 게 아니다. 이기기 위한 최고 효율의 길만 보여주는 것이 아니라, 아이가 선택한 전략을 검토하며 게임 방식에 대해 하나씩 훈수를 두다 보니, 아이는 전략을 더 깊이 고민한다. 함께 보드게임을 하며 정서적 교감뿐 아니라 전략적 사고까지 얻게 되니 아이의 성장이 눈에 띌 정도다.

"선생님, 지금 공책 줄 센 거 봤어?", "걸렸다! 다시 하래."

오늘도 나는 반 아이들에게 검사 귀신이다. 여전히 아주 치사하고 좀생이다. 주춧돌을 견고하게 쌓기 위해서는 밀리미터 단위의 오차 계산도 해야 한다. 배포 넓게 "그래, 이 정도면 됐네. 통과!" 하기에 좀처럼 성에 차지 않는다. 아이들이 학교에서 '제대로'를 배우는 시간들이 귀하다.

태도3.
몰입의 경험, 재지 말고 간 보지 말고

"수업 벌써 끝났어요?"

수업이 끝날 때 보여주는 아이들의 반응 중 가장 뿌듯해지는 말이다. 40분의 수업 시간이 언제 지나간 줄도 모르게 열중할 수 있었다면 성공! 토론 수업에서 모두 열띠게 참여했을 때, 모둠 프로젝트 수업이 치열하게 이뤄졌을 때 아이들은 수업 시간을 아쉬워한다. 모든 수업을 다 이렇게 할 수 있으면 좋겠지만 심심함이 있어야 단맛도 느껴진다는 말로 위안한다.

아이들의 집중력이 떨어졌을 때 가수 이적의 일화를 자주 써먹는다. "가수 이적 알아?" 하는 순간 딴짓하던 아이들도 가수의 노래를 안다고 소리친다.

"가수 이적의 삼형제가 모두 서울대를 나왔어. 엄청 비싼 과외를 받은 것도 아니고, 특별한 교육을 한 것도 아닌데. 이적의 엄마가 딱 하나를 강조했대. '학교에서는 선생님 눈을 잘 마주치고 와!'

이적도 딱 그것만큼은 열심히 해서 공부를 잘할 수 있었대. 눈 마주침이 대체 뭐라고 그럴까 생각했었는데, 내가 선생님이 되어보니 알겠어. 선생님은 눈을 맞춘 아이의 속도에 맞게 수업을 진행할 수밖에 없거든. 눈빛이 흐려지면 잘 모르는구나 싶어 다시 설명하고, 눈이 빛나면 이해했구나 싶어서 조금 더 깊은 이야기를 꺼내기도 해. 눈 맞춤 하나로 선생님이 나를 위해 수업을 하지. 수업의 주인공이 되는 거야."

서울대에 가는 비법이 눈만 마주치면 된다니, 이야기를 마무리할 때 즈음 구부정하게 앉아 있던 아이들도 선생님과 눈을 맞추겠다고 눈빛을 반짝인다. 한 명씩 눈을 마주치며 수업으로 돌아가고, 다시 집중력이 떨어지면? "눈!" 한마디만 하면 된다.

눈 맞춤은 수업 중 몰입을 유도하기 위한 눈에 보이는 방법이었다. "학교에 가서 선생님 말씀 잘 들어." 대신에 "고개를 들고 선생님 눈을 봐."라고 하니 목표 행동이 명확하다. 수업에 완전히 몰입하면 선생님한테서 눈을 뗄 수가 없지 않은가? 나 또한 그렇게 몰입해서 들은 이야기는 밥상 앞에서 유난히 잘 떠올라 수다 떨듯 부모님께 조잘조잘 전달했는데, 그래서인지 특별히 공부를 죽어라 한 것도 아닌데 늘 성적이 잘 나왔다. 충분한 몰입으로 들었던 내용이 기억으로 바로 전환되었기 때문이다. 빨려 들어가듯 수업을 들었기 때문에 선생님 눈을 마주쳤는지, 선생님 눈을 마주쳤기에 몰입했는지는 모르겠다. 전자든 후자든 선생님과의 눈 맞춤은 몰입의 증거다.

생각한 대로 몰입이 충분히 이뤄지면 좋겠으나, 아이들은 여러 이유로 몰입하지 못한다. 자기 소개 게임을 함께 하던 어느 날, 가영이가 내게 귓속말을 한다.

"선생님 저는 게임 못하겠어요. 너무 어려워요."

"하다 보면 알게 돼. 일단 재미있으니까 해보는 거야."

"제가 틀리면 애들이 웃어요."

가영이는 다른 사람이 자신을 어떻게 평가할까 두려워했다. "지금부터 가영이와 선생님은 한 몸이야."라고 선언하고 가영이가 게임에 익숙해질 때까지 내가 함께 한 후에야 아이가 벌칙도 웃으면서 받는 등 게임에 몰입한 모습을 보였다. 하나라도 실수하면 안 된다고 생각하면서 불안해할 때 과제에 대한 몰입도는 떨어질 수밖에 없다. 아이들의 몰입을 돕기 위해서는 무엇을 해도 받아들여진다는 긍정적 분위기 조성이 먼저다.

같은 맥락으로 새롭고 낯선 곳에서 비슷한 체험을 많이 하는 것보다, 익숙한 장소에서 아이 스스로 경험을 다양하게 확장하는 것을 권한다. 어떤 만들기를 하든 항상 가장 먼저 완성하던 아이가 있었다. 손끝도 야무진 편이라 제법 괜찮은 작품이 나오긴 하는데, 만든 작품이 묘하게 다 비슷비슷해 권태로움이 느껴졌다. 그 아이는 활동을 설명할 때 "나 저거 해봤어!"라는 말을 많이 했는데, 나중에 학부모 상담을 해보니, 열성적인 부모님 덕에 평일이든 주말이든 여기저기 체험 학습을 많이 다녔던 것이다. 그런데 체험 학습을 가만 살펴보면, 장소만 바뀔 뿐 아이들의 활동 자체는 비슷한 경우가 많다. 특히 원데이클래스는 시간 제약상 체험의 깊이도 비슷하다. 그러니 이미 해본 것들이기에 얼추 다 잘하지만, 그 이상의 완성도를 요구 받지 않아 딱 그 정도의 숙련됨에 머무르게 되는 것이다.

반면, 놀이터에서 노는 꼬마들을 가만히 보면 매일 놀이가 바뀐다. 어느 날은 미끄럼틀 빨리 내려오기 시합을 하더니, 어느 날은 거꾸로 올라 오래 버티는 놀이를 한다. 바닥의 비비탄 총알을 보물처럼 모으다가, 땅을 파서 미로를 만들어 총알을 굴린다. 미끄럼틀 아래에 아지트를 만들고 좋아하는 만화 주인공을 따서 역할놀이를 하기도 한다. 물론 놀이가 왠지 맥이 뚝뚝 끊기는 날도 있다. 잘되는 날은 푹 빠져서 집에 가자고 부르기가 어렵다. 몰입해야겠다 마음먹어서 되는 게 아니라, 하다 보니 그 상태가 되는 거다. 낯선 것을 받아들이는 데에 에너지를 쓰지 않기 때문에 익숙한 환경에서 활동 자체에 몰입하고 자유롭게 그 범위가 확산된다.

짧은 몰입의 경험을 떠올려보자. 책에 푹 빠져 아무 말도 안 들리거나, 말솜씨 좋던 역사 선생님의 얘기를 듣느라 정작 공책 필기는 하나도 못했던 경험, 천 피스 퍼즐에 빠져 목과 허리가 뻣뻣하게 굳은 후에야 엉덩이를 떼던 기억, 쉬는 시간 벼락치기 공부로 쪽지 시험에서 제법 괜찮은 점수를 받았을 때의 그 의기양양함은 내가 몰입하면 어떻게 되는지 몸으로 기억하게 만든다. 무엇이 그렇게 몰두하게 만들었는지 이유를 말할 수 없지만, 몰입했을 때의 그 고양감은 선명하게 떠오른다.

때로는 몰입하여 주변을 잊어버리는 아이의 모습에 저 일이 몰두할 가치가 있는지 저울질하며 걱정이 되기도 한다. 요즘 우리 집 아이들은 학습 만화로 유명한 과학 전집에 빠져 있다. 독립 읽기의 시작이 기특해 몇 권 더 사다줬더니 아침에 눈 뜨자마자 붙들고 있다. 학습 만화도 괜찮다고 생각했는데, 며칠 지속되니 슬슬 걱정이 된다. '학습 만화만 편식하는 거 아니야? 줄글로 못 넘어가면 어쩌지?', '책만 보느라 신체 활동이 떨어졌는데?' 등 마음이 시끄럽다. 몰입의 대상이 어디까지 괜찮은 건지 확신이 필요했다. 몰입 경험이 중요하다지만 학습 만화나 게임에 몰입하는 것도 괜찮은 건지, 몰입과 중독의 구분이 모호하기에 드는 걱정이다.

『게임의 심리학』에서는 게임 이용 시간으로 중독을 판단할 수는 없다고 보았다. 프로게이머와 게임 과몰입 환자들의 뇌를 비교해보면, 프로게이머는 게임을 통제하며 전략을 세우는 전두엽이, 게임 과몰입 환자들은 쾌락이나 충동성을 자극하는 뇌 기저부가 활성화되어 있다고 한다. 게임이 무조건 나쁘다고 말하기에도 애매했는데, 게임 이용 시간으로도 중독을 판단할 수 없다면 무엇이 차이를 만드는 걸까? 긍정적인 주제면 몰입, 부정적인 주제면 중독이라고 판단하기에는 너무 주관적이다.

그러고 보니 마흔 살 남편은 버블버블 같은 고전 게임부터 최신 RPG 게임, 오목 같은 보드게임, 실제 스포츠 경기까지 웬만한 게임을 다 잘한다. 그렇다고 게임에 중독된 상태라고 하기엔 어렵다. 이틀 정도 말도 못 붙일 정도로 집중해서 공략하고, 엔딩을 본 이후에는 바로 손을 떼니 말이다. 다만 종류를 가리지 않고 게임에 전략적으로 임한다. 하도 신기해서 "어떻게 그렇게 만날 이겨?"라고 물으니 전략을 세우면서 게임을 해야 재미있단다. 내가 아는 게임 세상은 빠른 손과 숙련도로 몸을 익숙하게 하는 것뿐이었는데, 전략이라는 말을 들으니 생소했다. 게임의 룰을 파악한 후 이기기 위해 전략을 짠다면 고도의 인지 활동이 아닌가?

바둑과 체스도 게임이지만, 그 안의 치밀한 사고 과정 때문에 AI와도 겨루는 종목이 되었다. 그렇다면 게임 자체가 아닌, 받아들이는 사람의 내적 활동을 보면 어떨까? 아이가 능동적으로 받아들인다면 몰입, 수동적으로 끌려간다면 중독으로 보는 거다. 게임 이용 시간이 길어지면 몰입이 중독으로 변할 수도 있다. 처음에는 몰입이었을지라도 시간이 지나 아이가 게임을 '하는' 데에만 집중한다면 중독으로 보고 멈추도록 유도해야 한다. 즉, 아이에 대한 세심한 관찰로 몰입과 중독을 구분할 수 있다.

아이들이 어떤 주제든 몰입을 경험해보길 바란다. 졸업한 아이들이 "선생님, 진로를 어떻게 정해야 할까요? 제가 뭘 좋아하는지 모르겠어요."라는 말을 종종 한다. 내가 무엇을 좋아하는지 알려면 하나하나 맛보는 것만으로는 어렵다. 조금 알면 가장 달콤한 부분만 맛보거나, 반대로 일면만 보고 오해해서 더 이상 알아보려는 노력도 하지 않는다. 얕고 다양한 경험은 오히려 혼란스럽게 만들기도 했다. 이는 단지 깊이의 문제가 아니라, 경험을 대하는 그 사람의 태도이기도 하다. 한 번도 뛰어들어보지 않았는데 내 스스로를 어찌 알겠는가? 기왕이면 초등 시기에 몰입을 경험하면 좋을 것 같다. 이 시기에는 여러 경험에 중점을 두기 때문에, 무엇에 몰입하는지에 대해서는 비교적 허용적이며 상대적으로 더 시간도 많으니 말이다. 몰입의 경험은 관심사를 좁혀갈 수도, 나를 확장해갈 수도 있다. 게임 전문 변호사, 차량 전문 사진사 등 기존의 직업도 개인의 색깔로 세분화되는 시대에 관심사에 대한 몰입 경험은 자신의 개성이 될 것이다. 아이가 현재 어딘가에 빠져 있다면 일단 두고 보되, 수동적인 중독 상태가 되지 않는지 면밀히 지켜봐야 하는 이유다.

 이리저리 재고 따지기보다 눈앞에 있는 것에 일단 빠지면 어떨까? 몰입은 새롭고 낯선 것을 경험할 때가 아니라, 익숙한 현재에 집중할 때 더 잘 일어난다. 아이가 조금 더 용기를 내도록 긍정적인 시선으로 응원하자.

태도4.
'하고 싶은 일'을 위해 '해야 할 일'을 한다

누구나 꿈을 꾸지만 모두가 꿈을 이루지는 못한다. 날씬한 몸을 꿈꾸며 운동을 다짐해도 운동화 신는 것부터 몸이 쉽게 나서지지가 않는다. '비가 올 것 같은데?', '아까 장 보느라 많이 걸었는데 건너뛸까?' 등 살을 빼려면 운동하고 먹는 걸 줄여야 한다는 단순하고도 쉬운 진리는 당장의 욕망 앞에서 쉽게 꺾인다.

아이들도 마찬가지다. 학기 초 아이들에게 올해 이루고 싶은 꿈이 무엇인지 물으면 의외로 많은 아이들이 백점을 맞아보고 싶다고 이야기한다. 초등학생은 성적에 관심이 덜할 거라 생각하지만, 놀랍게도 이게 매년 아이들의 올해 꿈 1번으로 올라와 있는 답이다. 꼭 이룰 거라며 3월에는 바짝 긴장하지만, 새 학급에 적응하며 굳은 다짐은 점차 느슨해진다. 연말에 빛바랜 꿈을 꺼내보며 "내년에는 꼭!"이라고 다시 다짐하기를 반복한다. 꿈을 꿈으로 두는 아이들을 보기가 안타까웠다.

아이들에게 왜 공부해야 하는지 이유를 정리하며 되새기게 만들고 싶었다. 그래서 아이들에게 '공부는 왜 해야 할까?'를 주제로 글을 쓰도록 했다. 실제 아이들이 내놓은 답들을 살펴보면 각양각색이었다.

"좋은 대학이나 원하는 대학을 가기 위해서다.", "부모님의 기대에 부응하기 위해서다.", "더 많은 기회와 성공 확률을 얻을 수 있다.", "사회에 나갈 준비를 하는 것이라고 생각한다.", "공부하면 판단력, 어휘력, 문제해결력 같은 게 길러진다."……

제법 그럴싸한 답들이지만, 좋은 대학과 직업으로 귀결되는 아이들의 답변 앞에 어쩐지 의구심이 들었다. 대학과 직업을 생각하기에 초등 시절은 너무 먼 미래 아닌가? 단순히 시기적으로 먼 것뿐 아니라 심리적으로도 와 닿지 않아서 진짜 자기가 고민한 답이라기보다, 주변에서 주워들은 얘기들을 쓴 게 아닌가 싶었다. 또는 선생님이 듣고 싶어 할 만한 답을 맞춰 써준 느낌이었다.

물론 대학과 미래의 직업도 중요하다. 하지만 입시 결과가 성공을 보장하지 않는 현실 앞에서 아이들에게 단순히 성공 확률을 높이기 위해 공부해야 한다고 설명해야 할까? 40대 할머니가 대학에 다니고, 60대 할아버지가 발레를 배운다. 육아와 일로 고단한 엄마들이 새벽 5시에 일어나 글을 쓴다. 이것을 단지 대학과 안정적인 미래를 위한 것이라 말하기에 설명이 부족할 것 같다.

공부하는 이유에 대해 명확히 말할 수 없던 어느 날, 우연히 조벽 교수의 강의를 듣고 내 삶, 나아가 우리 반 급훈이 된 문장을 만났다.

'하고 싶은 일을 하기 위해 해야 할 일을 하는 사람.'

"이거다!" 하고 머릿속에 종이 울리는 기분이 들었다. 어떤 삶을 꿈꾸든 하고 싶은 일이 있다면 그것을 이루기 위해 해야 할 일, 즉 과업이 존재한다. 꿈을 이룬 사람들은 꿈에서 그치지 않고, 이를 위해 행동으로 옮긴 사람들이었다. 공부를 잘하기 위해서는 특별한 비법이 있는 것이 아니라, 수업 시간에 집중해서 참여하고 과제를 성실히 해낸다는 교과서적인 답을 행동으로 실천해야 했다.

'하고 싶은 일을 하기 위해 해야 할 일을 한다.'라는 명제는 이견이 생길 여지가 없다. 놀다 과제를 까먹은 아이에게 맘 편히 놀기 위해서는 과제를 먼저 해야 함을 일러주고, 무엇을 위해 공부해야 할지 모르는 아이에게 미래의 선택지를 생각하게 해줄 문장이었다. 하고 싶은 일을 하기 위해서 필요한 꾸준함과 성실함을 아이들에게 눈으로 보여주고 싶었다. 자판기처럼 성실함이 좋은 결과로 재깍 나타난다면 좋겠지만, 가시적인 성과가 보이는 데에 걸리는 시간은 모두 다르다.

그래서 모두가 포기하지 않고 스스로 노력하고 있음을 들여다보기 위한 방법을 고안했다. 교실에서 아이들과 함께 플래너를 작성한 것이다. 매일 일기를 썼는지, 제가 담당한 역할을 수행했는지, 준비물은 잘 챙겼는지 등 학교에서 해야 할 일들의 목록을 작성하고 실행 여부를 일지 형태의 플래너에 기록하게 했다. 경쟁이 과열될까 염려되어 개별 기록에 따른 보상은 주지 않았지만, 모둠별 보상과 학급별 보상은 있었다. 한 번 안 하면 쭉 하기 싫어지는 관성에 제동을 걸기 위해 모둠 구성원끼리 서로의 플래너를 확인하며 챙기는 구조였다. 우리 모둠 구성원이 모두 잘해야 나도 원하는 보상을 받을 수 있고, 친구를 도울 때 격려 받았기에 절로 모둠 구성원을 챙기게 된다.

모든 모둠이 매일의 과업을 달성하면 그날은 학급 잔치다. 물론 안 한다고 버티는 친구 앞에서 아이들이 의욕을 잃지 않도록 선생님의 적절한 개입은 필요했지만, 매일 함께 해야 하는 과제를 공동의 목표로 하며 이를 공유하는 의미는 컸다. 아주 사소한 습관들로 보상을 경험한 아이들은 꾸준함 뒤에 맛보는 열매의 기쁨을 알게 된다.

결국 보상에 의해 움직이는 것은 근본적인 게 아니지 않느냐 반문할 수도 있다. 보상이 없으면 움직이지 않는다는 부작용도 있을 테니 말이다. 보상을 제시하는 대신에, 먼 미래의 성취감을 불러일으키는 쪽이 더 낫지 않느냐는 의미다. 하지만 어른들에게 꿈을 말하라고 해도 대답하기가 쉽지 않은데, 아이들에게 자기 꿈을 뚜렷하게 정하고 그를 향해 긴 호흡으로 걸어가라고 말하는 것은 너무 막연하다. 무얼 하고 싶은지, 무얼 잘하는지 구체화되어 있지 않은 상태이기 때문에 주변에서 주입된 욕망을 자기 것이라고 착각하기도 한다. 이런 아이에게 미래를 위해 해야 할 일을 해야 한다고 하면 과연 절실하게 와 닿을까?

외적 보상을 통해 내적 성취감을 느끼도록 한다면 보상의 간

절함으로 아이를 움직이게 만들고, 훗날의 성취감까지 연결할 수 있다. 트로피나 메달은 그 자체로는 가치가 없음에도 불구하고, 수여받은 아이는 너무나 기뻐한다. 아이가 얻은 성취감, 그 자체인 셈이다. 마찬가지로 아이가 작은 성공을 경험하고, 그게 자신에게 좋다는 점을 확실하게 깨달으면 족하다. 아이들에게 "축구를 잘하고 싶다면 드리블을 연습해."라고 말하면 생각보다 많은 아이들이 막연하다고 느낀다. 축구를 잘하면 좋겠지만, 사실 뭐가 축구를 잘하는 건지 잘 모르기 때문이다. 명확한 기준을 주겠다고 '시합에서 이기기 위해서'라는 목표를 매번 강조할 수도 없다. 아이들이 최선을 다하고도 졌을 경우가 있으니 말이다. 아이들을 위로하는 말이야 할 수 있지만, 대진 운의 영향이 커다란 시합 결과에 아이의 성취감을 걸 수는 없다. 꾸준히 연습했다면 100퍼센트 성공할 수 있는 무언가가 필요했다.

　　이를 위해 보상을 걸었다. '하고 싶은 일'을 위해 '해야 할 일'을 하는 거라면 '해야 할 일'을 꾸준히 한다면 확실히 성공할 수 있는 당근을 '하고 싶은 일'로 제시하는 거다. 집에서도 학교의 플래너와 비슷한 간단한 생활일지를 사용하는데, 아이가 뭔가를 하고 싶다고 요구할 때 아이가 '해야 할 일'이 적힌 달력을 내세운다. "게임하고 싶지? 매일 피아노를 20번씩 치고 동그라미를 모아보렴.", "친구를 초대하고 싶다고? 방 청소를 할 때마다 한 칸씩 색칠해서 빈 칸이 꽉 차면 초대하자."

　　하고 싶은 일과 해야 하는 일의 논리적 관계가 명확하지 않아도 괜찮다. 효과를 보고 나서야 학습 목표를 그제야 실감할 때도 있지 않은가? 아이는 게임이 하고 싶어서 피아노를 연습했지만, 매일 일정량의 연습 덕에 이전보다 피아노 실력이 향상된 걸 경험하고 "꾸준히 연습하니까 성장하는구나!"라는 미처 몰랐던 성취감을 얻을 수 있다.

이때 중요한 것은 "게임하려고 연습했구나?"라는 첨언은 굳이 하지 않는 것이다. 보상의 궁극적인 목적은 나중에는 보상이 없어도 움직일 수 있도록 내면의 성취감을 자극하는 데에 있다. 성공 원인을 보상에서 찾으면 보상과의 연결고리만 두터워질 뿐 내적 동기가 약해진다. "엄마 말 들으니까 좋지?"라는 말도 아쉽다. 온전히 아이의 힘으로 꾸준하게 노력했더니 성장했다고 스스로 인식하는 것이 중요하다.

작은 성취감은 아이에게 새로운 의욕을 불어넣었다. 원이는 내준 숙제를 모두 해야 마음이 편해지는 모범적인 어린이로 태어났지만, 소근육 발달이 상대적으로 늦어 대부분의 운동이나 신체 활동을 유독 힘들어했다. 운동 면에서는 힘들 수 있겠단 생각이 들면서도, 아이가 작은 성공 경험을 쌓을 때마다 "노력하면 잘할 수 있다."란 말을 반복해주었다. 그래서일까? 원이는 자신이 못하는 신체 활동마저도 늘 열심이었다. 넘어지면서도 두발자전거를 붙들고, 휘청거리면서도 인라인을 연습했다. 결국 운동 신경이 좋은 환이보다 두발자전거를 먼저 성공하고는 "저는 여섯 살인데 두발자전거를 타요."라며 만나는 사람에게마다 자랑했다. 얼마 전에는 "엄마, 나

왠지 수영 잘할 것 같아. 연습하면 잘할 수 있어!"라고 말하게 되었으니, 신체적으로 타고난 아이는 아니지만 아주 성공적으로 자라고 있는 셈이다.

'해야 하는 일'은 매일 반복해야 하는 작은 공부나 습관으로 정하고 간단히 기록하여 얼마나 실천했는지 눈으로 확인했다. 아이들의 추진력은 짧고 굵어서 보상이 눈앞에 보이면 일회적인 청소나 과제는 놀랄 만큼 잘하지만, 금세 방전이 되어 꾸준히 쌓이지 않는다. 방학 과제로 '수학 문제집 한 권 풀기' 대신에 '하루에 24문제씩 20일 동안 풀기'라고 안내하면 아이들은 하루의 열정으로 몰아서 해치우는 대신, 20일간 꾸준히 실천하기 위해 하루에 한 번씩 꼬박꼬박 책상에 앉는다.

습관 어플과 비슷하다. 여러 습관 관리 앱이 인기를 끌면서 일정 기간 동안 꾸준히 실천한 결과물을 SNS에 인증하는 사람이 많아졌다. 달리기를 해서 신체적인 변화를 느끼려면 지난한 과정을 견뎌야 한다. 하지만 연습 기록을 차곡차곡 쌓아 도장을 받으니 물질적인 보상이 있는 것이 아닌데도 뿌듯하고, 꽉 채운 기록을 자랑하며 성취감이 올라간다. 실천력이 올라가는 건 덤이다. 신체적 변화를 느낄 때까지 달리기를 꾸준히 할 원동력이 된다.

원이와 환이는 매일 하는 작은 공부와 방 청소를 한 달간 실천한 뒤 원하던 게임기를 얻었다. 집에 사람들이 올 때마다 꽉 채워진 생활일지를 자랑한다. 나 또한 좋다. "엄마, 장난감 사줘!"라고 떼쓸 시동을 거는 아이에게 "해야 할 일을 했니?"라고 문제의 해결을 아이 책임으로 전환할 수 있었다. 아이의 성장은 다시 아이에 대한 칭찬으로 선순환되어 특별한 규칙을 만들지 않아도 아이 스스로 해야 할 일을 챙기게 되었다. 보상은 아이와 나 사이 약속의 촉매제와 같다. 처음에는 보상을 목적으로 해야 할 일을 하지만, 작은 성공 경험이 쌓여 내적 성취감을 경험하고 나면 촉매 역할을 했던 보상은 더 이상 필요하지 않게 된다. 그리고 아이 스스로 해야 할 일과 하고 싶은 일 사이의 연결고리를 만들어낼 수 있다.

언젠가 보상이 시시해지는 순간이 올 테고, 그 이후는 아이의 몫이다. 그간 쌓인 작은 성공 경험으로 스스로의 성장을 체감하면 아이가 알아서 하고 싶은 일을 위해 작은 과업을 챙기리라 믿는다. 우리 반 아이들이 그랬던 것처럼. 또 내가 그랬던 것처럼.

태도5.
긍정 근육 기르기

수업이 잘되는 반은 어떤 반일까? 공부 잘하는 반, 아니면 조용한 반? 내게 선택권이 있다면 긍정적인 아이들이 많은 반을 꼽겠다. 수업 자료를 제시할 때 "재미있겠다!"라는 말이 먼저 튀어나오면 과목과 관계없이 이 반 학습 분위기는 성공적일 확률이 높다. 이런 긍정적인 아이들은 시험을 봐도 "이번에 공부 많이 했더니 엄청 잘 썼어요." 하고 자랑한다. 시험이 싫다 좋다 논쟁하는 대신 긍정적인 면을 찾아내기 때문에 옆 사람까지 덩달아 에너지가 차오른다. 그러니 좋은 수업 분위기는 선생님의 수업 능력에만 달린 거라고 말하기 어렵다.

긍정적 태도를 지닌 아이들은 당연히 결과도 좋다. 같은 과제를 제시해도 이 아이들은 과제의 중심 내용을 먼저 보지만, 부정적인 아이들은 곁가지에 집중하는 경우가 많다. 긍정적 시각은 해결 방법에, 부정적 시각은 문제 자체에 집중한다. 유인물의 안내가 친절하지 않을 때 주변 친구들에게 잘 보는 방법을 찾아 알려주는 아이가 있는 반면, 어떤 아이들은 못하겠다고 멈춰 버리는 것이다. 다시 안내하는 거야 어렵지 않지만, 문제에 적극적으로 개입해서 해결해본 아이가 더 성장하는 건 당연하다.

자신에 대한 긍정으로, 실패해도 다시 도전하는 아이들을 보며 내 아이를 저렇게 키우고 싶다 생각했다. 실패를 성장의 발판으로 삼는 것까지는 바라지 않아도 시련을 떨치고 일어날 수 있는 회복탄력성이 부러웠다. 싫은 걸 억지로 좋아하게 만들어야 한다는 말은 아니다. 다만 긍정적인 아이들은 싫은 감정을 흘려보낼 줄 알았다. 바람직한 면을 먼저 보고, 어려운 과제가 주어져도 낙관적으로 접근한다. 자존감이 높고 마음이 단단하다.

내 아이를 긍정적으로 키우고 싶을 때면 교실에서 만났던 긍정적인 아이의 부모님을 떠올린다. 그들은 대체로 포용적이고 따뜻했다. 하지만 맹목적인 칭찬을 하는 부모님과는 달랐다. 자칫 잘못된 칭찬으로 아이의 학습 의욕을 꺾고 자기 능력을 과신하게 만드는 사례와 달리, 실패한 과제에 대해서도 아이가 고쳐야 할 점을 절제된 감정으로 건조하게 말하되 잘한 부분을 함께 찾아 성장 가능성에 대해 보여주었다. 나 또한 칭찬이 아이를 키운다고 보는 편이라 어떻게든 칭찬하려 애쓰다 보니 칭찬의 기술이 제법 몸에 익었다.

먼저 "너희 반에서 제일 잘했다."처럼 비교 대상이 있는 칭찬 대신, "지난번보다 자세가 좋아졌어."라고 아이의 이전 지점과 현재의 성장을 비교해 읊어준다. '좋아졌다, 잘한다, 늘었다' 등의 단어가 아니라, '달라졌다'는 단어만 사용해도 괜찮다. 아이가 애쓰고 있다는 건 느껴지는데 긍정적인 성장이 보인다고 말하기는 애매할 때 '애씀'을 알아주고 싶어서 달라졌다고 표현하는 거다. 칭찬은 노력이 헛되이 느껴지지 않도록 들여다보는 관심의 표현이기도 하다. 때로 아이들은 '잘했다'란 말보다 '고맙다'란 말을 들었을 때 더 의미를 담아 일기를 쓰기도 했다. 자신이 누군가를 도왔고, 그로 인해 인사 받았다는 데에 칭찬만큼의 만족감을 느끼는 것이다.

또 아이의 작은 행동을 선한 의도로 읽어주는 말도 효과가 좋다. 아이들은 표현이 서툴러서 누군가를 도우려다가 망칠 때도 있고, 망설이다 미처 돕지 못할 때도 많다. 친구가 어려움을 겪을 때 도울까 말까 바라보는 아이에게 "도와주고 싶은데 어떻게 도와야 할까 고민하는 거구나?"라고 말하면 아이는 쑥스러워하면서도 기꺼이 손을 내민다. 친구를 도우려는 의욕이 넘쳐 갈등이 생긴 아이에게는 "도와주고 싶었는데 생각대로 안 되어서 속상했구나."라고 읽어주면 갈등에 얽힌 아이들 모두가 마음이 조금 풀린다. 의도를 오해 받으면 억울해서 "다시는 안 도와준다!"며 씩씩대지만, 선한 의도였다는 것을 알아주면 돕는 방법에 대해 생각해볼 마음의 여유가 생긴다.

긍정적인 아이들은 학교와 선생님을 신뢰하는 편이다. 이 또한 부모님의 영향을 많이 받는데, 부모님이 학교의 교육과 담임 선생님에 대해 전폭적인 지지를 보내면 아이는 학교를 좋아하고 신뢰하기 마련이다. 아주 사소한 좋은 점까지 찾아 지지해주는 것이다.

반면 부모님이 "그런 숙제를 왜 내주시는 거야?", "선생님이 그런 말을 하셨다고? 이상한 선생님인데?"라는 부정적 판단이 들어간 말이나 비언어적 표현이 보이면 아이들도 선생님을 신뢰하지 않게 된다. 가끔 아이들이 "우리 엄마가 그거 왜 하냐고 하시는데요?"라고 부모님의 말을 날것 그대로 전할 때면 어떻게 반응해야 할지 고민된다. 상한 감정은 둘째 치고, 잘못 말하면 내가 아이 엄마의 생각을 전면에서 부정하게 되기 때문이다. 선생님이 엄마한테 따로 설명 드리겠다고 즉답을 피하지만, 아이는 이미 안 할 구실이 생겨 버렸다. 또 추후 어떻게 정리되든 부모님께 공감 받지 못하는 교육이 아이한테 효과를 보이기란 어렵다.

그렇기 때문에 부모님께 학교 교육에 의문이 생겼을 때 아이에게 부정적인 견해를 보이거나, 아이를 통해 의문점을 전달하기보다는 담임 선생님과 연락을 먼저 해보라고 안내한다. 상황을 알게 되면 부모님이 납득하게 될 수도 있고, 반대로 담임 선생님이 부모님의 의견을 수용해 교육 활동을 변경할 수도 있다. 불만이 없어야 한단 소리가 아니라, 아이 앞에서 학교 교육에 대한 불신을 보여 아이가 학교나 선생님에 대한 신뢰를 잃지 않게 하는 것이 중요하다는 의미다.

아이의 긍정적 경험을 위해 아이와의 경기에서 져주는 것이 좋은지, 아니면 이기는 것이 좋은지 남편과 논쟁을 벌인 적이 있다. 나는 항상 져주는 편이고, 남편은 모든 게임에서 이긴다.

"아이한테 좀 져주면 안 돼? 어른이 애한테 이겨서 뭐해?"

그랬더니 남편도 나름의 이유가 있다.

"아슬아슬하게 지는 게 아이를 격려한다고 나도 책에서 많이 봤어. 하지만 우리 반 아이들을 보니 어른이 져줘서 가짜 승리 경험을 하게 만드는 게 늘 좋은지 의문이 들었어. 자신이 잘하는 줄 알던 아이들이 다른 친구들에게 지면 심하게 흔들리게 돼."

들어보니 그 말도 맞다. 아이의 자존감이 화두가 되면서 많은 자녀교육서에서 아이의 성공 경험을 강조하며, 이를 위해 부모가 져주는 것이 좋고 쉬운 과제부터 제시하라고 말한다.

문제는 가짜 승리와 실전과의 차이로 졌을 때다. 실전에서 부딪혔을 때 자기가 예상했던 결과와 차이가 나면 아이가 스트레스를 받는데, 이때 부모님의 대응 방식을 고민해볼 필요가 있다. 아이의 자존감이 손상될까 두려워 부모님이 나서서 학원을 옮긴다든가, 경기를 안 한다든가 식으로 아이가 이 싸움을 피하는 쪽을 선택한다면 아이의 마음속에 패배감이 오래 남는다. 그렇다고 패배감에 젖은 아이를 격려하며 이기는 법을 알려준다고 해서 아이가 다시 힘을 내기까지 기다리기도 쉽지 않다. 그러니 남편은 차라리 잘 지는 법을 어른과의 대결로 알려주자는 것이다. 아이들은 자신이 조금만 더 노력하면 선생님을 이길 수 있다는 가능성을 보며 더 열심히 달린다. 어른은 경쟁 상대에서 열외라서 아이들 입장에서 져도 기죽지 않고, 이기면 기분이 좋으니 실패 경험을 배우기에 꽤 괜찮은 상대가 아닌가?

물론 이 논리를 이성적으로는 납득했지만 대여섯 살 되는 아이들이 져서 엉엉 우는 모습을 보면 마음이 그리 좋지는 않았다. 그래도 남편은 늘 꿋꿋하게 이겼다. 아이는 "아빠랑 경기 안 해!"라고 할 만한데, 학교에 갈 때가 되자 이기고 싶을 땐 엄마와, 도전할 마음이 들 때는 아빠와 대결을 신청하는 영민함을 보인다. 아이의 눈높이에 맞춰 한 끗 차이로 이기다 보니, 아이는 아빠의 전략을 그대로 따라 하며 성장할 수 있었다. 이길 수 있다는 희망은 아이를 도전하게 만들고, 꾸준한 도전에 아이는 단단해졌다. 세 남자 덕분에 나는 매일 지지만, 아이는 더 이상 엄마한테 이긴 걸로는 크게 만족하지 않는다. 이런!

긍정적인 분위기를 만들기 위해 아이의 타고난 성품에만 의존할 수는 없다. 주변의 북돋움을 통해 긍정적인 아이로 만드는 것에도 시간이 필요하다. 하지만 긍정적인 말 표현은 당장이라도 가르쳐줄 수 있다. 부정적인 생각이 튀어나오더라도 그 표현을 멈추고 긍정적인 표현으로 바꿔 말하기를 연습하는 거다. 온라인 게시판의 첫 댓글이 제일 중요한 것처럼 교실에서도 첫 반응이 중요한데, 부정적인 말이 먼저 나오면 이후에 긍정 반응을 이끌어내기가 쉽지 않다. 샤이 긍정이들을 수면 위로 끌어올리기 위해 매 학년 첫날 아이들이 긴장하며 선생님의 말을 가장 집중해서 들을 때, 교실에서 익혀야 할 가장 중요한 말이라며 따라 하도록 한다.

"지금부터 진지하게 따라 합니다. '와, 재미있다!', '친구와 같이 해서 재미있다!', '학교에 와서 재미있다!', '학교 급식을 같이 먹어서 재미있다!'"

어떤 이유든 '재미있다'로 귀결되는 말을 따라 하면서 아이들은 킥킥대며 웃는다. 물론 냉소적인 아이도 언제나 있다. "선생님, 이건 억지예요!"라고 말이 나오면 단호하고 친절하게 설명한다.

"맛있는 국밥을 먹고 있는데, 옆 사람이 '국에서 발 냄새 나지 않아?' 하는 순간 어떤 기분이 들어? 맛있게 먹던 내 국에서도 갑자기 발 냄새가 나는 것 같지. 그 후론 누가 맛있다고 해도 발 냄새가 연상되어 국밥을 먹을 수 없게 돼. 우리는 모두 옆 사람의 말에 영향을 받는데, 부정적인 말을 먼저 들으면 긍정적으로 생각을 바꿔보려고 해도 어려워. 그러니 부정적 감정이 들 때는 속으로만 생각해주세요. 많은 사람이 듣게 하지 않았으면 좋겠습니다."

발 냄새 덕분에 킥킥 웃던 샤이 긍정이들이 용기를 내서 긍정 반응을 보여주면 성공이다. 다소 우스꽝스럽지만 긍정적인 말 연습의 효과는 분명했다. "재미없어. 또 학습지야?"라는 말을 뱉은 아이의 옆구리를 주변 친구들이 쿡쿡 찌른다. 그럼 또 다른 아이가 선생님 들으란 듯 "학습지가 너무 재미있지 않니?"라고 연극적으로 말하는데, 그 모습이 우스워 웃다 보면 학급의 분위기가 생산적으로 변한다.

엄마들은 아이가 문제에 부딪혔을 때 해결하려는 노력을 안 한다며 속상해한다. 역경은 이겨내야 한다고, 하면 다 할 수 있는데 노력이 부족한 거라고 아이를 다그치지만 쉽게 바뀌지 않는다. 노력해도 실패했던 경험 또한 학습되기에 진짜 극복할 수 있을지 스스로 의심이 깃들어 도전할 용기가 나지 않기 때문이다.

아이들에게 투지를 불러일으키려면 이길 만한 가능성을 구체적으로 보여주거나, 해낼 수 있을 거라는 믿음을 심어줘야 한다. 상황을 긍정적으로 볼 수 없다면 낙관적으로 보는 안경을 썼다 생각하고 표현만이라도 바꿔보는 거다. "할 수 있어!", "해낼 수 있어!", "힘들지만 재미있어!" 그리고 보니 유명 자기계발서에서 하는 얘기들과 비슷하다. 하긴 자녀교육은 아이가 잘 살아내도록 하기 위한 지원이니, 부모의 말과 행동으로 자기계발서를 읽어주는 셈 아니겠는가?

관계1.
같은 반 친구 만들어주기 노하우

친한 친구가 휴직을 했다. 휴직해서 뭘 하고 싶은지 물어보니 아이의 친구를 만들어주겠단다. 기껏 휴직해서 하고 싶은 게 그거냐고 웃었지만, 친구는 엄청 진지하다.

"동네에서 아이 친구 엄마들이 삼삼오오 모여 있는데, 나는 일찍 나가고 늦게 퇴근하느라 한 번도 못 꼈어. 내가 친구 엄마들이랑 어울려야 우리 애도 집에 초대 받고 휴일에도 같이 놀 수 있을 텐데, 그게 안 되더라. 휴직했을 때라도 해주고 싶어, 같은 반 친구 만들기."

아이가 외동이라 함께 놀게 할 형제가 없다고 한탄하더니, 이번엔 단단히 결심했다. 모르는 사람에게 선뜻 다가가지 않고 경계선을 긋던 그녀가 놀이터에서 먼저 인사를 건네는 아이 엄마가 되었다니!

아이 친구까지 엄마가 만들어줘야 하느냐며 유난이라 생각할 수도 있지만, 아이가 어릴 때는 엄마의 관계가 아이의 친구 관계에 영향을 많이 미친다. 예전에야 자연스레 공터나 놀이터에 동네 아이들이 모여 놀았지만, 요즘은 약속 잡고 모여야 친구들의 얼굴을 볼 수 있다. 그러니 아이의 친구 관계에서 연락을 담당할 중간 역할을 엄마가 맡는 셈이다. 그러고 보니 아이의 친구들 중 휴일에도 만나는 친구들은 엄마랑도 안면을 튼 경우가 대부분이다. 학교에서는 친구들과 무던하게 지내는 것 같은데, 주말에 만날 친구가 없다면서 답답해한다면? 어쩌면 엄마가 나설 차례일 수도 있다.

3월, 학부모총회 이후 적극적인 학부모들 중심으로 반 모임이 열린다. 사실 선생님 입장에서는 반 모임에서 가장 흔하고 안전한 대화 소재가 교사인 걸 알고 있기에 부담스럽기도 하다. 하지만 엄마 입장에서 보면 아이가 학교에서 친구를 사귀고 돌아와 주말이나 방과 후 약속을 잡았을 때 "친구 누구? 아, 그 엄마네 아이." 하면 조금 더 편안하게 아이를 보낼 수 있지 않은가? 반 모임도 관계 맺음이라 그 안의 갈등도 만만치 않지만, 지레 피할 필요는 없다. 이때 정보 공유를 하겠다거나 뭐라도 꼭 얻어가야겠다고 생각하면 괜한 부담에 매이게 되니, 또래 키우는 입장에서 동질감을 나누는 관계 정도로 생각하면 좋겠다.

엄마들과의 관계 만들기의 시작은 마음을 여는 일이다. 나의 주변에서는 첫째 때 이미 경험해본 엄마들이 더 적극적이었다. 아이 친구를 초대할 때 엄마 대접은 어떡하나 고민하지 않게끔 아이만 보내 달라고 연락하니 서로 편했다. 또 놀이터에서 아이들이 노는 근처에 머물며 지켜보다 보니 친구 엄마들과 대화의 물꼬가 트인다. 과자 몇 개를 주머니에 넣어 들고 다니는 것도 좋았다. 아이 친구에게 내밀면 엄마들이랑 눈짓으로 고마움을 주고받는데, 시작은 그 정도로도 따뜻하다.

아이가 더 어릴 때는 엄마끼리 성향이 잘 맞으면 아이들도 무난하게 어울릴 수 있다. 아이의 자아보다는 함께 놀다 벌어지는 문제에서 엄마의 대응이 중요한 시기이기 때문이다. 아무래도 나는 제 아이의 잘못을 뭉개지 않고 바로 사과할 줄 아는 엄마를 좋아한다. 또 아이의 건강도 중요하지만, 크게 문제가 없는 상황이라면 약간의 젤리와 사탕은 놀이의 윤활유가 될 수도 있다고 생각한다. 하지만 이런 식으로 각자의 교육관이 달라도 서로 어느 정도씩 수용할 수 있는 아량만 있다면 누구든 충분히 대화할 수 있다. "손도 안 씻었는데 젤리와 사탕을 먹인다고?" 하며 놀라는 대신, '그렇구나.' 생각하고 넘겨주기만 해도 괜찮은 것이다. 자신은 엄격하게 예의를 지키되, 다른 이의 예절에 대해서는 조금 더 넉넉하게 생각하는 편이 놀이터 관계에서 편했다. 모든 인간관계가 그렇지만 말이다.

아이의 친구 관계는 학부모 상담에서 가장 인기가 많은 주제다. 친구가 많은 아이의 엄마는 아이의 친구 관계를 유지하느라 걱정이고, 친구가 적으면 우리 아이가 왕따가 되거나 친구들에게 괴롭힘을 당하지 않을까 걱정이다. 아이가 알아서 할 일이라고 하기엔, 나 역시 어릴 때 경험했던 폭풍 같던 관계의 스트레스가 자꾸 떠오른다. 어른이 되어서도 관계 맺음이 어려워 꾹꾹 참다가 손절의 기술만 늘어가는데, 아이가 친구 문제로 속상해하는 것을 보니 마음이 아프다. 학교라는 공간은 엄마가 지켜줄 수 없기에 함께할 친구라도 있으면 좋겠는데, 엄마가 기대하는 만큼의 든든한 친구 관계를 만들기란 참 어렵다. 어려움에 처했을 때마다 도와주러 출동하는 그런 동화 속 친구 어린이는 어디서 만날 수 있는 걸까?

새삼 내가 아이의 친구에게 기대하는 게 많다는 걸 깨달았다. 쉬는 시간에 소소한 이야기를 나눌 수 있는 상대면 좋겠고, 생일잔치를 열 때 선뜻 초대에 응해주면 좋겠다. 우리 아이가 개구지면 좀 더 어른스러워서 중심을 잡아주면 좋겠고, 반대로 우리 아이가 진중한 편이라면 좀 더 쾌활해서 분위기를 방방 띄워도 좋겠다. '친구 따라 강남 간다.'라는 오랜 속담처럼 끼 많은 친구를 만나 무대에도 올라보고, 공부도 잘해서 서로 좋은 자극을 주면 기쁘겠다.

이쯤 되면 엄마가 기대하는 아이의 친구는 정말 동화 속에나 등장할지도 모르겠다. 이런저런 소망을 말했지만, 사실 엄마가 있어주지 못하는 시간 속에서 마음 편히 함께할 수 있는 친구면 족하다. 그저 아이가 외롭지 않았으면 좋겠다.

고등학교 시절, 가장 친한 친구가 베개만큼이나 커다란 뻥튀기를 낑낑 안고 학교에 온 적이 있었다. 한 움큼씩 집어 먹으면서 "이게 다 뭐야?" 물었더니, "엄마가 이거 나눠 먹으면서 친구 사귀고 오래."라면서 아이들에게 한 바가지씩 능청스레 나눠줬다. 뻥튀기 한 바가지에 친구가 되기로 마음먹은 건 아니지만, 그때 어찌나 재미있던지, 친구 사귀는 법을 떠올리면 그 아이의 표정이 떠오른다.

친구하자고 어떻게 말을 꺼내야 할까 망설여질 때 뻥튀기와 같은 작은 불씨를 마련해보자. 이야기가 마구 나올 만한, 기왕이면 깔깔 웃을 수 있게 재미있는 것으로.

어른이 된 지금도 관계 맺음은 참 어렵다. 친구 사귀는 방법은 교과서에 등장하지는 않지만, 학교에서 많은 친구들을 만나며 실전으로 체득하는 사회적 기술이다. 관계 맺음은 친구를 사귀는 것으로 끝나지 않는다. 무례한 사람에게 웃으며 응대할 비법을 구하기도 하고, 미워할 수 있는 용기를 갖겠다며 스스로 다독이는 연습을 하기도 한다. 서점에 나와 있는 수많은 마음 챙김 도서는 여전히 관계 맺기 수련 중인 어른을 위한 위로일지도 모르겠다.

아이가 친구와 마음 편한 관계를 맺을 수 있도록 응원하고, 혹시나 상처 받고 돌아왔을 때 든든한 같은 편이 되어주어야겠다. 그 외에 또……, 커다란 뻥튀기나 한 봉지 사서 아이 손에 들려줘볼까?

관계2.
사이좋게 지내지 않아도 괜찮아

"사이좋게 지내자."

참 상투적인 문장이다. "잘 지내." 정도의 가벼운 문장이면 좋을 텐데, 가끔 "사이좋게 지내라." 하는 말은 의도치 않게 상처를 남기기도 한다.

나의 이야기를 해보자면, 하고 싶은 말의 반은 하고 사는 탓에 삼십대를 관통하는 지금도 종종 다툼이 생기곤 한다. 어른의 싸움이라고 다를까. 꼬맹이들이랑 똑같다. 싸우는 자, 말리려는 자, 구경하는 자의 컬래버레이션. 성질대로 들이받은 후 '참을 걸 그랬나?' 후회하지만, 이 말만 들으면 다시 마음이 냉랭해진다.

"네가 참고 넘어가. 어차피 계속 얼굴 볼 사이인데 사이좋게 지내야지."

상대편에게도 이 말을 했을까? 사이좋게 지내기 위해서 어디까지 감당해야 하는 걸까? 나의 분노를 존중 받지 못한 것에 다시 화가 난다. 사이좋게 지내자는 말은 스스로의 다짐은 되겠지만, 그 자체가 목적이 될 수는 없다.

4학년 담임이던 어느 날, 우리 반 지원이가 쉬는 시간에 혼자 앉아 있는 것을 보았다. 며칠 전까지만 해도 틈만 나면 다른 여자아이들 다섯 명과 함께 어울렸는데, 뭔가 이상하다. 무슨 일이 있는지 물었더니 "아무 일도 없어요." 하며 나를 피한다. 혼자된 아이는 보통 무슨 일이 있는지 물어봐주길 바라는데, 오히려 선을 긋는 4학년이라니! 어쩔 수 없이 지원이 엄마에게 무슨 일이 있었는지 이야기를 듣고, 다시 아이를 부른다. 충분히 오해를 풀 수 있는 상황이라 지원이한테 말을 꺼내보니 조심스레 답한다.

"선생님, 화해시키지 말아주세요."

억지로 사과하고 화해했던 기억이 있는 걸까? 아이의 불안한 표정에, 과거에 나도 맺힌 앙금을 감추고 선생님 앞에서 어색하게 싸웠던 친구의 손을 맞잡았던 기억이 붕 떠오른다.

"사이좋게 지내지 않아도 괜찮아. 다만 지원이가 외로울 때에는 선생님에게 귀띔해주면 도와준다고 약속할게."

이렇게 이야기하니, 지원이가 눈을 동그랗게 뜨고 나를 쳐다본다. '사이좋게 지내지 않아도 괜찮다고요?'라고 묻듯이 말이다.

사이좋게 지내라는 말의 씁쓸함에 대해 생각한다. 어린아이에게 "친구와 사이좋게 지내야지." 하며 장난감을 양보하거나 평소 아끼던 것을 쉽게 나누도록 강요한다. 이상적으로는 옳은 말 같긴 한데, 어째 좀 자연스럽지 못하다.

사이좋게 지내기 위해서 감정과 욕구를 어디까지 눌러 참아야 하는 걸까? 사이좋게 지내는 이유는 재미있게 놀고 행복하게 살기 위함인데, 규범처럼 강조하다 보니 제 감정을 표현하는 것이 옳은 것처럼 오해된다. 너를 존중하면서 나 또한 존중 받고 행복하게 지내자는 의미의 '친교 활동'인데, 다른 사람을 존중하기 위해서 내 감정을 무조건 참아야 한다면 "왜 만날 저만 참아요?"라는 아이들의 볼멘소리가 나올 만하지 않을까? 어릴 때야 장난감을 양보당하면 울 수야 있었지만, 더 자란 후에는 속 좁고 이기적이라고 손가락질 당할까 두려워 억지로 웃으며 참는다. 사이좋게 지내라는 말 대신, 먼저 제 몫을 챙기고 제 감정을 존중하라고 독려하면 안 되는 걸까?

우리 집 쌍둥이는 같은 장난감으로 매일 싸워서 각각 자신의 장난감이 따로 있다. 하지만 그럼에도 남의 장난감이 더 탐나 보이는 법이라 다툼은 늘 발생한다. 형제 싸움은 피해자도 가해자도 내 아들이라 내 맘속에서는 그럭저럭 공평해지는데, 이게 반복되다 보니 놀이터의 양보 갈등에도 도가 튼다. 그래서 우선은 원치 않게 양보당할 운명에 처한 아이를 위해 소중하게 여기는 장난감은 미리 숨겨준다. 미처 숨기지 못하면? 양보를 권하는 대신 선택지를 이야기해주는 거다.

"환이가 네 장난감을 너무 갖고 놀고 싶어 하는데, 이 장난감은 원이 거니까 빌려줄지 말지는 네가 결정해야 해."

양보의 결정권은 아이에게 있음을 설명해주었기 때문에 아이가 혹시 거절해도 엄마가 불편한 표정을 짓거나 옳고 그름을 판단하지 않는다. 상황에 따라서 양보를 조르는 상대 아이에게 단호하게 선을 긋기도 한다.

"환이야, 이건 원이 장난감이니까 원이가 빌려주기 싫으면 강요해선 안 되는 거야."

환이가 속상해하며 울어도 어쩔 수 없다. 엄마 역할은 장난감을 뺏어주는 사람이 아니라, 가지지 못한 아이를 꼭 안아주는 데까지만이다. 떼쓰는 소리가 듣기 힘들어서 장난감을 빼앗아주면 원이는 억울해하고 환이는 다음에도 다른 사람의 장난감을 떼쓰며 요구할 것이다. 대신 이후 마음이 바뀐 원이가 옆에 와서 양보를 하는 일이 종종 있는데, 이런 경우에는 대단한 일을 해냈다며 충분히 칭찬해주고 환이와 함께 고마워한다.

"우와, 원이가 양보해주는 거야? 정말 대단하다. 너무 고마워. 덕분에 환이가 행복해하네."

양보를 권하지 않는 일은 오히려 아이가 기분 좋게 양보하게 만드는 가장 성공적인 비법이기도 하다. 아이가 장난감을 양보하지 못하는 이유는 뺏길 거라는 두려움 때문인 경우가 많은데, 주인을 명백하게 밝히고 강제로 빼앗아가지 않는다는 사실을 행동으로 보여주면 그 마음이 사그라들어 자발적으로 양보할 여유가 생기는 것이다. 어른도 그렇지 않은가? 싸움했을 때 옆에서 "그래도 사이좋게 지내야지."라고 말하는 것은 진심으로 화해하고 싶은 마음이 들게 하는 데에 별 효과가 없다. 차라리 감정이 올라온 사람에게 "네가 화날 만했네! 나라도 화났겠다."라며 맞장구를 쳐주면 슬그머니 화가 가라앉는다. 한참 성토하고 나서는 내 입에서 먼저 "그래도 같이 지낼 사이인데 화해해야지, 어쩌겠어." 하며 스스로 감정을 다스리기도 한다. 좋은 게 좋은 거 모르는 사람이 누가 있겠는가? 다만 화가 났던 거라, 그 감정을 이해 받지 못하면 또다시 화가 나는 것이다.

6학년 하은이도 같이 다니는 친구들 무리에서 빠져 혼자가 된 적이 있다. 하은이는 외톨이가 된 이후에도 비교적 단단했지만, 지레 걱정이 되어 엄마에게 전화를 했다. 하은이 엄마는 이미 아이의 사정을 모두 알고 있었고, 아이와 충분히 대화하고 있는 상태였다. 하은이 엄마는 오해를 풀어주기 위해 아이의 친구를 직접 만나는 등 적극적인 행동을 하는 대신, 하은이의 이야기를 귀담아 들으며 충분한 공감과 격려로 아이를 든든하게 지지했다.

"하은아, 너무 화가 났겠다. 시간이 지나면 친구들도 오해였던 걸 알아줄 거야. 엄마도 이렇게 속상한데, 하은이 속은 얼마나 상했을까? 기분 전환하게 뭐든 재미있는 걸 해볼까?"

엄마와 상담 끝에 교실에서도 면밀히 지켜보되, 주변에서 지원만 하기로 했다. 아이들의 갈등을 직접 중재해볼까 했다가도, 지금은 해결이 돼도 비슷한 갈등이 반복될 것 같은 상황이라 특별한 행동을 취하지 않았다. 대신 아이가 혼자 있는 동안 위축되지 않도록 환경을 조정했다. 기존 무리가 아닌 다른 친구들과 어울릴 수 있도록 자리를 배치하고, 홀로 있는 상황에서는 따로 불러서 말이라도 한마디 더 챙겨주며, 둘씩 짝지어야 하는 곤란한 상황을 만들지 않는 등 간접적인 지원이다.

그로부터 몇 달 뒤, 하은이는 새 친구를 사귀었고 싸웠던 무리 중 한 아이가 자신이 오해했다며 하은이에게 사과 편지를 보내왔단다. 지원이와 하은이 두 사례 모두 어른들이 나서서 화해시키지 않았지만, 시간이 흐른 뒤 등 돌렸던 친구 대부분과 다시 웃으며 지내게 되었다. 설령 끝까지 화해하지 않았어도 뭐 어떤가? 아이가 기죽지 않고 새로운 친구를 사귀면 된다.

반드시 사이좋게 지내지 않아도 되는 건 아이뿐만 아니라, 엄마도 마찬가지다. 아이가 어릴 때는 엄마가 아이 친구들 혹은 그 가족과 직접 소통하면서 관계를 만들어간다. 엄마끼리는 잘 지내는데 아이끼리 싸우거나 혹은 아이가 상대 아이와 만나는 것을 불편해하는 경우가 종종 생긴다. 나도 그런 적이 있다. 아이들의 싸움에 난감해서 내 아이에게 먼저 양보를 강요하고, 아이의 불편한 감정을 보고 "네 오해일 거야. 잘못 알았을 거야."라고 상대 아이와 마음을 풀도록 유도했다. 내가 아이에게 하던 말을 가만히 듣던 상대 아이의 엄마가 옆구리를 찌른다.

"지금은 아들 편 들어줘야지!"

생각해보니, 그저 내 불편한 마음을 해소하기 위해서 너무 서두른 모양이다. 아이들 간 갈등이 좀 늦게 해결되면 어떤가? 아니, 사실 싸워서 결국 풀리지 못한다고 해도 뭐 어떤가? 감정을 직시하고 스스로의 마음에 앙금이 남지 않게 해결하는 과정을 배우는 것이 중요한데, 눈앞의 불씨를 덮어 버리고 싶어서 엄마가 아이의 이야기를 막는 데에만 급급했으니, 아이 입장에선 얼마나 서운했을까? 내 문제라면 몰라도, 아이의 싸움은 아이가 스스로 결정하게 했어야 하는 게 맞는데 말이다.

때로는 싸울 수 있는 용기도 필요하다. "사이좋게 지내라. 네가 참아라." 대신 "싸워도 괜찮아." 하고 잘 싸워보라는 격려를 받고 싶다. 사이좋게 지내지 않아도, 혼자가 되어도 큰일 나지 않는다. 혼자되지 않기 위해 절절매는 것보다, 혼자 있더라도 당당한 것이 스스로는 더 행복할 수도 있다. 그 선택은 자신이 하도록 하자.

함께 행복하기 위해서 관계가 중요하다면 먼저 자기의 감정부터 소중히 하는 걸 아이가 배워야 한다. 상대방의 눈치를 보는 것과 존중하는 것은 다르다. 스스로를 존중할 수 있어야 자신이 받고 싶은 대로의 존중을 표현할 수 있는 법이다. 가족이 충분한 정서적 안전망이 되어준다면 아이는 흔들리지 않는다. 흔들리지 않는 아이는 또 다른 친구가 생길 수밖에 없다. 당당한 자세는 그 자체로도 빛날 테니 말이다. 잘 싸우는 아이는 마음도 건강해진다.

관계3.
진짜 '잘' 싸우는 아이들의 싸움의 기술

교실에서 얼굴이 벌게지도록 싸운 두 아이를 떼어놓고, 한바탕 푸닥거리를 한 뒤 전화 앞에 앉았다. 어디에 먼저 전화를 해야 할지를 고민한다. 먼저 주먹을 날린 아이의 집에 전화해서 사건의 전말을 설명해야 할까, 더 많이 상처가 난 아이의 집에 먼저 전화해 얼굴에 흉 질까 걱정이라고 위로의 말을 해야 할까? 살살 약 올린 아이가 원인을 제공했으니 먼저 사과하라고 말할까, 마음이 다친 아이의 집에 전화하여 어머님이 이런 위로를 해주셨으면 좋겠다고 할까? 맞았든 때렸든 아이가 학교에서 친구들이랑 싸웠다는 소식을 학부모에게 전할 때면 어떻게 해야 완충이 될지를 고민하며 수화기를 든다.

사실 아이가 맞기만 하고 오는 건 부모로서 피가 거꾸로 솟을 만큼 화가 나는 일이다. "무조건 폭력은 안 돼. 어떤 경우라도 안 돼."라고 가르치지만, 맘 한편으로는 "깽값을 물어줄 테니 차라리 네가 때리고 오는 게 속편하겠다!"란 게 솔직한 부모 심정이기도 할 것이다. "어머니, 오늘 진구가 친구한테 맞았어요."라는 소식을 전하면 부모님이 숨 멎은 듯 말을 잇지 못하지만, 곧바로 "상대방 석진이도 상처가 났고요."라는 이야기를 들으면, 걱정은 할지언정 다시 숨을 내쉬며 이성을 찾곤 한다. 내 아이 맞았다는 이야기에 마음이 덜컹 내려앉았다가도 상대 아이도 맞았단 말에 '일방적으로 맞기만 한 것은 아니구나.' 위로 아닌 위로를 받는 것은 어른의 못난 통쾌함이 아니라, 적어도 일방적으로 맞고 다니는 건 아니라는 증거이기 때문이다.

학부모들이 걱정하는 최악의 상황은 여러 명이 우리 애 하나를 얕잡아보고 막 대하는 것일 테다. 적어도 제 한 몸 지킬 힘은 길러야 한다고 어렸을 때부터 태권도도, 각종 운동도 시키곤 하지 않던가. 스스로를 지킨다는 의미는 싸워야 할 때 잘 싸운다는 의미이기도 하다.

싸움이라는 게 얼마나 에너지를 많이 쓰는 일인가? 한번 부딪히면 이기기 위해 머리도 열심히 굴려야 한다. 싸운다고 해서 끝나는 것도 아니다. 감정이 상했다 맺힌 걸 푸는 일련의 과정 안에서 수백 가지의 감정을 경험한다. 어떻게 문제를 해결해야 하는지, 감정을 흘려보내는 방법은 뭔지 아직은 다 서투른데, 앞뒤 안 재고서 싸우고 나면 선생님과 엄마한테 혼나느라 진이 쭉 빠진다.

물론 안 싸우는 게 무조건 좋은 것도 아니다. 자주 싸우는 아이들은 작은 싸움을 여러 번 하고 이를 해결하는 과정에서 감정의 해소를 경험하기도 하는데, 참고 안 싸우다가 한번에 폭발하는 아이는 그 사후 처리에 얼이 빠져서 싸울 만한 일이 있을 때 숨어 버리거나 자기 감정을 회피하는 경우가 많기 때문이다. 싸움이 귀찮아서 감정을 흘려보내는 방법을 익히면 다행이지만 말이다.

보통은 잘 싸우는 아이가 사과도 잘한다. 선생님이 쳐다만 봐도 새침하게 "미안해."라고 먼저 뱉는 아이 덕에 웃음이 나기도 한다. "미안한 걸 알면서 만날 그러니?"라곤 하지만, 적어도 이들은 사과가 문제 해결의 가장 빠른 길이라는 걸 알고 있다. 물론 사과 한마디로 상황을 모면하려는 꾀라면 다시 또 꾸중을 듣겠지만 말이다.

주먹다짐을 했든, 하고 싶은 말을 다 쏟아냈든 감정을 다 터뜨린 아이들은 사과 한마디 정도야 쉽기도 했다. 약이 바짝 올라 사과를 안 하겠다고 버티는 녀석은 아직 하고 싶은 말이 많은 거다. 이럴 때는 마저 스스로 감정을 추스르도록 시간을 주는 것이 좋다. 상대방이 "저는 사과했는데요." 하며 가고 싶어 하더라도 싸움이 완전히 종료되기 전까지는 무조건 함께 있도록 한다. '나는 이렇게 속상한데, 쟤는 벌써 아무렇지 않은 듯 놀아?'라고 생각하면 다시 또 화가 나고, 이미 털어 버린 상대방에게도 한번 친구가 마음에 상처가 나면 해결하는 데에 시간이 걸린다는 걸 느끼도록 하기 위해서다. 신나게 싸우고 사과한 뒤, 툭툭 털어 버릴 수 있는 아이만 있는 건 아니니 말이다.

생각해보면, 싸운다는 것은 참 공평하다. 여럿이 대항할 힘이 없는 한 명을 공격하는 것은 싸움이라고 부르지 않는다. 싸움은 한쪽의 일방적인 공격으로 성사되지 않는, 양쪽의 불 같은 만남이다. 싸움에는 선악도 따로 없다. 물론 '선빵'은 있다. 가능하면 말로 해결하라고, 주먹이 먼저 나가면 안 된다고 가르치지만 상황에 따라 주먹보다 말이 더 아플 때도 많으니 애매하다. 영화에서 많이 나오지 않은가? 가만히 있는 주인공을 살살 긁어서 주먹이 나가게 만든 뒤, 맞은 아이 부모가 화나서 찾아오는 클리셰 말이다. 먼저 약 올려서 싸움이 벌어졌으니 정당방위 아니냐며 발을 동동 구르지만, 어떤 학원물에서도 때릴 만하니까 때렸다며 봐주지 않는다. 이야기의 끝에 관객은 복수를 기대하지만, 오히려 주인공이 슬기롭게 싸움을 넘기는 장면을 보여주며 성장했음을 보여준다. 싸움의 해피엔딩은 상대를 때려눕히는 것이 아니라, 싸움 없이 갈등을 해결하는 데에 있었다.

형제끼리 싸우는 모습을 보며 '아이는 싸우면서 큰다.'라는 말을 실감한다. "쌍둥이면 많이 싸워?"라는 물음에 "네, 주먹질도 합니다."라고 답한다. 우리 집 쌍둥이 형제는 네 살부터 서로에게 주먹을 날리는 데에 주저함이 없었다. 큰 애들처럼 봐가면서 때리지도 않고, 온 힘을 다해 주먹을 날린다. 주먹질을 목격한 엄마, 아빠에게 눈물이 쏙 빠지게 혼나기를 반복한 후에야 감정과 같은 속도로 주먹이 나가지 않게 됐다.

대신 전략이 생겼다. 엄마에게 대신 싸워 달라 이르기도 하고, 아빠가 목격할 즈음 눈물을 펑펑 쏟기도 한다. 형제 싸움으로 다져진 노련함이 혹여나 다른 아이들 사이에서 갈등의 씨앗이 될까 걱정했는데, 다행히 친구들과 싸움이 되기 전에 양보하거나 어른에게 중재를 요청하는 등 큰 싸움을 만들지는 않는다. 이것이 싸움 총량의 법칙인가? 형제끼리 충분히 싸운 아이들은 싸움의 기술을 익히고, 친구들과 크게 부딪히기 전에 작은 싸움으로 흘려보내곤 한다.

그간 만났던 아이를 모두 세워놓고 싸움이 벌어진다면 누가 다 이길까 상상해보니 항상 웃는 얼굴이던 여자아이, 6학년 우정이가 떠오른다. 액션영화 주인공처럼 주먹질을 잘하는 아이도 아니고, 말로 상대방의 기를 꽉 눌러놓는 아이도 아니다. 싸움을 해결하다가 또 다른 싸움을 만드는 그런 서투른 아이가 아니었다. 우정이는 큰소리를 내지 않는데, 대신 조곤조곤 자기 기분을 딱 적당하게 표현할 줄 알았다. 스스로 해결할 수 있는 갈등과 해결할 수 없는 갈등을 구분하여 딱 필요할 때 어른에게 중재를 요청하기도 했다. 우정이 주변에서는 유독 싸움이 없었는데, 고슴도치 같은 아이들도 우정이 앞에서는 날을 세우지 못했다. 다른 친구들처럼 자신을 공격하거나 구박하지 않으면서 잘못된 부분을 짚어내니 별 수 없는 거다. 지적을 해도 기분 나쁘지 않게 하는 특유의 말씨가 있었다. 그러니 주먹 싸움을 잘하는 아이도 우정이에겐 꼼짝 못할 수밖에.

그런 우정이를 보고 화난 감정을 어떻게 표현하라고 가르칠지 고민했다. 화가 난 이유를 금방 잊을 수 있다면 참고 넘기는 것도 한 방법이겠지만, 언짢은 이유가 마음에 맴돌아 영 가시질 않는다면 풀어낼 줄도 알아야 하니까. 집행유예처럼 마음에 담아두고 "한 번 더 그러면 혼내준다."고 늘 넘어가는 것은 근본적인 해결이 아니다. 상대는 내가 기분이 상한 줄도 모르고 있을 테니 말이다.

상담 기법 중에는 나의 감정을 이야기하는 '아이(I) 메시지'의 형태로 상대에게 생각을 전달하라고 하지만, 이 방법도 만능은 아니다. "아이 메시지를 썼는데도 친구가 저한테 뭐라고 하는 걸요." 하고 우는 아이의 이야기를 들어보면 분명 형태는 아이 메시지인데, 묘하게 상대의 감정을 건드리는 부분이 있었다. 오히려 우정이의 경우, 아이 메시지의 형태를 따르지 않았는데도 상대에게 비난이 되지 않았다. '네가 잘못했다.'라는 이면의 메시지도 없었다.

아이 메시지는 주어가 누구인지의 형태적인 것보다, 그 기저에 깔린 가치관을 이해하는 게 더 중요하다. 즉, 상대방에 대한 판단 금지, 내가 느낀 감정만 표현하기, 원하는 행동만 건조하게 말하기……, 이것이 아이 메시지의 핵심이다. 물론 이게 쉽게 되면 사회생활이 뭐가 어렵겠는가? 잘 싸우는 기술을 알려주는 건 어른도 어려운 '사회적 관계 맺기의 기술' 그 자체다.

잘 싸우는 것이 중요하다고 해서 습관적으로 주먹이 나가는 아이들을 방치해서는 안 된다. 아이는 싸우면서 크는 거라며 몸으로 겪다 보면 저절로 큰다고, 행동을 개선시키기보다 아이를 옹호하는 엄마들을 가끔 만난다. 온몸으로 겪으면서 자라는 건 맞지만 아이가 겪어야 할 꾸중과 사후 처리의 경험을 엄마가 막아주면 아이는 제대로 겪는 게 아니다.

싸움이 1 대 1로 그 자리에서 끝나는 경우는 그리 많지 않다. 어떻게 감정이 상해 싸웠는지, 그 이후 어떻게 해결하는지 일련의 과정을 모두 겪어야 제대로 사회적 기술을 익히는 것이다. '아이의 기를 죽이면 안 된다.', '부모는 무조건 아이 편이어야 한다.', '아이는 싸우면서 큰다.' 등의 조언을 자기 입맛대로 취사선택하면 비합리적인 일을 합리화하고, 말이 의도하고자 하는 본래 의미까지 곡해해 아이의 성장을 방해한다. '남의 아이 귀한 줄도 알아야 한다.', '세 살 버릇 여든까지 간다.', '지는 싸움이 이기는 싸움이다.' 등 반대편에서 아이의 중심을 잡아줄 격언 역시 얼마든지 많지 않은가? 세상에 많은 말들 중에 아이의 중심을 잡아줄 가르침을 잘 골라야 한다.

반 아이들끼리 갈등이 생기면 꼭 부모님께 전화를 한다. 이는 부모님의 양육 방식에 대해 논하거나 아이를 혼내서 눈물을 쏙 빼놓아 달란 의미가 아니다. 싸움은 혼자 있을 때의 아이 모습으로는 알 수 없는 가장 날것의 모습이기 때문에, 이 갈등을 통해 무엇을 가르칠지 엄마와 선생님의 접점을 찾는 것이 필요하다. 싸움에 직접 개입할지 아니면 지켜볼지를 정하고, 마음을 지켜낼 방법을 가르칠지 아니면 현명하게 문제를 해결하는 방법을 가르칠지 대화를 통해서 찾아가는 거다. 갈등은 필연적인 일이기에 잘 싸우는 방법을 가르쳐줘야 한다면 학교는 싸움을 연습하기에 가장 안전한 장소가 아닌가? 싸움의 범위가 명확하고 갈등 소재가 한정적이며 중재할 사람도 여럿이니 말이다.

그럼 아이들에게 싸움의 기술을 잘 알려주려면 어떻게 해야 할까? 가장 중요한 것은 바로 최소한의 옳고 그름을 명확하게 알려주는 것이 먼저라는 점이다. '다른 사람의 물건에 손을 대면 안 된다.', '모든 이를 존중해야 한다.'와 같은 절대적인 명제 말이다. 그래야 자신도 불합리한 일을 당했을 때 잘못되었다고 느끼거나 화를 낼 수 있다. 이런 명확한 기준이 아닌, '상대의 감정'을 기준으로 삼게 되면 상대를 언짢게 한 내가 무조건 잘못이라고 자책부터 하게 되거나, 반대로 지지 않기 위해 더 큰 목소리만 내게 된다. 사람 사는 일이 모두 다 무 자르듯 확실히 잘라낼 수 있는 건 아니지만, 옳고 그름의 토대가 단단한 가운데 관용을 베푸는 것과 아예 옳고 그름 자체가 없는 것은 다르다. 무엇이 잘못된 행동인지 스스로를 그 기준에 비춰볼 수 있어야 다른 사람의 화를 돋우는 행동을 하지 않고, 반대로 상대의 옳지 않은 행동에 당당히 소리 낼 수 있다.

잘 싸운다는 건, 무언의 압박에 위축되지 않고 제 소리를 내는 것이다. 큰소리를 내지 않고도 의사를 표현하는 대화의 기술 같은 건 그다음이다. 성정할수록 자기 표현을 더 망설이는 아이들을 보며 쉽게 굽히지 않기를 마음속으로 응원한다. "얘야, 쫄지 마!"라고.

잘 싸우는 아이로 컸으면 좋겠다. 야단치지 않겠다는 말이 아니다. 옳고 그름을 제대로 판단할 줄 아는 아이로 자라게 하기 위해 부모로서 나는 아이의 서투름에 대해 꾸벅 사과할 준비가 언제든 되어 있으니.

관계4.
대등함이 깨진 아이들의 세계에서

아이들 간 싸움이 갈등을 착착 정리하여 딱 성장할 만큼만 겪는 거면 좋을 텐데, 종종 마음에 상처를 남기는 것은 피할 길이 없다. 아이들에게 싸움의 이유를 물으면 1, 2년 전 있었던 아주 작은 일까지 거슬러 올라가기도 한다. 너무 작은 일이라 무심하게 덮었고, 오래됐으니 괜찮겠지 했던 일이다. 아이라고 고민의 크기도 작을까? 어른들보다 또래 관계를 중요하게 여기는 아이들이라 오히려 그 무게가 더 무겁다. 주먹질이 없다고 해서 다 평화로운 교실은 아니다.

오늘따라 교실에 앉아 있는 미영이 기분이 안 좋아 보인다. 친한 친구 다섯 명이 쉬는 시간마다 똘똘 뭉쳐 있었는데, 그중 넷이서만 놀고 미영이와는 말 한마디 하지 않는다. 조용히 미영이에게 심부름을 시켜 혼자 두고는 "친구들이랑 싸웠어?"라고 슬쩍 묻는다. 아이가 멈칫하며 어떻게 대답할까 말을 고르는 중이라면 백 프로다. 아이는 오해가 생겼고, 오해를 풀 길이 없다며 속상해한다. 네 명 중 가장 성격이 무던한 편인 아이를 살짝 부른다. 미영이랑 무슨 일 있었는지 물으면 "저는 아닌데, 다른 친구들이 오해해서."로 시작되는 이야기들. 물꼬만 살짝 터주면 금방 화해하는데, 며칠 후 비슷한 일이 멤버 중 다른 아이에게 또 생긴다.

학교 폭력 사건이라고 결론을 내리기엔 갈등과 화해의 간격이 짧고, 왕따 문제라고 하기에는 피해자와 가해자가 순환한다. 돌아가며 왕따시키는 왕따 놀이라고 표현하기엔 아이들이 가학적 재미를 찾는 것도 아니다. 저 문제 안에 있는 아이들은 내내 마음이 불안하고 기분의 변화가 극단적이다. 또래 관계에서 그룹이 확실하게 형성되었을 때 보이는 전형적인 신경전으로, 고학년으로 올라갈수록 많이 보인다. 특히 소풍을 앞두고 한두 건씩은 꼭 생긴다. 소풍과 갈등의 상관관계라니 이런 부조화가 있나 싶지만, 아이들 입장에서는 그 무엇보다 절박한 일이다.

교실에 있을 때는 활동 범위가 '교내'로 한정되고 교실 자리도 정해져 있어서 '내 친구'가 누군지 뚜렷한 경계가 필요하지 않다. 하지만 소풍을 나가면 버스에서 누구랑 앉는지부터 시작해서 소풍 장소에서 누구랑 함께 다닐지, 누구랑 점심을 먹을지 등 짝꿍을 의식할 일이 많아진다. 교실에서는 세 명, 다섯 명 굳이 짝을 짓지 않아도 잘 지내던 아이들이 소풍이 예정된 순간 두 명, 네 명의 짝수를 본능적으로 찾는다. 사춘기가 빨리 와서 또래 관계에 관심이 높은 여자아이들 사이에서는 더더욱 첨예하다. 그래서 "자리 지정, 소풍 짝

친구는 선생님이 정한다!"라며 독재를 부려본다. '그래, 얘들아. 차라리 선생님의 독재를 흉보고 너희들끼리는 잘 지내려무나.' 생각하면서.

아이가 우는 모습에 속상해진 엄마들의 전화를 받는다. 주도자가 한 명 있다며 유난히 목소리가 크고 기가 센 아이의 이름이 불린다. 그렇지만 이내 그 아이 또한 혼자가 된다. 이것을 아이들의 개인적 인성 문제만으로 본다면 권선징악이 된다. 친구를 왕따시켰으니 벌 받는 거라며. 하지만 왕따를 어떻게 한 명의 힘으로 만들겠는가? 동조한 아이들에게는 자동 면죄부가 주어지는 걸까? 주도한 아이 한 명만 없어지면 모두 순탄하게 해결될 것 같지만, 사실 그런 경우는 극히 드물다. 왕따 문제에서만큼은 방임한 모두가 가해자이자 피해자다. 왕따 문제에 동조한 아이들도 '나도 자칫 저렇게 혼자가 되겠구나.'란 두려움을 갖게 되니 말이다.

이런 문제를 관찰할 때 가해자와 피해자의 대립 구도를 전제하는 대신, 모두 각자의 입장에서 충분한 이야기를 하도록 했다. 많은 경우, 가해자로 지목된 아이도 기저에는 자신이 혼자될까 두려운 마음이 깔려 있었다. 물론 선을 넘는 행위에 대해서 적합한 처벌은 필요하다. 그러나 이후 '혼자가 될까 불안한 마음'을 중심에 놓고 서로 그 마음에 공감하며 각자의 이야기를 할 기회를 주면 아이들은 상대를 조금 더 측은히 여긴다. 측은지심은 아이들이 서로 '그럴 수도 있겠구나.' 혹은 '나라면……'을 떠올리게 했다.

아이들의 관계에서 대등함이 깨졌을 때, 그에 따른 위압이 생기기도 한다. 장난과 학교 폭력을 쉽게 구분하기 위해서 '대응할 수 있는가?'를 기준으로 삼는 건 아이들 사이에 위계가 생겼는지 돌아보는 질문이다. 친구가 한 말에 발끈할 수 있다면 장난 혹은 말실수로 소통할 수 있는 관계인데, 친구가 한 말에 화가 나도 아무 대응을 하지 못한다면 학교 폭력이 된다. 학교 폭력 문제의 원인을 개인의 인성 문제로 보면 문제의 해결은 주도자를 찾아내 교화시키는 방향이 되어야 한다. 하지만 보통의 인성을 가진 아이들도 역학 관계에 따라 주도자가 되기도 하고 방관자가 되기도 하며, 때로 피해자가 되기도 했다. 한 그룹에서 가장 약자이던 아이는 다른 그룹에서는 힘을 내세우며 폭력적인 강자가 되기도 한다. 같은 어깨동무라도 누군가에게는 친근함의 표시였지만, 대등함이 깨진 관계에서는 포박이 되었다.

가끔 아이들 사이에서 친구라고는 하지만 대등해 보이지 않는 관계를 발견할 때가 있다. 유독 한 아이한테 선을 아슬아슬하게 넘는 장난을 치는 거다. 몇 년 전 우진이 사례가 그랬다. 선을 넘는 장난의 대상이 된 우진이는 웃으면서 아무렇지 않은 듯했지만, 교사인 나도 장난으로 치부하기에 아이에게 감정이 쌓이는 게 너무 보였다. 자리를 떼어놓고, 서로 더 잘 맞을 것 같은 친구들을 근처로 옮겨주어 자연스러운 분리를 유도했다.

하지만 약자로 보였던 우진이의 시선이 자꾸 원래 친구들에게 머무르고, 그 관계를 좇는다. 정말 괜찮은 걸까 염려되어 어울리지 못하게 말려 달라고 부모님께 통화 드리기도 여러 번이었다. 우진이에게 마음이 편한 것이 맞는지를 틈날 때마다 물었다. 그럼에도 불구하고 아이가 이 관계에 대한 선망이 끝나지 않았다. 기왕이면 나의 마음을 편하게 하는 친구를 좋아할 수 없는 건지 안타까웠다. 결말은 어떻게 됐을까?

졸업 후 여러 해가 지난 다음에 우진이와 연락이 닿았다. 우진이가 내게 당시 이야기를 먼저 꺼냈다. 그때 아이는 왕따를 당하고 있어 수업 시간에 자주 엎드려 있었단다. 하지만 자신이 그 당시 힘들었던 건 왕따 자체가 아니라, 엎드려 있는 모습을 지적하는 선생님이었다고 한다. 이에 반박하고 싶은 말을 삼키며 당시를 복기했다. 생각해보면, 그 아이가 원한 것은 선망하던 친구들과 대등한 관계로 어울리는 거였다. 그 관계가 좋지 않다고 이야기하기 이전에 우진이가 빛나는 점을 찾아 대등한 관계로 교류하게끔 북돋아줬더라면 어땠을까? 대등하지 않은 관계가 잘못되었다는 걸 알아도, 그 나이 아이의 입장에서는 약자로 보호 받기 이전에 어떻게든 또래에서 인정받고 싶은 욕구가 우선이었을 수도 있다. 그 인정 욕구를 먼저 채워줬다면 아이가 당시를 다르게 경험하지 않았을까 내심 후회가 된다.

교사로서 약자로 보이는 아이가 "친구라서 그래요. 장난이니까 다 이해합니다."라고 할 때가 가장 어려웠다. 결국 선생님도 제3자라 상대 아이에게 약자의 생각을 내 시선으로 짐작하고 주의를 주거나 분리하는 것에도 한계가 있었다. 대등하지 않아 보인다고 직접적으로 말하려니, 아이는 '선생님도 나를 불쌍한 애, 소위 찐따로 보는구나.'라고 비약해 오히려 상처 받을 수도 있다. 그러니 상대 아이와 분리하고 떼어 놓는 것은 부수적인 노력일 뿐, 결국 아이가 자신의 불편한 마음과 정면으로 마주하고 '사이좋게 지내지 않아도 괜찮다, 혼자라도 괜찮다.'라고 생각해야 제대로 싸우고 나아갈 수 있다. 건강한 관계 안에서 스스로를 가치 있다 생각하기 위해서는 주변에서 더 많은 격려를 해줘야 했다. 자신이 썩 괜찮은 아이라고 느끼도록 충분한 칭찬과 아이가 빛날 무대가 필요했다.

관계는 문장이나 가르침으로 배우기가 어렵다. 인연을 소중히 여기는 것과 동시에, 잘못된 관계는 끊어낼 줄 아는 단호함도 있어야 한다. 친구에게 정성을 쏟되, 가장 소중한 것은 '나'여야 한다. 이 양가적인 문장들을 어떻게 하나의 진리로 만들어서 아이에게 설명할까?

학교라는 공간은 아이가 직접 관계를 경험하고 부딪치며 사회적 관계 안에서 존재하는 나를 배우는 공간이기도 하다. 어른이 된 지금도 무례한 사람에게 웃으며 대처하는 기술을 배우고 미움 받을 용기를 얻기 위해 책을 읽는다. 그걸 열 살 남짓한 아이들이 벌써 배우고 있으니 대단하기도 하다. 품 안에서 벗어난 아이의 모든 문제를 대신 해결해줄 수 없는 엄마로서, 아이가 무너지지 않도록 따뜻한 시선으로 지켜보기로 한다. 관계에서 힘들어하면 잠시 그로부터 밀어질 수 있도록 틈을 주는 것도 괜찮다. 아이가 싸우면서 클 수 있도록 최소한의 안전망이 되어주는 게 어른의 몫이다.

관계5.
아이들 싸움에 어른이 현명하게 끼는 요령

"김 선생, 지금 주아 어머님이 교문 앞에서 현미를 기다리고 있대. 애들 말로는 어제 현미가 주아를 괴롭혀서 그렇다는데, 일단 김 선생이 빨리 가봐."

올 것이 왔다! 어제 주아와 현미의 일로 아이들뿐 아니라, 각 집의 부모님들과 하루 종일 상담했는데 아직 분이 안 풀리셨나 보다.

현미와 주아는 친한 친구 사이인데, 어제 감정이 틀어져 크게 싸웠다. 현미가 친구들을 데리고 가서 주아에게 쏘아붙인 일이 이번 사건의 전말이다. 여럿이서 한 명에게 몰려가 큰소리를 냈으니 주아 엄마도 화가 날 만했다. 하지만 교문 앞에서 상대 아이를 기다려 야단친다면? 이건 파국이다. 빨리 내가 먼저 만나야 하는 긴급한 상황인데, 이런 일은 이따금 심심치 않게 발생한다.

아이의 문제에 부모가 어디까지 개입해야 현명한 건지 판단하는 건 늘 어렵고, 저학년에서 고학년으로 갈수록 더욱 그렇다. 아이 문제는 아이 스스로 해결해야 한다고 생각하지만, 아이가 엉엉 울고 들어오는 모습을 보면 뭐라도 해야 할 것 같다. 담임 선생님께 상담 요청을 드린 후, 다음의 단계가 고민이다. 마음 같아선 다시는 괴롭히지 못하도록 상대 아이를 혼쭐내주고 싶은데, 아이 일에 어른이 얼마나 개입해야 맞는 건지가 어려운 문제다. 학교폭력자치위원회(이하 학폭위)에 신고를 해야 하나, 신고하면 그다음은 어떻게 되는 걸까? 어떻게 해야 가장 현명하고 후회가 없을까?

우선 부모님이 아이들의 갈등 해결에 나설 때 고민할 지점은 학폭위를 여느냐, 안 여느냐가 아니다. 그보다는 '무엇을 위해 싸우는가?'에 대한 고민이 필요하다. 갈등 봉합 이후 어떤 상황을 원하는지 말이다.

일단, 학폭위가 열리는 목적에 대해 먼저 얘기를 하자. 학폭위는 폭력의 수위 때문이 아니라, 담임교사 이상의 중재가 요구될 때 열리는 것이다. 양측에 대한 사안 조사를 바탕으로 담당 교사, 학교 경찰관, 학부모가 함께 모여 처벌 수위를 정한다. 그렇다고 담임 선생님의 중재보다 학폭위에서 다뤄지는 편이 더 센 처벌을 받는다고 생각하면 오해다. 상급 학교에서는 학폭위에 회부되면 입시에 영향을 미치기 때문에 회부되는 것만으로도 처벌의 효과를 본다고 하지만, 입시에 영향을 덜 받는 초등에서는 학폭위의 판정만이 처벌로 남는다. 따라서 담임 선생님이 중재해도 사과 편지를 쓰라고 하고, 학폭위에 올라가도 똑같이 사과 편지를 쓰라는 처벌이 나오는 경우가 많아서 더 높은 처벌 수위를 기대한 사람들은 '학폭위에 올라가도 소용없더라.'고 말하기도 한다.

다시 말하지만, 학폭위의 목적은 그 판결보다는 이후의 과정을 결정하고 아이들의 성장을 돕는 데에 있다. 아이들은 담임 선생님과의 일상적 상담보다 공식적인 절차를 밟는 학폭위를 더 엄숙하고 권위 있게 여기긴 한다. 학폭위에서 처벌 받은 기록은 수위에 따라 아이가 초등학교를 졸업할 때까지 생활기록부에 남게 되는데, 이 꼬리표가 남은 아이들은 아무래도 자기 행동을 무겁게 받아들였다. 여러 어른들이 모여 자신의 잘잘못에 대해 이야기를 나눈다는 것만으로도 심적 부담을 느끼지 않겠는가? 한번은 반 아이가 현명하게 갈등을 피해가기에 관계에 능숙하다고 생각했는데, 우연히 저학년 생활기록부를 확인하니 학폭위에 회부된 경험이 있었다. 마음 가는 대로 부딪혔다가 학폭위의 전 과정을 겪으면서 아이가 한발 성장했으리라.

학폭위에 올라가는 사건들은 뉴스에 나오는 것처럼 명백한 가해 사실이 존재하는 경우도 있지만, 가해자와 피해자의 구분이 뚜렷하지 않은 경우도 많다. 동수와 찬영이가 크게 싸웠고, 누가 봐도 찬영이가 동수에게 먼저 주먹질을 했다고 하자. 동수와 동수의 부모님은 학폭위를 열어 달라고 요청한다. 사안 조사를 시작하니 찬영이와 찬영이의 부모님 또한 동수가 과거에 공격했던 자료를 수집하여 새로운 사건으로 다시 학폭위 소집을 요청한다. 아이들 싸움에서 자주 보는 "네가 먼저 그랬잖아!" 패턴의 어른 버전이다.

원래 갈등이라는 건 내 입장에서는 상대의 잘못이 명백한데,

또 상대 입장에서는 쌍방과실이라고 주장하는 경우가 많지 않은가? 학폭위는 중립적인 기구라 상대 아이의 잘못뿐만 아니라, 미처 인지하지 못했던 내 아이의 잘못도 부각될 수 있다. 그래서 원하는 방향대로 수습되지 않으면 변호사를 선임하기도 한다. "아이의 싸움에 변호사라고?" 하며 놀랄지도 모르겠지만, 실제로 학교 폭력만 전문적으로 다루는 변호사도 아주 많다. 특히 학폭위를 갈등에 대한 중재가 아니라, 꼭 이겨야 하는 싸움이라고 인식했을 때 학폭위의 다툼은 치열해진다.

변호사가 등장했을 정도라면 당사자 아이들끼리는 서로 얼굴도 보기 싫을 정도로 갈등이 심화되었을 거라고 예상한다. 아이러니하게도, 학폭위의 치열한 상황과 아이들의 갈등 정도는 비례하지 않는다. 긴 학폭위가 진행되는 동안 아이들은 첫 번째 갈등을 잊기도 하고, 심지어 자신들끼리 잡담하며 놀기까지 한다. 얼마나 흥미로운 장면인지! 아이들끼리의 갈등을 현명하게 해결하기 위해 학폭위를 열었는데, 아이들은 갈등을 알아서 해결했고 어른들의 자존심 싸움이 되어서 양측 변호사만 열심히 일하는 거다. 변호사 선임료를 지불하면서까지 왜 이렇게 싸우고 있는지 되돌아볼 때 즈음엔 이미 너무 멀리 와 버린 경우가 다반사다.

부모가 아이의 싸움에 개입할 때 내 아이의 보호보다 상대방의 사과를 앞세우지 않는 것이 좋은 이유가 여기에 있다. 내가 우리 아이를 대신해서 상대 아이를 혼쭐내줘야겠다 생각하는 순간, 그 아이를 보호해줄 부모도 등판한다. 본인 아이가 잘못했다고 생각해도 혼나는 수위에 대한 생각은 사람마다 다 다르다. "그래도 그렇지, 애한테 왜 그렇게까지 말해요?"라며, 실은 제 아이도 억울한 측면이 있음을 피력하고 양쪽의 잘잘못 정도를 가리려 파고드는 것이다. 이는 자기 아이를 보호하려는 부모로서의 본능적인 방어다. 그러면 이제 아이들의 싸움은 부모님끼리의 싸움으로 발화한다. '애들 싸움에 어른이 끼는 거 아니다.'란 말도 이 때문에 등장한 것이리라. 부모님의 자존심 싸움이 되지 않으면서 아이들의 갈등을 현명하게 해결하기 위해서는 일단 싸움의 주체가 아이들임을 분명히 해야 한다.

선생님이나 학폭위처럼 중립적인 제 3자의 중재를 거치면 차라리 낫지만, 자기 아이의 싸움을 현장에서 목격하여 직접 개입하게 되는 경우도 분명히 생긴다. 어느 오후, 아이와 함께 놀이터에 가기로 했다. 처음 보는 친구, 형과 잘 노는 듯하기에 나는 벤치에 앉아 스마트폰의 세계로 떠났다. 같이 놀던 형이 집에 들어가기에 우리도 가자고 하려고 보니 아이들의 표정이 별로 좋지 않다. "왜 그래?" 물으니, 그제야 울먹이면서 "저 형아가 겨드랑이 아래를 계속 꼬집었어."란다.

"뭐라고?"

짧은 순간에 어떡할지 고민한다. 그 형은 이미 놀이터를 저만치 떠났고, 그러니 잊어 버리자고 아이들을 다독이는 것이 엄마의 놀이터 생활을 위해서는 최선인 듯했다. 하지만 아프다고 시원하게 울지도 못하는 아이의 표정을 본다. 아까 아팠다면 그 상황에 울음으로 표현하는 것이 당연한데, 왜 우리 아이는 표현조차 못했을까 생각이 뻗치자 벌떡 몸이 일으켜진다. 이미 자릴 떠난 아이와 그 가족에게 달려간다. 하필 나는 혼자, 그 아이의 가족은 아빠까지 여럿이다. 하지만 쪽수로 밀리니 참으라고 하면 우리 아이는 앞으로도 부당한 일에 제 목소리를 내지 못할 거라 판단했다.

"잠깐만!"

어른끼리의 싸움까지 각오하고 아이에게 말한다.

"네가 아이를 꼬집었니?"

역시나 아이의 아빠가 막아서며 "아니……!" 하며 내게 뭐라 하려다가, "네……." 하는 아이의 대답에 멈칫한다. 울화가 치미는 마음을 참고 무릎을 굽혀 아이와 눈을 맞춘 뒤, "다음부터는 동생들이 마음에 안 들 때 네가 꼬집지 말고 아줌마에게 이야기해주렴. 그럼 아줌마가 타이를게, 알겠지?"라고 말한 뒤, 알겠단 대답을 받고 돌아온다.

어찌 보면 별것 아닌 타이름이지만, 굳이 불편한 분위기가 될 것을 무릅쓰고 놀이터를 가로지른 이유는 나의 아이를 위해서였다. 혼자서 해결할 수 없는 상황에서 무력감을 느꼈을 때, 어른이 보호해줄 수 있음을 보여주고 싶었다. 상대가 사과해주면 참 멋있었을 거라고 내심 바라지만, 그것까지는 내가 통제할 수 있는 영역이 아니다. 다만, 우리 아이가 엄마라는 든든한 버팀목을 믿고 불합리한 상황에서 목소리를 낼 수 있다면 내 충분한 역할을 한 것이라 생각했다.

이렇듯 싸움에 직접 개입할 경우 감정이 격해지면 상대 아이의 처벌에 초점이 맞춰질 수도 있는데, 이는 현명한 판단을 가로막고 상황을 더 어렵게 만든다. 특히 아이와의 직접 대화는 사용하는 단어, 문장, 해결 방식 모두에 부모의 감정이 여과 없이 보인다. 가장 어려운 점은 상대 아이를 권위로 누르지 않으면서 내 아이를 보호해야 한다는 것이다. 아이는 어른에게 자연스레 권위를 느끼기에, 엄마가 상대 아이를 혼내줘야겠다고 생각하는 순간 감정이나 표현이 자칫 과해질 수 있다. 따라서 말을 더 신중히 골라야 한다. 내 입장에서는 정의 구현이지만, 상대 아이 입장에서는 문제의 인지조차 안 된 상황일 수도 있음을 되새겨야 한다.
　내가 화가 난 상황에서는 더더욱 무릎을 굽히거나 눈높이를 낮춰 아이의 눈을 보고 이야기하는 편이다. 직접 싸움에 개입했다면 긴박한 상황이었을 것이고, 그로 인해 내 감정이 호흡 하나에도 고스란히 묻어날 것이다. 이때 무릎을 굽히면 아이와 나의 눈높이가 비슷해지면서 아이의 불안한 감정 또한 내가 날것으로 마주하게 된다. 그럼 내 아이만큼이나 상대 아이도 어리다는 걸 새삼 인지한다. '저 아줌마가 왜 나한테 다가오지?'라고 의아함을 느끼고 있는 상황에서 위에서 아래로 내려다보거나 격앙된 목소리로 말을 하는 것은, 상대가 메시지보다 메신저에 집중하게 만들 것이다. 진짜 원하는 것은 하나도 이루지 못하고, 또 다른 갈등의 도화선이 될 뿐이다.
　또 싸움에 개입할 때 주관적 판단이 들어간 단어를 사용하지 않는 것도 중요하다. '괴롭힌다'라는 단어는 내 입장에서는 지극히 당연하지만, 상대 아이의 입장에서는 '교육시켰다'고도 이야기할 수 있다. 겨드랑이 아래를 꼬집었지만 그게 내 아이를 괴롭힌 건 아니라고 생각할 수도 있는 것이다. 따라서 '꼬집었다'라는 사실로만 표현해야 한다. 현실은 동화와는 달리 선한 행동과 악한 행동이 완벽히 구분되지 않는다. 많은 갈등은 입장 차이에서 생기기 때문에 가치 판단을 내포하는 단어를 쓰지 않아야 불필요한 감정을 소모하지 않는다. 어쩌면 싸움에 대한 부모님이나 선생님의 개입 목적은 싸움을 멈추게 하는 것, 그 이상도 이하도 아니다. 싸움의 주체는 아이이기에 내가 나서서 대신 이겨줄 필요도 없고, 최종 목적은 아이가 스스로 지킬 힘을 갖게 하는 것이다.

가끔 멀어진 친구와 다시 친하게 지내도록 만들어 달라는 부모님의 요청이 들어온다. 이때 교사인 내가 할 수 있는 것은 접점을 만들 기회를 제공하는 것뿐이다. 자주 만나거나 긍정적 협업이 이루어진다면 서로 인간적인 매력을 더 느끼게 될 기회가 많아질 것이다. 그러나 그 안에서 관계를 쌓아가는 것은 결국 아이가 스스로 해야 하는 몫이다.

현명한 갈등 해결 과정을 경험하고서, 이후에도 아이가 스스로 문제를 해결할 수 있게 된다면 좋겠다. 갈등을 순조롭게 해결하기 위해서는 패자와 승자 없이 모두가 성공하는 것이 최선의 방법이었다. 놀이터의 아이, 교실 안의 아이 모두가 내 아이와 같이 소중하고 사랑 받는 존재임을 기억해야 한다. 그렇게 한다면 설사 내 아이가 일방적으로 당한 상황이라도 어른의 현명한 개입을 통해 상대 아이는 사과하는 모습을, 내 아이는 억울함을 현명하게 해결하는 방법을 배울 수 있다. 물론 반대 또한 마찬가지! 아이는 부모의 등을 보고 자란다.

관계 6.
'쟤랑 안 놀았으면 좋겠다.' 고민될 때

"저 친구랑 놀면 안 돼." 하는 건 드라마에 등장하는 편견 가득한 어른들이나 하는 말인 줄 알았다. 솔직히 고백하자면, 내가 아이를 키우다 보니 종종 이 생각이 떠오르곤 한다. 아이보다 조금 더 살았다고 아이 주변에 마음에 차지 않는 친구가 자꾸 보이는 것이다. 그 아이가 마구 휘두르는 말에 아이가 상처 받는 표정을 짓거나, 위험한 행동을 자주 하는 등 자꾸 그 아이가 눈에 걸린다. 하지만 아이는 그 친구를 좋아하고 같이 놀기를 원하니, 이처럼 엄마와 아이가 친구에 대한 의견이 다를 때 고민이 된다.

내 남동생이 일곱 살 즈음에 한 친구랑만 놀았다 하면 하루 종일 연락이 안 되고 집에 돌아오지 않아 밤마다 동생을 찾으러 돌아다니곤 했다. 집에서 불장난을 시작으로 각종 일탈 행위를 시도하는데, 그런 때는 언제나 그 친구와 함께인 거다. 남동생은 그 친구와 놀면 시간 가는 줄 모를 정도로 재미있어했지만, 누나로서 염려되는 마음에 부모님께 "걔랑 놀지 못하게 해야 해." 하며 제법 강력하게 말했던 기억이 난다. 하지만 엄마는 동생이 좋아하는 친구를 나쁘게 말하는 건 좋지 않다고 퍽 난감해했는데, 돌이켜 생각하니 지금 내 또래 엄마들의 고민과 같다.

맞벌이라 태권도 학원과 돌봄 교실 등록은 필수라지만 망설여지는 부분이 있다. 학년이 섞이다 보니 저학년 아이들은 좀 더 빨리 형님들의 자극적인 말과 행동을 배우기 때문이다. 아이들은 친구나 언니, 오빠들이 쓰는 말, 행동, 흥얼거리는 노래에까지 영향을 받는다. 아이가 여섯 살 때 "싫은데, 내가 왜, 얼마 줄 건데."라는 노래를 불러서 엄청 야단친 적이 있다. 속상한 마음에 블로그에 일기를 남겼더니 자기 집 여섯 살도 이 노래를 부른다면서 어디서 배운 건지 모르겠다던 댓글이 생각난다. 어른들이 들었을 때는 '돈을 줘야 한다고? 싫다는 말을 저렇게 얄밉게 한다고?'라고 덜컥 놀라서 이 문장의 유해성을 우려하지만, 아이는 그 가사가 재미있을 뿐 이면에 깔린 가치관까지 판단하지 않는다.

같은 공간에 있는 형님의 말은 당연히 더 잘 배운다. 자극적인 데다 형님의 권위까지 얹어지니 더 적극적으로 수용한다. 형님들이 문제라고 생각하는 건 아니다. 다만 고작 한 살 차이라도 또래 문화가 다르니, 자기 나이답게 행동하는 모습을 조금 더 유지하고 싶은 것뿐이다.

아이 친구의 부모님이랑 가치관이 다르다 느낄 때도 조심스럽다. "초콜릿 줘도 되나요?" 정도로 식습관에 대한 가치관이 다른 건 충분히 맞출 수 있다. 하지만 자기 아이의 잘못에 대해서는 부모도 사과하며 같이 지도하면 좋겠다. 놀이터의 엄마들 대부분 역시 다른 아이가 잘못했을 때는 "그럴 수도 있어." 하며 아량을 베풀고, 내 아이가 잘못했을 때는 과하다 싶을 정도로 사과한다. 나와 기준이 다를 수도 있는 상대에 대한 배려. 하지만 간혹 남의 잘못에는 날카롭고 자신의 잘못에 아량을 베푸는 사람을 만나 생각지도 못한 갈등에 부딪힐 때가 있다. 어른도 대처가 어려운데 아이는 어떨까? 아이는 부모의 가치관을 그대로 닮기에, 자신에게는 너그럽고 상대에겐 엄격한 친구들과 갈등이 생겼을 때 아이가 현명하게 문제를 해결할 수 있을지, 엄마가 없는 공간에서 자신을 잘 지킬 수 있을지 염려되곤 한다.

그런데 아이가 어울려 노는 친구를 보면 우리 아이의 욕구를 가늠해볼 수 있다. 아이는 닮은 부분이 있는 친구를 좋아하거나, 친구에게서 닮고 싶은 부분이 있을 때 더 다가가 자아를 만들어간다. 위험한 장난을 좋아하는 친구와 어울리기 좋아한다면 평소 선 넘는 행동에 대한 욕구가 있던 건 아닌지, 자극적인 말을 먼저 배운 친구를 좋아한다면 자신도 자극적인 말을 하면서 시선을 끌고 싶은 건 아닌지 짐작해보는 거다. 그럼 아이의 어떤 욕구를 채워줘야 하는지도 고민해볼 수 있다. 즉, 시선을 끌 건전한 방법을 알려주고, 묘기와 같은 놀이를 즐기더라도 안전에 대해 돌아보는 습관을 들일 수 있다. 그 친구가 문제라고 판단하기 이전에 함께 성장할 수 있게 변화를 줘보는 거다. 그럼 적어도 아이에게 "그 친구가 이상해."라고 단정적 메시지를 전달하는 게 아닌, 그 아이의 행동 가운데 잘못된 부분이 있다는 기준을 알려줄 수 있다.

단언컨대, 아이의 교우 관계에 대해 판단을 했더라도 아이에게 "저 친구랑 놀지 마. 그 친구는 나쁜 아이야."라고 말해서는 안 된다. 놀지 않았으면 하는 구체적인 이유를 댈수록 오류가 생기며, 또 피상적인 이유를 대면 납득하기 어렵다. 생각해보면 재랑 안 놀았으면 좋겠다는 이유는 경험을 바탕으로 한 명백하지 않은 '느낌'일 뿐이지 않은가? 더 좋은 환경을 만들어주려는 마음으로 인해 아이의 마음속에 섣부른 편견을 갖게 하는 건 내 아이를 올바로 가르치고 싶다는 교육적 측면에서도 좋지 않다. 또 어른이라고 모든 관계를 다 들여다보고 조망할 수 없으며, 아이의 선택도 중요하다. 겉으로 보기엔 걱정되는 관계도 사실은 좋은 영향을 줄 수 있으니, 어른의 언어로 그 관계를 규정해 버리는 것은 위험하다. 마찬가지로, 잘못된 '행동'에 대해 조언할 수는 있겠지만, 나쁜 '사람'으로 규정해서도 안 된다.

그럼 우려되는 부분이 있는데도 아이의 교우 관계를 그냥 두고 봐야만 하는 걸까? 사실 교실에서도 서로 떨어졌을 때 각각의 아이 모두에게 더 나은 사례도 분명히 있다. 친구끼리 거리를 둬야 한다는 말은 나쁜 아이, 좋은 아이라는 낙인을 남기는 것과는 다르다. 좋은 아이 옆에 있으면 좋은 아이가 될까? 공부 잘하는 아이 옆에 있으면 우리 아이도 공부를 잘할까? 이런 생각은 아이들끼리의 화학작용을 너무 단순히 설명한다. 게으른 행동을 보고 나는 저렇게 되지 않아야지.' 하면서 자기 행동을 반성하는 사례도 많지 않던가? 즉, 친구 그 자체를 판단하는 것이 아니라, 그 친구와 있을 때 우리 아이에게서 나타나는 변화를 주시하는 것이다.

도움이 필요한 친구가 주변에 있을 때 내 아이가 배려하는 마음을 배울 수도 있고, 심적 부담을 느껴 피할 수도 있다. 내 아이 주변에 어떤 아이가 있느냐보다, 그 아이 옆에 있을 때 내 아이가 어떻게 하는지를 관찰하면 어른으로서 판단이 더 세심해진다. 자신을 좋은 사람으로 만들어주는 친구를 만났을 때는 아이들의 표정과 말투가 달라진다. 마음 상태가 안정적이지 않을 때 아이들의 눈이 뾰족하게 올라가는 반면, 안정적일 때는 동그란 눈이 된다. 정말 그렇다.

나는 아이들이 좋은 친구를 만날 기회를 다양하게 만들어주기로 했다. 좋은 친구란 나의 아이를 좋은 사람으로 존재하도록 하는 친구라고 생각한다. 여러 환경에서 다양한 친구들을 만날 기회를 주다 보면 나를 마음 편하게 만드는 친구를 아이 스스로 찾게 된다. 정 아이의 교우 관계가 염려되면 "그 친구랑 어울리지 않게 해주세요."라고 말하는 대신, 교실에서 새로운 친구들과 접할 수 있도록 자리 배치에 대해 담임 선생님에게 상담을 요청하는 것도 좋다.

만일 아이가 교우 관계 갈등으로 마음이 힘들 때 "초등학교 때 친구는 의미 없대."라고 위안하는 것에는 한계가 있다. 중학교 때도 고등학교 때도 만나지 못하면? 그 시기를 규정하는 대신, 그만큼 마음이 맞는 친구를 만나기란 쉽지 않다는 사실과 혹시 지금 그런 친구를 만난 것 같다면 소중히 여기라고 말해주는 편이 낫다. 아이가 좁은 관계에 집중해서 답을 빨리 찾으려 하기보다 여러 관계를 경험하면서 진짜 친구를 찾았을 때 자신의 마음 상태를 들여다보면 스스로 좋은 관계를 맺게 될 것이다.

시간이 흘러 나이를 먹고 보니 '연애를 많이 해본 사람이 결혼도 잘한다.'라는 말에 정말 동감하게 된다. 단지 사람을 잘 고른다는 의미인 줄 알았는데, 자신에게 잘 맞는 사람이 어떤 사람인지 더 잘 알게 된다는 의미였다. A랑 있을 때는 어설프게만 보이던 B는 C랑 만난 후에는 듬직한 모습을 보인다. 능력이 없어 보이던 B는 D랑 만난 후에는 세상 다정한 사람이 된다. 사람 자체가 바뀌는 것이 아니라, 자신의 다정한 면이나 듬직한 면을 부각시켜주는 사람을 만나서 마치 자신이 변화한 것처럼 보이는 것은 아닐까?

아이를 키우는 데에 온 마을이 필요하단다. 품 안의 자식을 놓아주어야 할 때, 아이 주변에 좋은 사람이 많았으면 좋겠다. 아이가 온전한 자기 자신으로 있을 수 있도록.

관계7.
우리 애한테 이성친구가?

"우리 애 남자친구 생겼대. 그래서 말인데 집에 초대해서 한 번 보자고 할까?"

"굳이 초대까지?"

"아니, 딸 첫 남자친구인데 내가 한 번 봐야 하지 않겠어?"

"초대해서 뭐 하려고?"

"맛있는 것도 해주고, 어떤 아이인지도 보고……."

아이의 첫 이성친구에 대해 말하는 엄마들의 목소리에는 곳곳에 설렘이 묻어난다. 자기가 연애하는 것도 아니면서 왜 더 설레하는지 핀잔을 주려다 피식 웃고 만다.

나도 그렇다. 누굴 만날 때마다 작은 짬이라도 생기면 우리 아이에게 좋아하는 사람이 생겼다고 말하고 싶다. 아이가 좋아하는 아이가 생겼다고 말할 때, 부끄러운데 말하지 않고는 참을 수 없어 비죽비죽하는 표정이 계속 아른거려서 말이다. 새로운 장난감을 품에 안았을 때도, 받아쓰기 1등 했을 때도 볼 수 없던 얼굴이다. 아이가 태어나면서부터 모든 얼굴을 다 안다고 생각했는데, 좋아하는 사람이 생겼다 말하는 아이의 처음 보는 표정이 떠올라 글을 쓰는 지금도 광대가 쓰윽 올라간다.

아이는 왜 그 아이가 특별했을까? 남자, 여자 가리지 않고 어울리다가 어느 순간 놀이 문화가 달라져 "여자친구들이랑은 안 놀아!" 할 때가 있었다. 성 평등을 가르치겠다며 일부러 분홍색을 골라 옷을 입히고 선택 사항들에 성별이 구분되는 것들을 피하곤 했는데, 유치원에서 만난 아이들 사이에 성을 갈라 노는 문화까지는 내가 어쩔 못하겠다며 아쉬워했다. 돌이켜보니 그때부터 아이는 남녀의 다름을 인식하기 시작하지 않았을까? 다른 존재에 대한 호기심을 갖고 좋아한다는 감정으로 이어지는 것일 테니. 그런데 "왜 그 아이인가?"가 궁금해 계속 아이에게 물었다.

"어디가 좋았어? 어디가 예뻐 보였어? 언제부터 좋아했어?"

어른의 눈으로 보면 그 기준이 자유분방했다. 또래들 중 눈에 띄는 외모도 아니고, 특별히 귀여운지도 잘 모르겠다. 공부를 잘하는 걸 봤을 것 같지도 않고, 분명 예쁜 구석이 있어 우리 아이 눈에 띄었을 텐데 그게 뭘지 궁금하다. 어른들이 생각하는 매력 요소가 아이에게는 큰 의미가 없다는 걸 깨닫고 나니 아이의 연애가 더 특별해진다. 그냥 좋으니까 좋다는 그 순수함에.

그렇다면 요즘 아이들은 어떻게 연애를 할까? 옆 반 선생님이 우리 반 아이들의 연애 소식을 전하며 물었다.

"요즘 아이들은 다 연애를 하는데, 난 너무 궁금해. 아이들은 연애하면 뭐 할까? 떡볶이를 먹으러 가나?"

생각해보니 이런 건 어른의 시각이다. 아이들은 뭘 하려고 연애하는 게 아니다. 뭘 안 해도 그 설렘 자체를 즐길 줄 안다. 누군가 나를 각별하게 생각하는구나, 내가 꽤 괜찮구나 하는 감각을 느끼는 거다. 좋아한다는 건 어쩌면 그게 전부다. 연애하면 뭘 하고, 뭐가 좋고 하는 것들은 부수적이다. 여러 사람들 중 그 아이만 눈에 들어오는 경험, 나만 특별해지는 기분, 그거면 충분하게 여겼다. 똑같이 놀이터에서 만나 놀아도 남자친구랑 이야기하면 다른 거다. 서로 좋아하고 있다는 걸 알게 되었을 때의 짜릿함만으로도.

간혹 사춘기에 들어선 아이들은 어른 연애를 흉내 내기도 한다. 쉬는 시간에 '왕 게임' 혹은 '쪽팔려 게임'이라 불리는 심부름 놀이를 하는데, 아이들이 시키는 심부름이 이성친구와 관련된 것들이라는 게 남다르다. 좋아하지 않는 아이에게 좋아한다고 고백을 하고 오라든가, 누구를 안아주고 오라든가, 누가 예쁘다고 말하고 오라든가……. 연애하면서 스킨십을 연상하는 아이들이 등장한 것이다. 덕분에 쉬는 시간 놀이로 왕 게임이 시작되면 아이들의 연애 장르가 달라졌다는 신호로 생각한다.

아이들은 연애를 통해 나와 다른 존재에 대해 배운다. 나 이외의 다른 사람에게 관심을 갖는다는 것 자체가 기특하다. 언제 웃는지, 언제 속상해하는지 가만히 들여다보면서 사람을 알아간다. 좋아하는 사람의 기분을 살피며 사랑을 표현하는 방법을 배우기도 한다. 토라짐으로 자신의 애정을 드러내는 것이 아닌, 서툴지만 자신의 감정을 바라보고 솔직하게 표현할 수 있으면 더할 나위 없겠다. 누군가에게 특별한 존재가 되는 기분도 느끼고, 우여곡절을 겪으며 상실감도 느낀다. 신나게 흉보고 다시 또 용기 내 다른 사람을 좋아하게 되는 것도 예쁘다. 여덟 살이든 열두 살이든 좋아하는 감정에 나이 제한은 없다.

아이의 연애에 보조를 맞춰주려 한다. 어른의 머릿속에서는 "누가 누구랑 사귄대요!" 하면 여러 가지 있을 법한 상황과 계산들이 복합적으로 움직인다. 그 친구가 '좋다', '나쁘다', '이 연애 반댈세' 등 판단도 하게 될 거다. 하지만 아이가 판단을 도와 달라 말하기 전에는 천천히 아이의 속도대로 지켜보자. 아이가 충분히 감정이 익을 수 있도록, 연애의 오만 가지 맛을 느낄 수 있도록 꾹 참아보는 거다. 하기는 엄마한테, 선생님한테 아이가 자기 감정을 솔직하게 말하는 것만으로도 고맙다. 아이의 발그레한 볼이 멜로드라마보다 더 달다.

⟨5장⟩
오지라퍼 선생님의 친절한 기밀 누설

"선생님, 속 시원하게 말해주세요!"

초등 반장은 엄마가 만들어준다고?

"오늘 우리 애 반장 됐어."

친구가 들뜬 목소리로 자랑한다.

"철수가 ○표 나오고, 영희가 ○표 나와서 결국 우리 애가 당선됐대. 어젯밤에 앞에 나가서 발표할 내용을 같이 적고 연습했었거든. 친구들 뭐라도 사줄까? 선생님한테 전화 드려야겠지?"

아이의 무용담 속 생생하게 그려지는 반장 선거 풍경과 들뜬 이 친구의 모습에 빙그레 웃음이 난다. 초등 반장 별건가 하기에 반장 선거에 임하는 아이들의 자세가 진지하고 남다르다. 반장이 되기 위해서 전날 집에서 아이가 애쓴 게 눈에 선하다. 멋들어진 인용문도 찾아보고, '내가 반장이 된다면 무슨 일을 할까?' 하는 아이디어도 내봤을 거다. 원고를 외울 정도로 톤과 뉘앙스까지 연습했을 테고, 서랍에 공약 발표 원고를 숨겨두고 힐끔힐끔 꺼내보며 긴장을 달래는 아이들을 본다.

여러 사람 앞에서 큰 목소리로 발표하는 것은 보통 용기가 필요한 일이 아니다. 그 수많은 시선을 견뎌야 하니 제자리에서 발표했을 때보다 몇 배는 더 압박감이 커진다. 투표가 시작돼도 마찬가지다. 친구들이 날 안 찍으면 어떡하지, 한표 한표 이름이 불릴 때마다 느껴지는 초조함까지. 모든 과정들이 아이가 부모님에게 전달할 때는 약간의 조미료가 가미된 무용담이 될 것이다. 그러니 부모님 입장에서 어떻게 기쁘지 않을 수 있겠는가? 내 눈에만 멋진 아들인 줄 알았는데, 친구들의 눈에도 괜찮아 보이는 건가 싶어 뿌듯하다.

초등학교에서는 어떤 아이가 반장이 될까? 사실, 아이들의 반장 선거는 예측이 불가능하다. 누가 봐도 반장감이던 아이가 역시나 반장을 할 수도 있고, '설마 저 말썽쟁이가?' 하는 아이가 반장이 되기도 한다. 3월 초, 성향을 서로 잘 모를 때라 그렇다고 하기에 2학기 때에도 변수가 있음은 마찬가지다.

승패는 공약 발표에 있다. 외향적인 아이가 능숙하게 큰 목소리로 발표하는 모습도 친구들에게 신뢰감을 주지만, 공약 발표 당시의 진실성이 가장 주효해 보인다. 자신의 평소 모습과 공약의 내용, 발표하는 모습이 일치하는 게 가장 중요하다는 거다. 내성적인 아이라 할지라도 "저는 평소 조용하고 나서는 걸 어려워하지만, 우리 반 반장이 된다면 다른 사람에게 큰소리를 내기보다 뒤에서 친구들을 도와주는 조용한 리더십을 발휘하겠습니다."라고 한다면 백발백중. 온라인에서 좋아 보이는 공약을 찾아 멋진 말로 바꾸는 것보다 몇 배는 믿음직스럽다는 것을 아이들도 느낀다.

말썽쟁이 우리 애를 누가 지지하겠냐고 생각했다면, 그 또한 모르는 일이다. 온 학교에서 이름만 대면 다 알 만한 대단한 말썽쟁이가 하나 있었다. 반장 선거에 나가겠다고 며칠 전부터 소문내기에 "그래, 반장이 되면 친구들에게 모범이 되도록 열심히 해봐." 하고 격려했다. 공약 발표 당일, 아이가 교탁에 걸어와 들고 온 것은 흔하디흔한 공약 발표 원고가 아니었다.

"나 ○○은 올해부터 친구들에게 모범이 되도록 장난치지 않고 숙제를 열심히 해오겠습니다! 김○○, 손도장 꾸욱!"

이럴 수가! 반장 선거에 우리 말썽쟁이가 각서를 들고 나올 줄이야. 자신의 공약 발표가 끝난 후 각서를 칠판 한쪽에 붙여두고 멋지게 들어가는데, 당연하게도 그날의 주인공이 되었다.

간혹 중고등학교에 다니는 형제를 가진 아이의 부모님은 초등 임원은 입시에도 안 들어가고 번거로운 일만 생길 거라며 관심을 덜 보이기도 한다. 하지만 단언컨대, 지금까지 우리 반 반장이 된 아이들은 모두 임원 활동 경험을 통해 기존보다 훨씬 좋은 쪽으로 변화했다. 친구들이 자신에게 보내준 한 표를 신뢰라고 생각해서일까? 수업에 별 관심 없던 아이도 나와 눈을 마주치면서 수업을 듣고, 학급 전체를 바라보며 해야 할 일을 생각한다. 유난히 솔선수범하여 규칙을 잘 지키던 아이도 있었다. 반장은 '모범'이 되어야 한다는 의례적인 말을 그대로 소화한 좋은 예였다.

방과 후 나에게 상담을 청해 "선생님, 저는 잘하는 게 뭔지 모르겠어요."라고 묻던 한 남자아이가 있었다. 평소 그 아이는 운동도 공부도 큰 두각을 나타내지 않았을 정도로 평범했다. 하지만 그 아이는 반장이 된 후에 확 달라졌다. 친구들끼리 얼어붙은 분위기를 풀어주며 서로 웃게 만들고, 속상한 친구의 마음을 토닥이며 중재하는 훌륭한 갈등 조정자의 모습을 보였다. 그 아이가 원래 갖고 있던 요소를 발현시킨 것이겠지만, 반장이라는 자리가 아이의 성장에 큰 촉매제가 된 것이다.

그래서 나는 꽤 자주, 학부모 상담 때 "어머님, 아이가 2학기 선거에 출마하도록 격려해보세요."라는 얘기를 한다. 우리 아이는 반장감이 아니라며 손사래 치는 부모님들도 살짝 입꼬리가 올라가는 건, '아이가 선생님께 신뢰를 받고 있나?' 하는 마음이 들었기 때문이리라. 작은 불씨로 부모님이 아이에 대해 기대감을 갖게 된다면 이를 아이도 은연중에 느낀다. 어른들이 가지는 적절한 수준의 기대감은 아이를 고무시킨다. 물론 선생님이 공수표를 남발하는 것은 아니다. 애초에 그 아이는 성장 가능성이 보였을 테니 말이다.

부모님의 격려와 스스로에 대한 기분 좋은 기대감 반 의구심 반으로 아이가 출마를 결심한다면, 부모님이 꼭 해줬으면 하는 것들이 있다. 먼저 구체적인 칭찬이다. 아이들은 의외로 자신의 장점을 잘 모른다. 칭찬보다는 부족한 부분에 대한 조언을 평소에 더 많이 듣기 때문이다. 매년 아이들에게 스스로의 장점 50가지를 찾도록 한다. 찾아야 하는 장점의 개수가 많을수록 남들에 비해 잘하는 것만으로는 다 채우기가 어렵다. 대신, 평범해 보이지만 스스로를 칭찬할 점들을 찾아낸다. 이때 주변이나 가족들에게 구체적인 칭찬을 많이 들어본 아이일수록 수월하게 자신의 강점을 찾았다. '친구를 잘 도와주는구나.', '이야기를 잘 들어주는 구나.' 등 시의적절한 구체적인 칭찬을 아이들은 잘 기억했다. '엄마 아들이라 사랑해.'와 같은 무조건적 애정 표현을 넘어서야 한다.

두 번째, 여러 사람 앞에서 아이가 말하는 연습을 해보게 하기! 가족들 앞에서 자신이 준비한 원고를 여러 번 말해본 친구들은 평소 발표 솜씨와 관계없이 소견 발표를 훨씬 잘한다. 능숙하게 만담가처럼 말하는 친구들과 비교할 필요는 없다. 평소와 다른 모습을 보여주는 것만으로도 듣는 친구들은 그 변화를 느끼고, 발표하는 아이 스스로도 여러 사람 앞에 서보면서 성장한다. 당선이 되든 안되든 입후보 경험의 백미는 소견 발표에 있다.

마지막으로, 선거 당일 아침에 "너는 꼭 너에게 투표해."라고 말해주면 좋겠다. 양보와 겸손이 미덕이라 자기 이름을 스스로 쓰지 않는 게 당연하다고 생각하며 0표보다 한 표가 나왔을 때 더 민망해질 수도 있다. 하지만 스스로 자신에게 한 표를 행사할 수 있어야 다른 사람들도 나에게 신뢰를 보낸다고, 혹시 내가 쓴 딱 한 표만 나와도 부끄러운 게 아님을 미리 이야기해줘야 한다. 나 자신을 믿는 일이 참 어렵지만, 소중한 한 표를 나에게 던지며 이를 경험해보는 건 의미 있다. 특히 반장 선거 입후보처럼 자신을 드러내는 자리에서는 확실하게 표현을 해주길 바란다. 이런 데에서부터 자기 신뢰가 시작되는 게 아니겠는가?

그 외에 아이가 초등 반장이 되게 하기 위해, 혹은 되고 나서

부모님이 해야 할 일은 하나도 없다. 반장 선거 전, 회사를 다녀서 아이를 도울 수 없는데 아이가 반장에 출마하고 싶어 해서 걱정이라는 학부모의 전화가 종종 걸려온다. 아이가 임원이 되면 으레 학부모회 등 학부모 참여에 나서는 분위기가 있으니 그게 여의치 않은 상황이면 지레 염려가 되는 거다. 아이가 먼저 의욕을 내준 것도 대견할 텐데, 그 모습을 보고 무조건 지지할 수 없는 전화상의 목소리가 씁쓸하다. 그래서 이런 경우에는 꼭 말씀드린다. 옛날에는 임원 부모님의 도움을 요청하는 분위기가 있었지만, 요즘엔 학부모 봉사가 노동력 제공의 의미보다는 자녀교육에 참여하는 의미가 강해지는 분위기라서 굳이 무리하지 않아도 된다고 말이다.

"어머님, ㅇㅇ이가 반장이 된다면 다른 친구들을 위해 봉사할 일이 많고 바빠집니다. 학부모님 봉사는 정말 감사한 일이지만, 반장이라는 이유로 꼭 해야 한다고는 생각하지 않아요. 나중에 여건이 될 때 해주시고, ㅇㅇ이가 반장 선거에 자신 있게 나가도록 지지해주세요."

요컨대, 초등 반장은 부모님이 만들 수 있다. 충분한 지지와 격려, 너 자신을 믿으라는 메시지까지. 기왕이면 떨어져도 괜찮다는 말보다 너는 잘할 수 있다고, 스스로를 믿으라고 북돋아주면 좋겠다. 어차피 떨어지면 마음이 괜찮을 리 없다. 하지만 나는 꽤 괜찮은 사람이라는 믿음이 실망을 툴툴 털고 이겨낼 힘을 준다. 부모님의 격려는 마법처럼 아이를 성장시킨다.

급식 때문에 힘들다는 아이

"밥만 잘 먹어도 효도하는 거라더니, 학교 입학하고서 애가 급식 때문에 애먹일 줄은 몰랐어! 선생님이 유독 바른 식습관을 강조하시는 편이라서 버섯을 먹다가 토했다는데, 그냥 너무 싫은 건 좀 내버려두면 안 되는 걸까? 어른도 싫은 건 안 먹지 않아? 왜 애들한텐 싹 먹으라고 강요하는 거야? 아동학대 아니니?"

화가 나서 말하는 친구의 이야기를 들어보니, 애도 엄마도 고생 좀 하겠구나 싶다. 평소 아이가 밥을 잘 안 먹어서 속상해하던 친구지만, 내가 먹이느라 속 썩는 것과 선생님에게 혼나는 건 다른 문제다. 밥이 중요한 건 알아도 아이가 다른 사람에게 혼나는 건 아무래도 화가 난다.

'끝까지 먹여, 아님 그냥 말아?'

아이가 태어났을 때부터 시작된 이 실랑이는 아이의 식습관 자체에만 초점이 맞춰지면 좋겠는데, 입학하고 나니 문제가 달라진다. 먹이는 자, 즉 부모님과 교사의 식습관 지도 방식을 통일하는 데에는 '무엇을 먹일 것인가? 얼마나 먹일 것인가? 어떤 방식으로 먹일 것인가?'까지, 맞춰야 할 지점이 너무나 많다. 교실에서의 공부야 학교에 맡긴다지만, 종종 뉴스에서 급식과 낮잠으로 벌어지는 기관들의 아동학대 사건들을 떠올리니 아이의 급식 갈등 얘기를 들으면 덜컥 겁부터 나는 것이다.

    선생님들도 떠먹여줘야 하는 시기와 스스로 떠먹는 시기 사이의 과도기에서 늘 고민한다. 급식 지도를 하면 확실히 아이들이 남기는 음식 양이 줄고 다양한 음식을 시도한다. 하지만 어른들도 안 먹는 음식이 있는데, 절대 안 먹겠다고 버티는 아이들에게 식사를 강요해야 하는지에 대한 근본적인 의문은 마음 한쪽에 남아 있다. 먹일 것인가, 말 것인가의 문제에서 균형을 잡기 위해 학교 급식을 끼니 해결 시간으로 볼 것인지, 그 이상의 의미를 부여할 것인지 아이들의 시각으로 볼 필요가 있다.

    학교에서의 인상적인 일을 주제로 글을 쓰면 아이들의 작품에 빠지지 않는 주제가 의외로 급식이다. 특별 메뉴가 나왔다거나, 너무 맛있어서 밥을 몇 번이나 다시 받았다거나 하는 등의 급식 에피소드들이다. 집밥과의 차이는 친구들과 함께라는 것뿐인데, 둘러앉아 대화하며 함께 같은 음식을 먹는다는 것에 대해 공감대가 생긴다. 교실에서 하는 과자 파티도 아이들이 각자 가져온 간식을 나눠 먹는 것뿐이지만 아이들이 손꼽아 기다리는 행사가 아닌가? 그러니 아이들에게 급식 시간은 끼니 해결뿐 아니라, 밥을 매개로 친구들과 교류하는 시간이기도 하다.

또 절기나 기념일에는 연상되는 음식을 먹으며 이야기를 나누기도 한다. 기억에 남는 급식 메뉴 중 하나로 6.25전쟁일의 '군대리아'가 있다. 햄버거가 나왔을 뿐인데 군대에서 나온다는 특식 이름이 붙으니 군대 이야기, 6.25 이야기가 자연스레 나온다. 식사를 즐기지 않으면 이 시간을 오롯이 누릴 수 있을까?

재미있게도 아이들의 관계나 학급의 분위기가 급식량을 좌우하기도 한다. 3월 첫날부터 식단을 확인하며 대화하는 아이들이 많은 해에는 밥으로 속 썩을 일이 거의 없다. 영양 선생님이 이벤트로 '잔반 없는 날'을 지정해 잔반이 가장 안 남는 반을 뽑을 때면 아이들은 좀 더 전투적으로 먹는다. 버섯이든 토마토든 메뉴와 관계없이 열심히 먹으면서 꼭 일등을 하자며 서로를 격려하는데, 평소 먹던 양보다 배로는 먹는다. 아이들에게 급식이 즐거운 놀이가 된 덕이다. 함께 먹는 즐거움이 편식까지 해결하는 셈이다.

그렇다면 급식 시간을 아이의 식습관을 지도할 절호의 기회로 보면 어떨까? 선배 선생님이 아이들 편식 지도를 할 때 "이거 건강에 좋은 거야."라고 말하지 말란다. 이유인즉슨, 그 말을 자꾸 듣다 보면 '건강한 음식 = 맛없는 음식'이라는 명제가 아이들 마음속에 편견처럼 자리 잡는다는 거다. 그러고 보니 정말 그렇다. 책도 그렇지 않던가? "이 책은 미래를 위해 도움이 될 거야."라고 추천하는 책은 읽어야 하는 건 알지만, 아이들이 기꺼운 마음으로 선뜻 손에 집지는 않는다. 하지만 "이 책 진짜 재미있어!"라고 추천하는 책은 굳이 숙제로 내주지 않아도 맘이 내켜서 잘 읽는다.

　건강을 위한 식사를 해야겠다며 참고 먹어보자고 각오하는 순간, 식사는 숙제가 된다. 대신 "연근을 씹다 보면 달콤한 맛이 난다?", "토마토를 이렇게 먹으면 진짜 맛있어!"라면서 맛에 대한 예찬을 펼쳐본다. 가끔 장난꾸러기들이 우유에 밥 말아 먹으면서도 맛있다고 하는 건 기이한 음식을 먹는 행위가 재미있어서다. 아이들은 재미있으면 뭐든 먹는다. 그래서 때때로 효과적인 급식 지도를 위해 숨은 먹깨비들을 찾으려고 내가 먼저 호들갑을 떨기도 한다.

　"이렇게 맛있게 요리하는 게 얼마나 힘든 줄 아니? 급식 스파게티 특유의 맛이 있어. 너무 맛있다니까. 한 판 더!"

　선생님이 체면을 차리지 않고 요란 떨며 먹으면 하나둘씩 함께하는 밥 친구가 생긴다. '먹을래, 안 먹을래?' 협박하는 것보다 훨씬 효과적이다. 나의 체형이 넉넉해지는 것만 감수한다면 말이다.

　학기 초에는 담임 선생님이 명확한 기준을 주기 위해 융통성보다는 원칙을 미는 경우가 많다. 잘 먹는 것이 바람직한 거라고 아이들이 인식하게 되면 편식을 덜 하기 때문이다. 하지만 아이가 절대 못 먹는 음식이 있거나, 다른 생활 습관은 괜찮은데 급식만큼은 너무 힘들어한다면 부모님의 조율과 개입도 필요하다.

　"선생님, 저도 아이가 밥 먹는 거 보면 속상해요. 어렸을 때부터 먹이기 너무 힘들었던 터라 선생님과도 씨름하고 있는 듯합니다. 이 문제로 선생님과 관계가 나빠지는 게 걱정되는데, 허락해주신다면 먹을 수 있을 법한 음식만 받아 먹거나, 도저히 먹기 힘든 메뉴는 한 번만 맛보는 것으로 양해해주실 수 있을까요?"

사실 학급 내에서 식습관 형성을 위한 규칙이 있기 때문에 일부 아이만 예외를 적용하는 데에는 어려움이 있다. "선생님, 왜 쟤만 남겨도 되는 거예요?"라는 질문이 들어왔을 때 납득할 이유를 말해줘야 규칙이 흔들리지 않기 때문이다. 과거 학교에서 단체생활을 강조했던 이유도 이 때문일 것이다. 하지만 아이들 개별 수준에 맞는 지도의 중요성을 학교에서도 점점 더 강조하고 있고, 편의보다 효과 측면에서 더 나은 지도를 위해 융통성이 필요하다면 이런 학부모의 상황 설명에 무조건 안 된다고 할 선생님은 드물다.

간혹 급식 지도 자체를 꼭 해야 하는 거냐고, 선생님들은 왜 밥 먹는 것까지 가르치냐면서 성토하는 부모님도 있다. 그런데 사실 교사에게 급식도 직업적 의무의 일부다. 교사의 퇴근 시간이 일반 공무원보다 한 시간 빠른 건 급식 시간이 근무에 포함되기 때문이다. 즉, 건강한 식습관 형성 또한 교육 활동 목표로 보고 있는 것이다. 따라서 급식 먹는 문제로 아이가 너무 힘들어한다면, 교사의 식습관 지도 자체에 문제를 제기하기보다는 아이의 식습관 개선을 위해 선생님과 부모가 함께 어떤 도움을 줄 수 있을지 고민하며 의견을 조율해 나가는 것이 바람직하다.

때로는 학교에 간 김에 편식을 고치길 바라며 이렇게 말하는 부모님도 있다.

"나는 선생님이 급식 지도를 더 적극적으로 해주셨으면 좋겠어. 학교 갔다 돌아오면 냉장고에서 뭘 자꾸 꺼내 먹는 거야. 급식

안 먹었냐고 물어보면 맛없을 것 같아서 그냥 버렸대."

집에서는 입에도 안 대는 브로콜리를 선생님 앞에서는 자랑하듯 먹고 오는 아이의 모습에 더 만족했던 부모님이라면 이런 생각이 더 들 것이다. 먹는 걸 관심 있게 관찰하고 독려해주면, 선생님께 잘 보이고 싶은 마음에 아이는 집에서 안 먹던 음식을 더 잘 먹고 오기도 한다. 어릴 때 채소를 많이 먹은 아이가 커서도 골고루 잘 먹는 모습을 보면 입에 맞는 음식이 따로 있는 게 아니라, 익숙한 음식이 입에 잘 맞는 듯하니 학교에서라도 새로운 메뉴를 접해보고 왔으면 하는 마음도 있다. 사실 나도 요리 솜씨가 부족한 편이라 아이의 편식 습관을 집밥으로 고쳐줄 자신이 없기에, 급식에서 여러 음식을 먹으며 영양소를 골고루 보충했으면 좋겠다. 저녁에 급히 차린 밥을 주면서도 "엄마, 오늘 급식 잘 먹었어요." 하는 말을 들으면 요리 못하는 엄마로서 죄책감이 좀 가시기도 한다.

학창 시절, 나는 급식이 좋았다. 매일 주어지던 식판 위 가지런히 놓인 반찬들, "많이 주세요!" 외치던 배식 풍경들, 마주 앉아 "이거 맛있네! 요건 맛없네." 등 맛 평가를 함께 하던 친구들……. 학생일 때는 몰랐던 것들이 선생님이 되어보니 다시 보인다. 지금 급식을 힘들어하는 아이도 시간이 지난 후에는 하나의 추억이 되지 않을까? 지금 나처럼 말이다.

선생님, 선생님, 우리 선생님

"○○이네 내년 담임 선생님은 누구셔?"

학년 말, 반 배정 이후 엄마들의 최대 관심사는 단연코 담임 선생님이다. 초등학교는 담임 선생님이 교실에 상주하여 대부분의 시간을 함께한다. 엄마의 훈육 방식에 차이가 있는 것처럼 담임의 교육 철학에 따라 학급 운영 방식이 달라지기 때문에 학부모들은 선생님과 우리 아이와의 궁합을 꼼꼼히 살핀다. 담임교사 발표가 나면 선배 엄마들을 수소문해 선생님의 뒷조사 아닌 뒷조사를 하기도 한다. 재미있는 건 대개는 선생님의 교육 철학보다 나이와 성별을 먼저 묻는다는 거다. 개인차는 있지만, 실제로 나이와 성별로 짐작해봄직한 선생님들의 공통점이 있다.

"3반 선생님 엄청 젊으시대!"라고 하면 "어머, 우리 애 좋아하겠다. 아이들 눈높이로 놀아주시겠네." 하는 반응이 대부분이다. 교대를 갓 졸업한 MZ세대 선생님은 정보에 빨라 새로운 학습 자료나

이벤트를 많이 준비하기도 한다. 열정이 최강일 시기라 나 역시 초임 시절에 활동 자료를 만드느라 밤을 새기도 부지기수였다. 실제로 젊은 선생님들 중에는 내가 한번 분위기를 쇄신시켜보겠다며 열성을 다하는 경우가 많다. 방과 후 지도, 휴일 지도에도 적극적인 선생님을 만나면 다소 서툴더라도 아이에게든 학부모에게든 인기가 많을 수밖에 없다. 또 SNS를 활발히 운영하는 선생님을 만나면 개인 채널에 출연하기도 하는 등 아이들도 재미있는 경험을 할 수도 있다. 선생님이라고 하면 떠오르는 단조로운 이미지들이 MZ세대 선생님들에 의해 다채로운 색으로 입혀지는 듯하다.

또 가끔 첫째와 둘째의 나이 차가 많아서 큰아이의 입시에 고민인 엄마들은 젊은 선생님들을 보고 "우리 아이도 선생님처럼 열심히 공부해서 교대 가면 얼마나 좋을까요?" 하며 기특하단 눈빛으로 봐주시는 엄마들도 있다. 확실히 젊은 선생님에 대해서 전반적으로 호의적인 시선인 것은 분명하다.

그래서일까. 애들이 나이 든 선생님은 싫어한다며 명퇴를 신청하는 선배님들을 종종 본다. 하지만 개인적으로는 학부모로서 우리 애가 입학했을 때 할머니 선생님을 먼저 만나길 바란다. 자유분방한 아이들이 처음 책상에 앉아 있는 연습을 하는 때라 기본 학습 태도와 예절을 착실히 익혀야 이후의 학교생활이 안정되기 때문이다. 부드럽게 "자리에 앉아요." 하는 말로는 쉽게 아이들이 앉아주지 않음을 엄마로서 확실히 경험했기에, 여덟 살 꾸러기들도 차분하게 만드는 베테랑 선생님의 노하우가 절실하다. 규칙을 익히지 못한 상황에서의 자유로운 호기심은 오히려 학습을 방해하기도 하니, 일단 아이들이 단정한 태도를 만들었으면 좋겠다. 할머니 선생님들은 옛날 이야기하듯 두런두런 이야기를 건네시는데, 눈을 사로잡는 자료 없이도 푹 빠질 수 있어 디지털 디톡스의 기회이기도 하다. 할머니, 할아버지 선생님만의 매력이 있는데 젊은 교사에 대한 선호로 이 장점이 가려지는 것이 아쉽다.

나이를 막론하고 남자 선생님은 인기가 있다. 초등학교에 남자 선생님이 드물어서 6년 중 한 번도 못 만난 아이들이 태반이다. 덕분에 남자 선생님은 원하든 원하지 않든 관심을 받으며 학기를 시작하게 된다. 남자 선생님들은 평소 생활 태도를 꼼꼼하게 챙기지 않아도, 아이들이 너무 늘어졌을 때 단숨에 군기를 휘어잡는다. 내가 똑같은 강도로 야단치면 "어떻게 선생님이 그럴 수 있어요?" 하는 표정으로 심하다고 할 녀석들이 남자 선생님의 꾸중에는 덜 억울해한다. 여자든 남자든 체육을 잘하는 선생님이라면 뭘 하더라도 최고의 선생님으로 등극하는데, 보통 남자 선생님들은 아이들과 준비운동부터 시작해 축구, 배구, 배드민턴 등 각종 종목에서 온몸으로 경기 상대를 해주니 특별한 보상이 필요 없다. 무조건 "우리 선생님 너무 좋아!" 외치니 남자 선생님들이 마냥 부러울 뿐이다.

학생일 때는 몰랐지만 십여 년간 교사로 근무해보니, 학교에는 시시한 선생님이 없었다. 교무실이 따로 없이 각 교실에서 아이들과 밀착 생활하는 초등학교의 특성상, 교실만 봐도 선생님들의 개성이 묻어난다. 모든 물건이 제자리에 잘 정돈된 교실을 유지하는 선생님, 아이들의 작품을 매일 새롭게 게시하는 선생님, 교실을 꽉 채운 식물 기르기에 열성인 선생님……. 교실에서 표 나지 않는 경우도 있다. 싸움 중재를 기가 막히게 잘하는 선생님, 아침을 굶고 오는 아이들이 안타깝다고 자체 조식을 운영하던 선생님, 미처 생각지도 못한 부분까지 배려해 아이들에게 건네는 말을 고민하는 선생님까지. 유명하든 직급이 높든 관계없이 모든 선생님이 자신만의 교실을 꾸려가고 있다. 교실마다 다른 개성은 아이들에게 비교를 부르기도 한다.

"옆 반 선생님은 친절한데, 우리 반 선생님은 너무 무서워요."

선생님에 대한 평가가 갈리는 것은 국가에서 제시하는 기준으로 교육 과정을 운영하되, 선생님들마다 강조하는 지점이 각기 다르기 때문이다. 하지만 옆 반에 비해 부족한 듯 보여도 다른 무언가 더 배우는 지점이 분명히 있다. 가령, 아주 무서운 호랑이 선생님의 반 아이들은 학습 태도가 잘 잡힌다. 각자 의견 제시가 자유로운 학급은 수업 시간은 시끌시끌하지만 아이들의 주도성이 높다. 그렇기 때문에 매년 새로운 선생님을 만날 때 다른 선생님을 동경하기보다는 그 선생님과 함께 키울 수 있는 능력에 집중하는 편이 아이에게도 좋다.

아이들은 선생님의 성향뿐 아니라 관심사에도 영향을 받는다. 작은 텃밭이나 숲을 키우는 선생님을 만나 생태 친화적 관점을 배우고, 과목마다 AI를 활용하는 선생님을 만나 일찍 AI를 접한다. 미술관, 박물관 등의 전시 관람을 중요하게 여기는 선생님을 만나면 각종 전시회로 학급 체험 학습을 떠난다. 초등학교에서는 생활 속 모든 주제로 교과 과목을 융합할 수 있으니 선생님의 강점에 집중하면 아이를 더 풍성하게 키울 수 있다.

아쉽게도 간혹 학교에 대해 비판을 넘어 유난히 비판적인 시각을 가진 학부모를 만날 때가 있다. 선생님의 차별, 아이들의 놀림을 걱정하며 실제 일어나지 않은 일에도 날이 선다. 학교는 모두가 경험했지만, 학창 시절에 대한 기억은 모두 달라 자신이 경험한 대로 바라볼 수밖에 없기 때문일 것이다. 물론 그렇다고 옛날 교육을 마냥 비판하는 것은 아니다. 다만 사회에서 중시하는 가치 자체가 우리 때와 달라졌다. 각기 다른 개인의 생각을 인정하고 전통적 권위를 내세우지 않되, 전문가적 권위를 만들어가려고 애쓴다. 개별형 맞춤 교육을 지향하기 때문에 방과 후 수업은 과거의 나머지 공부가 아니라, 아이를 더 채워주기 위한 시간이다. 학교는 달라진 가치관을 바탕으로 매일 진화하고 있으니 옛 기억이 아닌 현재의 시선으로 바라봐주면 좋겠다.

한번은 친구의 아이가 내가 근무하는 학교에 입학한 적이 있다. 잘 적응하기를 응원하는 마음으로 친구에게 담임 선생님에 대해 슬쩍 소개한다. 재미있는 프로그램을 많이 운영하는 분이라 남자아이와 잘 맞을 것 같다고 하니 부모도 아이도 학교에 대한 기대가 가득 생겼단다. 그런데 아뿔싸! 반을 잘못 안 것이다. 친구가 실망할 걸 걱정하며 진짜 담임 선생님에 대해 다시 소개하는데, 두 분의 개성이 완전히 달라 똑같은 소개를 붙여 넣기도 무색한 상황이었다. 당황스럽고 얼른 수습하고 싶은 마음에 "어떤 아이와도 잘 맞춰주실 무난한 분이야."라고 말을 뱉고는, 망했다 생각했다. '무난하다'란 표현은 듣기에 따라 실망스러울 것도 같아 곧바로 자책하고 있는데, 친구의 수용 태도가 끝내준다.

"네 얘기를 들으니 어떤 분일지 상상이 간다. 무난한 선생님 만나기가 얼마나 힘든데! 아이가 별나 걱정했는데 궁합 걱정을 덜었어. 정말 고마워."

이 친구는 담임 선생님이 어떤 분이었어도 좋은 면만 봤을 거라는 생각이 들었다. 이미 선생님은 정해졌고, 내 아이와 잘 맞을지는 시간을 두고 지내봐야 아는 문제니, 정말 현명한 태도가 아닌가? 선생님에게서 배울 수 있는 강점들은 뭐든 있을 테니 말이다.

학기가 시작되면 나는 지인들에게 선생님을 더 잘 알기 위해 학급 혹은 학교 설명회에 꼭 참여하라고 옆구리를 찌른다. '설명회'라는 단어에 학교의 일방적이고 고루한 이야기를 들으러 의자 채워주는 자리 아니냔 난색을 표하는 사람도 있다. 물론 설명회의 일면만 보면 그럴 수 있다. 모든 설명회는 "일 년 동안 잘하겠다. 잘 부탁드린다."로 끝난다. 결국 잘하겠다는 말인데, 교사로서 준비할 게 만만치 않으니 학교 설명회 자체는 선생님도 학부모도 썩 반기지 않을 행사일 수도 있다.

하지만 학교 설명회에 참석하라고 권유하는 이유는 단지 선생님의 면을 세워주란 게 아니다. 아이의 공개 수업 후 학교 설명회로 이어지는 일련의 과정을 경험하면 담임 선생님에 대해 아이로부터 듣고 상상하던 것보다 많이 알게 된다. 아이가 어떻게 생활하고 있는지, 어떤 활동들을 하는지 보면서 선생님의 교육 철학을 듣고 이해하게 된다. 전화 통화나 학교 어플만으로는 다 알 수 없던 반의 분위기도 확인할 수 있다. 귀찮다고 망설이다가도 막상 다녀오면 더 적극적으로 아이의 학교생활에 참여하게 되니 엄마로서 참 좋은 기회다.

풋풋하게 젊지도 않고 30년 이상의 베테랑도 아니며 남자도 아닌, 학교에서 가장 흔히 보이는 보통의 선생님이지만 나 역시 나름의 교실을 꾸려가고 있다. 혹시 만나게 된다면 너무 기대하지도 말고, 너무 걱정하지도 않았으면 좋겠다. 좋다고 소문이 자자해도 내 아이와 틀어지면 끝이고, 나쁘다고 뒷소문이 돌아도 겪어보면 내 아이와 잘 지낼 수도 있다.

"잘 지내려고 애쓰는 중이라는 거, 그것만 알아주세요."

좋은 말 대잔치, 통지표 속 행간 읽기

초등학교에서 나눠주는 통지표 중 아이들과 부모님들이 가장 유심 있게 보는 부분은 역시 '행동특성 및 종합의견'이다. 소위 '행발'이라 불리는 이것은 통지표 맨 아래에 있는 것으로, 아이를 몇 줄의 서술로 나타낸다. '아이를 고작 몇 마디로 어떻게 표현하는가? 편협할 수 있지 않나?' 하는 우려는 내용을 보면 사라진다. 대부분 칭찬으로 시작해 칭찬으로 끝나거나, 10퍼센트의 고칠 점과 90퍼센트의 대단한 칭찬이 담겨 있으니 행발은 한마디로, 좋은 말 대잔치다. '행동특성 및 종합의견'에 대한 지침은 다음과 같다.

'장점과 단점은 누가기록된 사실에 근거하여 기재하며, 단점을 입력하는 경우에는 변화 가능성을 함께 기재해야 한다.'

쉽게 말해, 가능하면 긍정적인 말 위주로 서술하라는 것이 지침이다. 한 번 서술된 내용이 아이의 꼬리표가 될 수 있기 때문에 중고등학교에서도 신중하게 기술하긴 마찬가지일 테지만, 초등은 더

더군다나 그렇다. 나이가 어린 만큼 아이들이 일 년 단위로도 훅훅 변하기 때문이다. 입시에는 영향이 덜하더라도 부모님과 아이의 행동에 훨씬 직접적인 영향을 미칠 수 있기 때문에 신중할 수밖에 없다. 노련한 선생님일수록 아이의 현재 모습을 그대로 기술하기보다 발전 가능성을 어떻게든 찾아낸다. 이것이 초등학교에서 아이를 보는 시각이다.

한 아이에 대해 행발을 쓰는 과정을 관찰해보자. 지원이는 아무것도 안 하는 남자아이다. 수업 시간에 나눠주는 학습지에 이름만 겨우 쓰고 가만히 있는다. 문제를 채 읽지도 않고 '나는 어려워서 못해.'라는 생각에 빠져 있다. 옆에 붙들어놓고 차분히 설명하면 금세 따라오기는 하지만, 학습에서 유난히 무기력하다. 숙제도 안 한다. 방과 후에 가방을 열어볼 생각이 없다. 모둠활동에서도 친구들이 함께하기 힘들어한다. 아이들도 지원이에게 뭘 맡겼다가는 망칠 것 같다며 역할을 주지 않는다. 다 같이 해야 검사 받을 수 있는 개별 학습지 때문에 싸우는 일도 잦다. "얘가 해야 끝나는데, 절대 안 해요!"라고 하면, 지원이도 기분이 나빠져서 얼굴이 벌겋다. 주먹이 먼저 나갈 때도 있다.

지원이를 떠올리면 '학습 의욕 없음, 소극적, 모둠활동 협력 부족함, 발끈함' 이런 말들이 먼저 떠오른다. 이렇듯 부정적인 단어만 떠오를 때, 교사의 행발 기술 능력이 스스로의 시험대에 오른다. 뭐라도 발전한 모습을 찾아야 하기에 다시 한 번 아이를 관찰한다.

'지난번 모둠보다 덜 싸우고 있어. 희영이는 지원이가 할 수 있는 일을 어떻게든 찾아내 배분해서, 아주 작은 일이지만 구박하지 않고 칭찬했더니 지원이도 의욕을 보였지. 지원이는 친구들에게 칭찬 받고 싶어해. 학습지도 하연이가 잘한다고 한마디 해주니까 꽤 열심히 하잖아. 친구의 의견을 귀담아 듣는다고도 볼 수 있어.'

'체육 시간에 기구들을 함께 배치하자고 부탁하면 한 번도 도망간 적이 없어. 뭘 해야 할지 모를 뿐 도움이 필요하다고 하는 순간에는 궂은일도 나서서 해줬어.'

'그러고 보니 학기 초보다 과제를 해오는 횟수가 늘었잖아. 지금 보니 친구들이 할 때 같이 하려고 하네. 진짜 큰 발전이다.'

그렇게 최종적으로 지원이에게 작성된 행발은 아래와 같다.

'학기 초에 비해 모둠활동에 적극 참여하며, 친구들의 의견을 귀담아 듣고, 맡은 역할을 이해하고 수행함. 학급의 궂은일을 책임감 있게 하며, 과제에 대한 약속을 지키는 횟수가 늘었음. 화가 날 때 한 번 쉬고 참으려고 노력함. 수업 시간에 교사와 눈 마주치는 연습을 한다면 더 큰 발전이 있을 거라 기대함.'

학습 의욕이 떨어지고 소극적이며 모둠활동에서 협력이 어려워 발끈하는 지원이에게 너무 긍정적인 내용 일변도로 쓴 것 아니냐고 반문할 수도 있다. 하지만 거짓 기술한 것은 아니다. 긍정과 부정적인 판단 이전에 더 자세히 들여다보고 학기 초에 비해 나아진 면에 대해 기술하는 것이 핵심이다. 또래 다른 친구들과 비교하면 부정적인 면이 도드라지지만, 아이의 성장에 집중하면 긍정적으로 달라진 일화들을 관찰할 수 있다.

좋은 말 대잔치일지라도, 가정에서 행간의 의미를 찾아 아이에게 좀 더 신경 써야 할 부분들을 읽어낼 수도 있다. '과제에 대한 약속을 지키는 횟수가 늘었다.'라는 문장은 평소에 과제를 하지 않았다는 것이 전제되어 있고, '학기 초에 비해 모둠활동에 참여하며'라는 부분은 학기 초에 비해 나아졌다는 서술이지, 모둠활동을 훌륭하게 잘하고 있다는 뜻은 아니다. '화가 날 때 한 번 쉬고 참으려고 노력함.'이라는 문장 역시 늘 잘 참는다는 의미가 아니다. 다만 화가 날 때 참아야 된다는 것을 인지하고 있으며, 그에 따라 가끔은 참을 수 있다는 거다. '수업 시간에 교사와 눈 마주치는 연습을 한다면'은 담임교사가 지원이에게 꼭 해주고 싶었던 말일 테다. "지원아, 수업 시간에 선생님 좀 보고 집중하자!"라고 말이다.

통지표 행간의 의미를 읽는 목적은 우리 아이가 어떻게 평가되고 있는지 선생님의 의중을 파악하기 위해서가 아니다. 그렇다면 어떤 부분에 집중해서 읽는 것이 좋을까?

우선 아이의 칭찬거리를 찾을 수 있다. 특히 학교에서 많이 혼나는 아이들은 집에서도 꾸중을 듣고 있을 가능성이 높다. 이때 학교에서 보내온 성적표 속에서 긍정적인 면을 읽으면 매일 보기 때문에 도리어 눈에 띄지 않던 아이의 성장을 가정에서도 새로운 시각으로 볼 수 있다. 그대로 읽어주기만 해도 부모님과 선생님 모두에게 칭찬 받는 셈이고, 비슷한 맥락의 다른 행동까지 긍정적으로 바라볼 수 있다. 칭찬을 통해 아이가 올바른 방향으로 성장하도록 이끄는 계기가 될 수 있다.

아이의 부족한 점에 대한 파악도 중요하다. 교실은 1 대 다(多)의 상황이다. 따라서 가정에서는 미처 드러나지 않던 특성이 교실 안에서 보일 때가 많다. 통지표의 문구를 읽으며 아이의 현재 상태를 가늠해보고, 가정에서 어떤 지원을 해줄지 고민할 수 있다. '다소 과격한 장난을 좋아하지만 뒤끝이 없다.'라는 문장에는 두 가지 행동 특성이 드러난다. 또래에 비해 장난이 과격하다는 것과 자신에게 똑같이 장난을 쳤을 때 툭툭 털고 넘길 수 있다는 뜻이다. 하지만 '뒤끝이 없다'는 문구에만 초점을 맞춰 앞 문장을 제대로 읽지 않으면, 아이가 장난이 과격한지 아닌지 알 도리가 없다. 아이에게 낙인을 찍지 않기 위한 서술 방식에 마음을 뺏겨 중요한 부분을 놓치지 않도록 주의해야 한다. 통지표의 행간을 잘 읽어내자.

나의 고등학교 때 행동 특성에 대한 서술은 '개성이 강하고 학습보다 외부 활동에 관심이 많음'이었다. 당시 미대 입시를 지원한다며 방과 후 야간 자율학습에 참여하지 않았고, 인상이 강해 선생님들께 좋은 인상을 주지 못했다. 당시 읽으면서 좋은 말인지 아닌지 헷갈렸는데, 선생님이 되고 보니 '정신 차려라.' 하는 선생님의 암묵적 꾸중이 아니었나 싶다. 10년이 한참 지난 후에야 깨닫는다.

프로 민원러는
어떻게 원하는 것을 얻는가?

"오늘 학교에서 이런 일이 있었는데 마음에 걸려. 학교에 전화해봐도 될까?"

교사라면 한 번쯤, 학교에 전화를 할까 말까 고민하다 아는 선생님을 찾아 이렇게 물어오는 지인의 전화를 받아본 적이 있을 것이다. 요청하고 싶은 건 있는데, 혹시 유난 떤다고 할까 봐 학부모 입장에선 조심스럽고 염려되는 것이리라.

"그건 전화하면 담임 선생님이 선뜻 변경해주실 것 같은데?", "그건 아니야. 다른 애들 입장도 생각해야지.", "이 문제는 교무실에 물어보는 게 좋겠어." 등 교사 입장에서 코칭을 하다 보니 내심 학부모 민원에 대한 매뉴얼이 있으면 좋겠다. 원하는 바는 있는데, 이 요청이 먹히려면 어디에 연락해야 하는지 학부모로선 알 길이 있나? 담임 선생님은 언제든 상담을 요청하라고 하지만, 일단 요청해도 되는 문제인지 아닌지조차 부모 입장에서는 판단이 안 선다. 학부모들이 적극적으로 의견을 피력하는 방향으로 분위기가 변화하고 있다곤 하지만, 어떻게 말해야 효과적인지도 모르겠다. 목소리를 크게 높여야 할까, 돌려 말해야 할까? 또 담임 선생님께 말해야 할까, 교육청에 말해야 할까……?

교무실에 있으면 각종 민원 전화를 목격한다. 생각보다 교감 선생님께 바로 걸려오는 학부모들의 민원 전화가 많아 놀랐는데, 몇 년 전에 비해 교장, 교감 선생님께 직통으로 전화가 오는 경우가 대부분의 학교에서 더 많아지는 분위기란다. 그리고 많은 경우, 이는 선생님에 대한 호소다. "4반 선생님이 수업 시간에 이런 말을 했는데, 말이 되는 일입니까?", "2반은 학급 체험 학습을 가는데, 1반은 왜 안 갑니까?"와 같은 것부터 "선생님이랑 아이가 너무 안 맞는데, 반을 옮겨주실 수 없나요?"와 같은 일까지. 아무래도 교장, 교감 선생님과 같은 관리자의 높은 권한을 이용해서 원하는 바대로 바꿔보고자 하는 시도일 것이다.

하지만 학교라는 조직에서 관리자라고 모든 문제에 다 관여할 수 있는 건 아니다. 학급 교육 과정 운영의 자율성은 담임 선생님에게 있기 때문에 학급 운영 세부 내용에 대해서는 관리자가 논하기가 난감하다. 이런 학부모의 의견이 있다고 담임교사에게 전달할 수는 있겠으나, 전달 받은 선생님 입장에서는 학부모의 민원 방식 자체에 언짢을 수 있다. 서툰 민원으로 서로 얼굴을 붉히는 데에 에너지를 쓰고 나면, 학부모의 요청이 무엇인지는 오히려 관심에서 멀어진다. 또한 선생님의 사기가 떨어져 교육 과정 운영이 소극적으로 변하기도 한다. 잘하고자 하는 노력보다 문제를 안 만드는 데에 집중하게 될 테니 말이다. 전화로 의도했던 것이 아이 교육을 위함이라면 더욱 더 담임 선생님과 직접 의견을 나누는 편이 효과적이다.

　물론 관리자에게 호소했을 때 더 빨리 변화가 생기는 경우도 있다. 하지만 이것이 결과적으로 아이를 위해 좋은 쪽일까? 교사가 나름의 합리적인 이유로 판단했던 일이 가치관의 차이로 이해되지 못했을 때, 이에 대한 오해와 의견 차를 좁혀가는 과정 없이 그냥 모조리 부정되어 버린 상황이 과연 괜찮을까? 옳고 그름이 명백하지 않은 교실 속 여러 일에서 일방적 권위로 누르려고 한다면 당연히 부작용이 생길 수밖에 없다. 특히 아이들이 이를 학습할 수 있음을 기억해야 한다. 교실에서 친구들과 함께 정한 규칙보다 힘이 센 누군가에게 의지하게 될 것이다. 충분한 토의를 통한 합의보다 힘이 센 것, 혹은 목소리가 큰 것이 더 중요하다고 학습한다. 힘으로 원하는 것을 얻을 때의 부작용은 결국 아이가 받게 되는 셈이다.

　간혹 담임 선생님과의 대화가 생각대로 흘러가지 않을 때 담임 선생님을 바꿔 달라는 요구도 등장한다. 부모님의 절박한 상황에서의 의사표현이겠지만, 담임 교체 요청은 교사들 입장에서 마음이 덜컥 내려앉는 민원 중 하나다. 당사자 교사가 아니라도 '우리 반 아이들도 내가 마음에 안 들면 교체를 요청할까?'가 연상되어서 그렇다. 교사라는 직업 특성상 아이들과의 신뢰를 바탕으로 수업을 진행한다. 의견이 충돌해도 서로 공존해야 하는 존재라고 생각할 때 갈등을 좁혀갈 의지를 보이지 않을까? '한번 정해졌으니 무조건 따르세요.'라는 건 아니다. 다만 관계 맺음의 측면에서 볼 때 신중해야 하는 문제임에는 틀림없다.

비슷한 요구로 아이의 반을 옮겨 달라는 민원도 있다. 선생님 교체나 전반 요구는 갈등을 논박으로 풀어가기보다는 갈등을 회피하고 억지로 없애고자 하는 방식이다. 이 또한 씁쓸하지만 역시 쉽게 수용하기는 어렵다. 학교 폭력 사안처럼 공식적 갈등이 있을 때에는 근거가 있다지만, 아이의 부적응을 이유로 반을 옮기기에는 그 이유가 해당 반의 특수한 상황 때문임을 증명할 수 있어야 하기 때문이다. 아이 개인으로서도 그렇다. 교실에서의 적응을 돕기 위해서는 아이의 내적 문제와 외부 환경 모두를 살펴야 하는데, 적응이 어려운 순간마다 반을 옮겨서 해결할 수는 없다. 따라서 원인을 외부로만 돌려서는 반쪽짜리 해결일 뿐이다. 또한 교실에서 일어나는 개인의 사례는 이후 다른 아이들에게 영향을 미치는 선례가 되기도 하니, 교사로서는 난색을 표할 수밖에 없다.

그렇다면 정말 고민이 있고, 학교에 민원을 넣는 것이 절실할 때 어떻게 하는 것이 좋을까? 이런 경우, 지름길을 찾는 대신 순리대로 풀어가는 게 가장 효과적이라고 말하고 싶다. 우선 담임 선생님과 먼저 상담하길 권한다. 아이에게 전달 받은 이야기 사이에 오해가 생겼을 수 있으니, 의문이 생긴다면 담임 선생님과 통화해서 직접 상황을 파악하는 편이 깔끔하다. 선생님이 마음에 안 드는데 상담이 무슨 의미가 있느냐 할 수도 있다. 설사 담임 교체까지 생각했더라도 일단 이전에 쌓였던 여러 불만들을 어떻게 해결하고 싶은지에 대해 담임 선생님과 대화해보는 게 최우선이다.

물론 대화가 상상보다 수월하게 흐를 수도 있고, 때론 어긋나기도 한다. 생각대로 대화가 흘러가지 않아 화가 나고 답답하다면 어떻게 해결하는 편이 아이에게 최선일까? 가끔 소통이 순조롭지 않으면 처음 문제를 제기했던 이유를 잊고, 소통 과정 그 자체로 문제의 방점이 이동하기도 한다. 처음 문제 제기를 한 것은 분명 아이를 위한 마음이었을 것이다. 그러니 감정이 극에 달했다면, 잠시 멈춰 아이를 생각하는 그 마음이 무엇이었는지를 다시 생각해보자.

담임교사가 예전처럼 권위를 가지고 모든 걸 혼자 결정하는 경우는 많지 않다. 한 반 학생들 혹은 학부모들의 의견을 모으는 중재자의 역할이기에 학부모의 민원 또한 여러 의견 중 하나가 된다. 요구 내용에 따라 여러 아이에게 동시에 영향을 미칠 수도 있고, 아예 상반된 주장을 하는 다른 부모님이 있을 수도 있다. 따라서 부모님의 모든 요청을 다 수용한다는 건 애초에 불가능하다. '의견을 내주셔서 고맙지만 반영하기 어렵습니다.'라는 회신에 서운해하는 학부모들을 보면 마음이 편치 않다. 정답이라는 게 존재한다면 속이라도 편할 텐데. 이런 상황 속에서 현명한 프로 민원러가 되기 위해서 가장 필요한 건 무엇일까?

서로 다른 입장에 있는 사람들을 어떻게 설득할지의 논리가 있어야 한다. 설득력만 충분하다면 어디에 민원을 넣을지, 스피커의 크기를 어디에 맞춰야 효율적일지 등은 부수적인 문제다. 주변 엄마들과 이야기를 나누는 것도 좋다. 이때 나의 의견에 동의하는 사람만이 아니라, 반대 입장도 귀담아 들을 필요가 있다. 반대 의견을 듣고도 여전히 설득해야 한다는 확신이 있으면, 이를 설득할 근거를 찾아야 한다. 문제는 인지했는데 어떻게 해결할 수 있을지 모르겠다면 같이 고민하면 낫다. 즉, 목소리만 높이는 대신 생산적인 시각으로 문제 해결에 가까이 갈 수 있다.

학교 차원에서 해결할 수 있는 문제는 아니지만, 학부모로서 마땅히 필요한 요구들도 있다. 가령, 학급 증설이나 안전한 등하굣길을 위한 표지판 설치와 같은 시설 관련 문제에 의견이 있다면 교육청 홈페이지나 자치단체의 소리함을 이용할 수 있다. 부모님이 적극적으로 의견을 표명해 자치단체의 지원을 이끌어내면 학교에 긍정적 변화가 생긴다. 언젠가 적극적인 부모님의 요청에 주민참여예산으로 아이들의 등하굣길에 펜스를 설치한 적이 있었다. 학부모회가 앞장서고 학교도 적극적인 의견 표현을 독려하여 진행했더니 주장이 수용되었다. 학군지가 따로 있겠는가? 학부모가 교육에 관심을 가지고, 이렇듯 아이들을 위한 생산적인 의견을 개진할 때 교육 환경은 좋은 방향으로 나아갈 것이다.

초등학교 반 배정은 어떻게?

"우리 애 올해 3반인데, 그럼 가능한 최고 등수가 전교 3등이란 거야?"

초등학교 반 배정을 성적순으로 한다는 이야기를 어디서 듣고 온 친구가 묻는다. 우열반 편성을 하는 것 같지는 않은데, 성적순 배정이라니 의아했단다. 초등학교에서 등수 매기는 평가는 안 하는 줄 알았는데, 어떻게 등수를 매기냐며 궁금해하기도 한다. 그러고 보니 반 배정은 선생님들이 오롯이 만들어가는 영역 중에서도 특히나 베일에 싸여 있다. 목표와 기준이 분명하긴 하지만 구구절절한 이유들을 공개적으로 설명하진 않는다. 설명 자체가 변수가 될 수 있기 때문이다.

반 배정은 가능한 한 모든 아이들을 살펴 누구라도 어려운 상황에 두지 않도록 염두하고 진행한다. 교실 안 자리 배정에 따라 아이들의 교우 관계나 면학 분위기가 달라지는 것처럼, 반 배정 또한 어떻게 꾸려졌느냐에 따라 한 해 학급살이가 달라진다. 하지만 자리를 바꾸는 일조차도 기계적으로 제비뽑기를 해서는 여러 사정을 담을 수 없지 않던가? 반 배정 또한 사람의 관여가 없을 때 오히려 공평하지 않았다. 이해관계가 모두 달라서 의견을 수렴할 문제도 아니니, 선생님들이 때론 객관적이면서도 어느 부분은 주관적인 시각으로 치밀하게 고민해야 한다.

분반 논의를 아무리 치열하게 해도 모든 학급이 균질하거나 성향이 비슷한 아이끼리 분반된다는 것은 사실상 불가능에 가깝다. 해리포터 속 기숙사 배정처럼 마법 모자가 아이들의 특성을 읽어주는 것도 아니요, 하루아침에도 달라지는 초등학생들을 유형화시키는 것도 조심스럽기 때문이다. 아이들끼리의 예상 밖 시너지는 감히 고려할 엄두도 못 낸다.

아무 접점도 없던 두 아이가 만나 서로에게 좋은 영향을 주는 단짝이 되기도 하고, 작은 불씨로 인해 앙숙이 될 수도 있다. 고심해서 분반했지만 어떤 반은 학급 반장 선거가 전교 회장 선거보다 치열하고, 다른 반은 후보 등록조차 하는 아이가 없어 애를 먹는다. 일부러 그렇게 편성되었을 리는 없다. 모든 요인을 통제하는 것은 불가능에 가깝다. 하물며 사람 마음에 달린 일을 어찌 할 수 있겠는가? 그렇기 때문에 "우리가 이렇게 열심히 논의해도 어떻게 될지 모를 일이에요." 하며 분반 과정을 동료 교사들끼리 자조하기도 한다. 모든 변수를 담을 수 없는 데에 대한 아쉬움이다.

학교마다 혹은 학년마다 세부 지침은 다를 수 있지만 반 배정의 대략적인 과정은 다음과 같다. 초등에서의 반 배정은 '잘 흩어놓기'가 핵심이다. 분반 시 가장 먼저 성적을 기준으로 학년 전체 아이들 명단을 나열하는데, 이는 우열반을 가리기 위함은 아니다. 초등은 그 특성상 같은 학년일지라도 발달의 차이가 크고, 그 속도가 달라 여러 발달 단계의 아이들이 한 학년에 함께 분포해 있다. 아이들의 성적은 인지 수준과 관계가 깊어서 여러 발달 단계의 아이들이 고르게 섞이게 하기 위한 작업으로 보는 게 맞겠다.

아이들 명단을 배정해야 할 학급 수에 맞게 'ㄹ'자 모양으로 배치한다. 다시 말해, 5학급으로 분반한다면 첫 번째가 가반, 두 번째가 나반, 5번째가 마반, 이후 'ㄹ'자 모양으로 6번째가 마반, 7번째가 라반이 되는 셈이다. 그렇다고 가반에 전체 1등이 있다고는 할 수 없다. 시작점은 랜덤이다. 여기까지가 기계적인 작업으로, 보통 별도의 프로그램이나 엑셀을 활용한다. 분반 작업의 핵심은 이후의 조율 단계다. 신체적 특성이나 성향 상 교사의 관심과 배려가 더 필요한 아이들은 한 반에 몰리지 않도록 배분한다. 아이들의 문제는 친구들 사이에서 자연스럽게 치유되기도 하기 때문에 분반할 때 꼭 고려해야 하는 사항이다.

"가현이, 현수 모두 ADHD 치료중이에요. 선생님 손길이 많이 필요한 아이들이라 흩어놔야 해요."

"서준이도 정서적인 지원이 많이 필요합니다."

"미영이는 휠체어로 이동합니다. 엘리베이터 사용이 편한 반에 배치되어야 합니다."

아이들의 관계도 살핀다. 특히 학폭위에 회부되었던 관계가 한 반에 모이지는 않았는지 가장 먼저 검토한다. 담임 중재로 마무리되었더라도 만날 때마다 으르렁대는 아이들이 모였는지도 살핀다. 벌써 갈등의 서사를 여럿 썼다면 굳이 한 교실에서 부대낄 필요가 있겠는가?

하지만 성적을 기준으로 분반된 명단을 기초로 하기 때문에 아이 한둘만 핀셋으로 쏙 뽑아 교체하면 되는 간단한 것이 아니다. 바꾼 학급에서 새로운 고민거리가 나타날 수 있기 때문에 한 번 조정할 때마다 전 교사가 모든 반 아이의 명단을 반복해서 살펴야 한다. 최선이라 생각했던 이동이 악수가 되어서는 안 되기 때문이다.

"올해 민아랑 여진이, 수아 학폭위에서 오래 싸웠습니다."

"철규랑 원준이는 몇 년 전 크게 싸운 이후로 만나기만 하면 싸워요. 이 둘은 떨어뜨렸으면 좋겠어요."

뚜렷한 갈등이 있던 경우는 분산이 최선이라는 무언의 합의가 있어서 조율이 쉬운 편이다. 하지만 아이의 정서적, 사회적 특성 때문에 반 배정을 변경할 때는 여러 선생님의 협의가 반드시 필요하다. 반 배정에 고려할 만한 이유인지, 그 경중에 대한 판단을 함께 하고, 어떤 효과를 거둘 수 있을지도 예상해야 한다.

너무 조율을 많이 하면 반 배정의 기준 자체가 모호해질 수 있다며 염려하는 선생님도 많다. 따라서 최소의 이동으로 최대의 효과를 볼 수 있는 묘안을 찾아야만 한다.

"민우랑 우재는 같은 무리의 친구들이랑만 교류하고 다른 아이들한테는 배타적인 편이에요. 내년에도 같은 반이 되면 더 심해질 수 있어요."

"가반의 우재랑 나반의 현동이랑 서로 바꿀 수 있어요. 그런데 나반에도 우재와 같이 몰려다녔던 친구가 있네요. 또 정우도 다른 친구들에게 배타적인 편이라 나반에서 같이 만나면 더 문제가 될 수도 있어요."

"가반 우정이가 몇 년째 같은 반 아이들과 전혀 어울리지 못했는데, 올해 지원이를 통해서는 조금 대화가 가능했어요. 가반의 우재와 라반의 지원이를 바꾸면 어떨까요?"

"그럼 민우와 우재는 분리하고 우정이와 지원이는 한 반이 될 수 있겠네요."

"그럼 가반에는 여자가 남자보다 두 명 더 많아지는데 괜찮을까요? 다시 한 번 검토해주세요."

이런 식으로 배정이 발표되면 아이들은 친한 친구와 같은 반을 만들어줘서 고맙다거나, 왜 떼어놨냐며 교사를 원망하기도 한다. 새 학급을 특히나 고민하는 아이들은 선생님 곁에서 "저 하윤이랑 꼭 같은 반이 되게 해주세요!" 하며 아이 나름의 청탁을 하는 경우도 있다. 하지만 언급한 것처럼 반 배정 기초자료를 놓고 1 대 1로 맞바꾸는 방식이라 조율이 전적으로 자유롭지는 않다. 하나를 바꿀 때마다 새로운 관계 및 성비를 모두 검토해야 하기 때문에 여러 선생님들이 동의할 이유가 아니면 수용하기 어렵다. 또한 새로운 관계를 만들어가는 과정도 의미 있지 않은가?

쌍둥이의 경우는 부모님께 합반을 원하는지 분반을 원하는지 미리 묻기도 한다. 초등학교, 특히 저학년은 부모님의 적극적인 참여와 지원을 바탕으로 하므로 두 반으로 나뉘졌을 때 각 반 담임 교사의 교육관 및 운영 방식이 다를 경우 혼란스러울 수 있기 때문이다. 부모님 입장에서는 쌍둥이 합반이 수월하지만, 둘은 자연스럽게 비교 대상이 되기 때문에 사춘기에는 좋지 않을 수 있다고 보는 시각도 있다. 그래서 저학년 때는 합반, 사춘기 고학년에는 분반을 선택하는 엄마들이 많다. 최근에는 쌍둥이의 비율이 많아져서 학교에 따라 반 배정 시 고려하지 않는 경우도 있다고 하니 정확한 내용은 담임 선생님과 상담해보는 것이 좋겠다.

학폭위에 회부된 적이 있다면, 혹은 눈에 띄는 갈등이 있는 관계가 있다면 분반 시 교사들이 먼저 분리를 고려하지만, 혹시 모르니 학부모가 다시 한 번 챙기는 것도 필요하다. 올해 일이야 현재 담임 선생님이 챙긴다 해도, 1~2년 전 있던 일에 대해서까지 담임 선생님이 파악하기란 쉽지 않기 때문이다. 한해 한해 크게 달라지는 게 초등 아이들이라 그때의 원수 관계가 2년 후까지 지속되는 경우는 많지 않다. 어느 정도 서로에게 관심이 있어야 부딪히기도 하지 않은가? 오히려 떨어져 있는 동안 서툴렀던 표현이 다듬어져 다시 친구가 되기도 한다. 그럼에도 한 해를 걸러 다시 만날까 염려스럽다면 학기 말 전에 담임 선생님께 귀띔하는 편이 현명하다. 요청한다고 다 수용할 수는 없겠으나, 모르고 배정하는 것과 감안하고 배정하는 것은 다르니 말이다.

반 배정 발표 후, 주변을 힘들게 해 입에 오르내리는 아이와 한 반이 되면 엄마들이 한참 걱정한다. 아이들 입에서 회자되던 무용담이 많던 아이가 있으면 '올해도 그러면 어떡하나. 왜 하필 쟤랑……' 하는 걱정이 들 테니 말이다. 하지만 유난히 손이 많이 가는 친구가 있다면, 위에서 언급한 방식에 따라 확률적으로 다른 아이들은 자기 앞가림을 잘하거나 온화한 아이들로 안배되어 오히려 전체적인 반 구성원이 좋기도 하다. 부딪힐 만한 친구들을 만나지 않도록 배려하면 문제가 반으로 줄어들기 때문이다.

또 초등학교 시기의 아이들은 크면서 정말 많이 달라진다. 저학년 때 좌충우돌을 겪었던 아이가 그대로 있겠는가? 그래서 첫째 때 경험이 있는 엄마들은 저학년 때 소문을 달고 다녔던 아이와 한 반이 되면 "걔도 컸을 거야. 그런 문제들은 크면서 많이 줄어들더라." 하며 오히려 괜찮을 거라고 주변을 다독이기도 한다.

반 배정 발표 이후에는 반이나 담임교사 변경이 어렵다. 누구도 이견을 제시할 수 없는 명백한 근거가 아니라면 선례가 되어 전체 반 배정 기준이 흔들릴 수 있기 때문이다. 따라서 배려가 필요하다면 꼭 반 배정 시기 전에 담임 선생님에게 상담을 요청해 의논하는 것이 좋겠다. 물론 그렇다 하더라도 담임으로서는 흔쾌히 "네, 반영할게요."라는 답은 못한다. 터놓고 말하지 못하는 상충되는 요청도 의외로 많고, 나 혼자만의 이동이 아니라 다른 아이들과의 상호작용을 고려해야 하기 때문이다.

물론 반 배정은 교사에게도 한 해 학급 운영의 성패가 달려 있기 때문에 엄마들의 요청을 쉬이 넘기지는 않는다. 학급 운영이 안정적이어야 효과적인 수업이 가능하기 때문에 미처 예상하지 못했던 변수를 줄이기 위해 신중하게 고민한다. 분반이 된 이후에야 각 학급의 담임교사가 결정되기 때문에, 선생님이 아이들을 뽑아 데려가는 것도 불가능하다. 그러니 교사 입장에서도 모든 학급을 "이 반이 우리 반이라면?"을 생각하면서 고민한다.

반 배정에 대해 길게 썰을 풀긴 했으나, 중요한 것 한 가지가 있다. 초등 6년 동안 어떻게 내 마음에 쏙 드는 반만 만나겠는가? 하지만 항상 좋았다고 말하는 운 좋은 부모님들도 있다.

"저희 아이는 정말 운이 좋아요. 항상 좋은 친구들과 선생님을 만났거든요. 올해도 역시 그렇고요!"

이렇듯 어디에 있어도 좋은 점을 찾아낼 수 있는 엄마와 아이라면 앞으로도 그럴 가능성이 높다. 아이가 속한 반을 최고의 반으로 만들면 절로 운 좋은 엄마가 된다. 모두의 운이 좋기를!

| 에필로그 |

무한 시행착오의 세계에서 만난 것들

자녀교육서를 쓰겠다고 하자 남편이 말한다.
"그걸 책으로 쓸 수가 있어? 정답이 없잖아."
그렇다. 정답은 없다. 초등교사 14년차, 열심히 하는 아이들과 학부모들을 많이 접해본 만큼 자녀교육에 왕도가 없다고 생각하며 살았다. 똑같이 지원해도 받아들이는 아이에 따라 효과가 다르고, 전혀 다르게 보였던 방법이 동일한 결과를 내기도 했다. 자녀교육의 정답을 찾는 대신, 모두가 자신만의 시행착오를 겪어야 했다.

13년 동안 학교에 있으면서 썩 유명해지지도 않았고, 한 극단을 경험할 만큼 자기주장이 강하지도 않았던 덕에 이 말도 맞고 저 말도 맞다며, 어쩌면 관조적 입장에서 살 수도 있었다. 사람들은 자신이 쓰고 있는 서사 안에서라면 매일 새벽 5시 미라클 모닝을 맞이하다가도, 또 하마터면 열심히 살 뻔했다며 되돌아보기도 하는 존재가 아니던가? 그땐 맞고 지금은 틀린 것들을 헤아리며 뭐가 정답일지 논쟁할 것도 없다. 양극단 그 중간에서 때에 따라 이쪽으로, 때론 저쪽으로 변화를 주는 것도 현명하다. 선택을 거듭하며 나의 철학을 세워가면 그게 최선의 자녀교육이 아닌가 한다.

그럼에도 불구하고, 초등교사라는 직업적 특성 덕에 입학을 앞둔 일곱 살 쌍둥이 아이와 초등학교에서 만나본 아이들을 연속선상에 놓고 보게 되었다. 지금 일곱 살 꼬마도 6년이 지나고 나면 자연스레 자기 세계에 쏙 들어가 버릴 것이다. 그렇다면 이 초등학교에 머무는 6년 동안 아이를 어떻게 채워줘야 할까? 무슨 경험이 필요할까? 엄마로서, 초등교사로서 추려보고 싶었다.

선생님으로서 이것저것 욕심내도 일 년에 하나의 메시지를 제대로 전달하기 어렵다. 아무리 6년이라지만 그동안 뭘 전달할 수 있을까 생각하니, 욕심을 버리고 고르고 골라 최소한의 것만 남겨야 했다. 학습, 태도, 관계 각각에서 추려낸 메시지는 초등 졸업 전 갖췄으면 하는 것들이고, 6년 내내 아이들에게 던질 여러 말을 정제한 것이기도 하다. 평범해서 눈에 띄지 않던 기본을 모으고, 이를 '초등생활의 정석'이라 감히 명명했다. 경험의 모습은 다르더라도 기본을 채운다면 뭘 하든 잘해낼 수 있으리라는 믿음 때문이다.

책을 쓰면서 그동안 교실에서 만나온 아이들이 떠올랐고, 그 학부모들과의 대화가 생각났다. 엄마가 가진 가치관은 평범한 양육 행동일지라도 고스란히 드러난다. 엄마의 분노가 아이에게서 엿보였고, 아이의 불안은 부모에게서 이유를 찾을 수 있었다. 마음이 안정된 아이로 키우기 위해서 부모 마음을 안정시키는 게 더 먼저였으니, 자녀교육 이야기로 시작했던 여러 질문은 결국 '부모인 내가 어떻게 살아야 할까?'에 대한 답으로도 돌아왔다. 내가 관계를 대하는 태도는 아이의 관계를 만들어갔으며, 내가 삶을 대하는 태도가 다시 아이의 태도가 되었다. 그러니 이 책은 자녀교육서이자, 내가 어떻게 살아가야 할지에 대한 고민의 총체다.

책을 쓰면서도 "저만 따라 하세요. 제 방법이 맞아요."라고 주장하는 것처럼 읽히지는 않길 원한다. 각자의 자녀교육이 삶의 모습을 투영하기에 "옆 집 그 선생님 엄마가 애를 이렇게 키우더래." 정도면 딱 좋다. 혹시 이 책에 공감한다면, 내가 비범한 게 아니라 우리가 보편적 정서를 공유한다는 뜻이다. 문장으로 꺼내는 동안 초등학교 생활에 대해 먼저 고민했던 선배 엄마, 여러 선생님의 지혜를 떠올리며 다시 배울 수 있었다. 동의하지 않는 문장을 만났다면 그것도 좋다. 다만 '이런 경우에 나라면 내 아이를 어떻게 키울까?'를 깊이 고민하는 계기가 되어주면 족하다.

자녀교육에 정답이 없다는 말은 자조로 끝나서는 안 된다. 무수한 시행착오를 겪고 내린 결론과 손쉽게 내린 결론은 시사하는 바가 다르다. 정답이 없으니 다른 사람의 이야기를 참고로 해서 우리 애한테 잘 맞는 맞춤 옷을 스스로 만들어내야 하는 것이지, 고민 없이 막무가내로 둘 수는 없다. 무한 시행착오의 세계에서 대체 뭐가 맞는 말이냐며 한탄했던 시간들은 자신을 돌아보는 거름이 되는 거니까.

이야기 속 등장했던 아이들과 친구들, 동네 엄마들을 어설픈 에피소드로 담았지만, 역시나 그들의 시행착오였을 뿐이다. 표 나지 않게 각색하고 일부 가명을 사용했다. 글 읽는 본인이 '내 얘기인가?' 마음을 졸일까 봐 미리 확언한다. "아닙니다. 같은 시행착오를 겪었던 누구나입니다."라고.

나 때문에 교사로서의 지조를 강제로 밝히게 된 남편에게 고맙다. 우리 집 일곱 살 원이, 환이를 만나고 새로운 세계가 열렸다. 아이들 덕분에 나눈 놀이터 담화, 밥상머리 대화, 그리고 현명한 학부모들과의 경험들이 쌓여 책이 되었다.

오지라퍼 선생님의
초등 학부모 수업

초판 1쇄 인쇄 2022년 11월 10일
초판 1쇄 발행 2022년 11월 17일

글　　　　김현경
펴낸이　　강재인
디자인　　강희연
펴낸곳　　책소유

등 록　　　2017년 12월 4일(제666-98-00428호)
주 소　　　(16025) 경기도 의왕시 내손로57, 1406동 16층 4호
전 화　　　070-8624-5528
팩 스　　　0505-350-4545
이메일　　emma_book@naver.com
홈페이지　http://booksoyou.com
인스타그램　@booksoyou

ⓒ 책소유 2022, Printed in Korea.
ISBN 979-11-978050-1-1 (13370)

• 저작권자나 발행인의 허락과 승인 없이 이 책의 모든 글과 그림, 디자인을
  무단으로 복사, 복제, 전재하는 것은 저작권법에 위배됩니다.
• 잘못된 책은 서점에서 교환해 드립니다.
• 책값은 뒤표지에 있습니다.